JN194757

書籍市場の経済分析

浅井澄子

日本評論社

はじめに

　本書は、これまで学術の視点からあまり注目されてこなかった日本の書籍の流通システムと書籍価格の設定などについて、経済分析を行ったものである。2000 年代に入り書籍市場は、電子書籍をはじめとして、インターネットから影響を受けるようになった。インターネットが世界共通の伝送媒体であることから、電子化された情報は、グローバルに伝搬する。このデジタル情報の特性が、近年、国境を越えて活躍する GAFA（Google, Apple, Facebook, Amazon）と呼ばれるプラットフォーマーの成長の要因の一つである。Facebook を除く 3 社は、電子書籍や紙媒体書籍の販売を通じて、書籍市場に深く関与しており、日本でも話題になることが多い。このようなグローバル企業が活躍する一方、書籍の流通システムに目を向けると、米国、ヨーロッパ各国や日本は、それぞれ固有のシステムを持ち、異なる制度の下で運用されている。もちろん、これまでの経緯や流通を取り巻く地理的環境の違いなどから、国によって独自の流通システムが構築されることは当然であるが、日本のシステムが優れたものであるか、技術進歩に対応しているか、改めて問い直すことが、本書の出発点である。出版の文化的側面から、データを使った経済分析に抵抗を感じる方も多いと推測するが、書籍市場の今後を考えるに当たって、ゼロから検討することも必要と思われる。

　本書では、市場全体だけでなく、比重が高いフィクション、さらにビジネス書、教養系の新書や学術書など、幅広いカテゴリーの書籍を分析対象とした。また、日本との比較の観点から、英国市場や米国で販売されている書籍も対象に加えた。分析の結果、書籍市場は全体として縮小傾向にあるが、書籍の価格設定などの再検討によって、日本の出版社は利潤を増加させる可能性があることが示唆された。

学術書や学術誌に関して、研究者はプレイヤーの一員である。最近では、Elsevier などの学術誌の価格高騰による購読可能な雑誌タイトルの減少から、被害者意識を持つことがあるが、それぞれの研究者が、これまでの伝統的な購読雑誌に論文を投稿するか、オープン・アクセス・ジャーナルに投稿するか、あるいはオープン・アクセス・ブックを刊行するなどの選択肢によって、大手出版社の競争環境は変わる可能性がある。また、大学図書館の行動も、学術市場に大きな影響を与える。研究環境の改善、あるいは少なくとも悪化させないために、研究者や研究機関が当事者意識を持つことも必要であろう。書籍は知識を体系的に伝えるための最適な媒体である。これまでの叡智を次の世代に伝えるためにも、書籍市場は健全な状態にしておかなければならない。本書の結論の一つに発行点数の過剰ということがあり、本書の刊行でそれに拍車をかけることは複雑な心境ではあるが、その成否は読者に委ねたい。

　本書は独立行政法人日本学術振興会の科学研究費補助金（「日本の出版市場における流通システムの経済分析」2015 年度〜 2018 年度　課題番号 15K03470）による研究成果をまとめたものである。個々にはお名前を記さないが、多くの先生方からの刺激とご指導を受けている。感謝の意を表したい。また、本書の刊行に当たっては、公益財団法人 KDDI 財団から 2018 年度 著書出版助成を受けた。近年、特に学術書の出版が厳しい状況下で、この出版助成がなかったならば、本書の出版は実現しなかった。財団及び助成に携わった方々に御礼申し上げる。最後に、出版助成の申請段階から編集、刊行に当たって大変お世話になった日本評論社の斎藤千佳氏に心から感謝申し上げる。

2019 年 7 月

浅井澄子

目　次

第3章———
市場規模と新刊書の発行
75

第4章———
公共図書館の貸出の書籍販売への影響
101

序 章

　序章の第1節は本書の目的、第2節では本書で書籍市場を分析するにあたっての検討の視点を提示する。第3節は各章の要約である。

1　本書の目的

　インターネットをはじめとする情報技術の進展は、電子書籍を登場させただけではなく、出版社による書籍の制作方法や、消費者の書籍に関する情報の入手方法ならびに書籍の購入方法を変化させた。換言すると、情報技術の変化が、電子書籍という新たなフォーマットの追加に加え、従来の紙媒体の書籍の需要と供給を変化させた。また、近年では書籍市場の縮小に伴い、出版関係者から公共図書館によるベストセラーや文庫本の貸出に対し、厳しい意見が出される一方、大学図書館では、図書館予算の削減に加え、海外の電子ジャーナルの価格高騰により、書籍の購入が制限される事態も生じている。本書の目的は、一般の産業とは異なる独自の流通システムを持つ書籍市場を対象に、情報技術ならびに公共図書館や大学図書館というプレイヤーの行動の影響を実証分析することによって、これまで当たり前のように考えられてきた書籍の流通システムや価格設定を問い直すことにある。

　出版産業、とりわけ出版物の流通には、通常とは異なる2つの特徴がある。出版社が制作した書籍の多くは、取次と称される卸売業者を介して小売店である書店に配送され[1]、そこで消費者に販売される。通常の財であれば、小売価格を決定するのは小売店であるが、書籍価格の設定者は出版社であり、大部分のケースにおいて、書店は出版社が設定した価格を変更することができない。生産者が小売価格を拘束することは、独占禁止法の禁止行為であるが、書籍、雑誌、新聞や音楽CDなどの著作物については、この禁止規定

の適用は除外されている。このような垂直的取引関係における価格拘束が、書籍流通システムにおける第1の特徴である。第2の特徴は、一定期間内であれば、書店は売れ残っている書籍を出版社に返却し、代金の返済を受けることが可能なことである。これによって、書店は小売価格を変更することはできないものの、在庫リスクから解放される。つまり、書籍市場における需要と供給の乖離は、価格メカニズムではなく、超過供給は返却によって、超過需要は重版によって解消される。価格拘束と返品制度が相互に補完し合い、書籍特有の流通システムが作り上げられている。なお、実態として、一部の書店には規定された期間経過後の返品が許容されているが、本書では、返品は定められた期間内に行われることを前提に分析する。

英語圏の国では、出版物は国境を越えて販売され、大手出版社はグローバルな事業展開を行っている。英語で書かれた書籍を国内で定価販売しても、海外の書店が大幅な値引きで販売するならば、値引きされた書籍が国内に流入し、定価販売は維持しにくい状況となるだろう[2]。米国では以前から書店が小売価格を設定し、英国では日本よりも範囲を限定したうえで出版社による価格拘束を認めていた時期があったが、現在では書店による書籍価格の変更を認める方式に変更されている。これに対し、日本で制作された書籍のほぼすべては、日本語で書かれ、国内を中心に販売されている。洋書の輸入や版権の海外への販売はあるが、書籍市場全体に占める輸出入の比率は小さい。このように出版関係者の活動が国内で完結する日本では、日本固有のシステムが維持されやすい。本書では、書籍市場に関する実証分析を通じて、日本の書籍の流通システムや価格設定などの出版社の行動を考察していきたい。

近年の書籍市場は、販売部数と販売額の双方で縮小傾向にある。市場規模の縮小に伴い、出版社や書店の減少、取次の経営破たんなど、出版産業では暗いニュースが多く、書籍市場を巡る問題解決の必要性は、関係者間で共有されているだろう。しかし、エビデンスに基づく議論の蓄積は少ない。出版関係の資料や文献に目を通す中で感じることは、出版産業という閉じた世界の中での議論が多く、アカデミックな領域、特に経済学との対話が少ないことである。もちろん、それぞれの産業には固有の特性があり、それらが産業独自の制度やシステムを形成する。一般の卸売業者にあたる取次という業界

特有の用語が生まれるのもその一例である。しかし、出版社、取次、書店が民間企業である以上、経済学で説明できる箇所も多いはずである。出版社や書店は文化の担い手であり、その自負や、これまでの風潮から、本書が行う経済学やデータに基づく議論に違和感や反発を覚える日本の出版関係者は多いだろう。しかし、企画や編集に時間をかけた書籍を継続的に出版するには、良好な経営環境が前提であり、その環境を実現するには、効果的なマーケティング、その効果的なマーケティングを実現するには、データに基づく分析が不可欠である。出版社は、タイトルごとの販売状況や費用データを保有するが、これらは公開データではない。部外者の分析には、かなり制約があるが、本書では、業界の枠を超えた議論を行うため、経済学をバックグラウンドとした書籍市場の実証分析を行っていきたい。

また、書籍といっても、フィクション、ノン・フィクション、実用書、専門書やコミックなど、カテゴリーによって読者層や出版社は異なる。本書の分析には、データの入手可能性の点から、書籍市場全体、あるいは販売部数が多いフィクションを対象とするものが多いが、教養を目的とする新書、単行本の専門書やビジネス書、さらには海外で制作、発行された書籍も対象に加えることで、カテゴリー間の特徴や日本と海外で出版された書籍の特徴を明らかにする。

紙媒体書籍の流通システムに大きな変更はないが、変化が著しいものとして電子書籍を挙げることができる。日本では、2000年代にフィーチャーフォンと呼ばれる高機能携帯電話を使った電子書籍が、若年層を中心に普及したが、紙媒体の書籍講読に近い形での電子書籍は、タブレットやスマートフォンが普及した2010年頃からである。書籍、とりわけフィクションでは、最初にハードカバーの単行本が発行され、その後、同じコンテンツが文庫本として発行されるように、同一コンテンツが異なるフォーマットで販売されてきた。ここに、電子書籍という新たなフォーマットが追加されたことになる。さらに、紙媒体を経由せず、電子書籍のみで販売するケースも出現し、出版社と消費者の双方でフォーマットの選択肢は増加した。出版社と消費者が、それぞれのフォーマットをどのように位置づけるかも、書籍市場の経済分析におけるテーマの一つである。

2 検討の視点

　本書では、米国や英国との違いを意識しながら、日本の書籍市場や出版社の行動について論じていく。現行の流通システムは、第二次世界大戦前に構築され、大きな変更なく現在に至っている。日本の場合、書籍関係者の活動の大半が国内で終始するため、英語圏の国と比較すると、海外の書籍市場から受ける影響は小さく、独自のシステムが築き上げられ、これが長期にわたって維持されてきた。日本のシステムを米国や英国と比較することで、これまで当然視され、あまり意識されてこなかった日本の書籍市場の特徴や問題点も浮かび上がると考えられる。

　一方、Amazon は 2000 年に日本市場に参入以降、メディアで取り上げられるだけではなく、書籍市場にさまざまなインパクトを与えてきた。一例として、注文から配送までの迅速な対応[3]、消費者の購入履歴に基づくレコメンデーション、積極的な電子書籍の販売が挙げられる。最近の Amazon は、より迅速な配送を可能にするため、取次を介さず、直接取引をする形態を出版社に働きかけている[4]。出版社との直接取引がどの程度、浸透するかは現時点では不透明であるが、日本の書籍の流通システム、少なくとも、取次の経営には影響を与えるであろう。

　このような Amazon の行動が新聞で報じられるとき、当然のことであるが、記事には社名が明記されるため、Amazon の日本法人が独自性の高い行動をとっている印象を与える。しかし、Amazon が拠点を置く米国では、原則として書店が取次を介さず、出版社から書籍を仕入れ、返品は一般的ではない。Amazon の日本法人が進めている出版社との直接取引も、本国であれば通常行われている行為であり、特別なことではない[5]。企業が海外に参入するとき、どの程度、現地の方式に合わせるか、本国での方式を適用するかは、参入企業の考え方や参入した市場の状況に依存するが、Amazon の日本法人の行動は、米国の方式を踏まえたものといえるだろう。換言すれば、日本でAmazon の行動が報道され、話題となることは、日本の書籍市場のシステムが、米国とは異なることを意味する。もちろん、国によって社会システムはさまざまである。ヨーロッパ各国も、書籍に関して独自のシステムを持ち、米国でとられている方法が、グローバル・スタンダードではない。しかし、

Amazon の異質性を唱えるのではなく、長年当然視してきた日本のシステムを再評価するという発想も必要であろう。

　また、本書では、書籍市場で大きな比率を占めるフィクションのほか、定義は曖昧であるが、いわゆるビジネス書や、教養を高めることを目的とした新書、さらには研究者を主たる読者とする専門書というように幅広いカテゴリーの書籍を対象とする。カテゴリーによって、書籍の価格設定方式を含めたマーケティングは異なるだろう。複数のカテゴリーを扱うことで、どの部分がカテゴリー間で共通であるのか、あるいはカテゴリーによって、どのような相違があるのかを識別することができると考えたからである。

　本書は実証分析を通じて、図 0-1 で示される書籍市場をめぐる構成要素間の関係を紐解いていく。図 0-1 の中央に位置する書籍の流通システムの主たる構成要素は、相互に補完関係にある価格拘束と返品制度である。一方、図 0-1 の中段左に位置する 1990 年代以降のインターネットに代表される情報技術の進展は、書籍の制作者と消費者の双方に影響を与えている。その一例が電子書籍の登場である。電子書籍のサービス提供者は、自社コンピュータの容量を増やすことで、提供可能なタイトル数を増加させることができ、書店における陳列スペースの制約はない。電子書籍では供給の制約が少ないことに加え、紙媒体にみられる書店から出版社への返品の概念もない。また、独占禁止法が価格拘束禁止の適用除外とするのは、モノとしての著作物であり、販売物が情報である電子書籍は、当初から適用除外の対象ではない。現在の電子書籍には、「電子書籍元年」と叫ばれた 2010 年当時の高揚感はないが、書籍市場全体における電子書籍の位置づけが高まるにつれ、価格拘束や返品の対象領域は縮小することになる。

　また、情報技術は、電子書籍を生み出しただけではなく、出版社と消費者間の書籍情報に関する非対称性を軽減させた。出版社は自らが制作した書籍の内容を熟知しているが、消費者は書籍を手にするまで詳細な内容を知ることはできない。消費者は書店で書籍を手にして初めて、その書籍についての具体的な情報を得る。そのような状況では、書店に書籍の返却を認めることで、書店は在庫リスクを被ることなく、多数の書籍を陳列し、消費者は多様な書籍を手にすることで、出版社と消費者間の情報の非対称性は是正される。

しかし、Amazon の購入履歴に基づくレコメンデーション機能、web サイト上に掲示された購入者のレビュー、Google ブックスにおける書籍の一部を閲覧する機能は、限定的ではあるが、消費者が購入前に書籍の内容を知り、実際に購入するか否かを決める手段となり得る。書店に返品を認めることによって、書店は日々発行される新刊書を陳列し、消費者に多様な書籍を手にする機会を提供していたが、インターネットは、書店が果たしてきた情報提供機能の一端を担っている。

さらに、情報技術の進展は、紙媒体の書籍制作費用を低下させた。パソコン普及前の原稿は手書きで作成されていたが、現在では原稿の大部分はデジタル・データで出版社に手交される。印刷用の原本の制作までに要する費用は固定費用であり、技術進歩により固定費用が低下することで、タイトル別にみた場合の損益分岐点が下がり、新刊書を発行しやすい環境が形作られる。このような固定費用の低下による新刊点数の増加に加え、真偽は第 3 章で検証されるが、出版社と取次間の独自の決済システムが、販売部数が縮小する中で新刊書の発行を促すという見解もある。販売部数と新刊点数は、技術進歩と現行の流通システムから影響を受けている可能性がある。

日本の書籍市場における超過供給は、価格メカニズムではなく、返品で解消されるが、書店に期間内で返品を認めることは、消費者の行動に影響を与えると考えられる。近年、膨大な数の新刊書が発行されているが、一定期間内の返品制度の下では、発売開始直後に販売が集中することが書店にとっては好都合である。一方、短期間での返品は、消費者が発行から一定期間経過後の書籍を入手しにくい状況を作り出す。一定期間内の返品を認めることは、短期間での新刊書の入れ替わりを前提とした出版社や書店のマーケティング、ならびにこれに対応した消費者の購入パターンを生み出すことになる。第 8 章では、複数のカテゴリーの書籍の週間販売部数の推移をみることで、購入パターンの実証分析を行う。また、書籍需要の価格弾力性が弾力的であれば、販売が思わしくない書籍については、返品ではなく、価格引き下げで対応することも、方策の一つとなり得る。本書の第 5 章では、書籍市場においてウエイトが高いフィクションの単行本と文庫本、ならびに教養系の新書の需要関数の推定を通じて、需要の価格弾力性を計測し、価格拘束の適正性を検

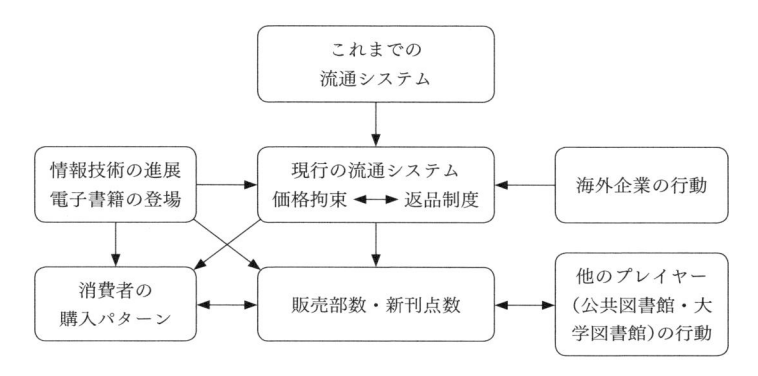

図 0-1　書籍市場の検討の視点

証する。

　Amazon は、日本の書籍市場に大きな影響を与えているが、あくまでも書店である。本書の第 4 章と第 7 章では、外部プレイヤーの活動の影響として、公共図書館の貸出と、大学図書館による専門書の購入を取り上げる。公共図書館の所蔵冊数の増加とサービスの充実に伴い、公共図書館の年間貸出冊数は、近年では年間販売部数を上回る状況となった。これに伴い、貸出の販売への影響が、2000 年以降、さまざまなところで議論され、出版関係者から一定期間の貸出猶予の要請が出されるようになった。しかし、貸出の書籍販売への影響に関する定量的な分析は少ない。入手可能なデータは限られるが、外部のプレイヤーの影響として、公共図書館の貸出の影響についての実証分析を行う。

　書籍には、ベストセラーになるようなフィクションや啓蒙書から、研究者を主たる読者とする専門書まで多岐にわたる。米国で発行された専門書の販売部数のほぼ半数は、大学などの専門図書館の購入によるという調査結果がある。図書館は一般書に関して、出版社から厳しい見方をされることがあるが、専門書市場では、図書館は大口需要者であり、一般書と公共図書館、専門書と大学図書館では、出版社と図書館の関係は異なる。しかし、近年では、電子ジャーナルをはじめとする学術雑誌の価格高騰によって、大学図書館の図書購入予算が削減され、専門書市場の下支え機能が揺らぎ始めている。

本書では、図 0-1 で示される情報技術の進展、流通システム、外部プレイヤーの活動と書籍販売との関係を把握するための実証分析を行うが、本書の分析の視点として採用しないものに「本は違う」の考え方がある。英国では 1962 年に価格拘束をめぐる裁判の判決が下され、その裁判の記録が、*Books are different* と題した書籍として刊行された。1962 年の判決は、書籍が通常の財とは異なる性質を持つことを前提に、価格拘束が認められるべきとする出版協会側の主張を支持するもので、その後、「本は違う」は、価格拘束支持者のスローガンとして扱われてきた。日本でも 1953 年の独占禁止法の改正で、書籍に対する価格拘束が認められた際、さらに、1980 年代後半から 1990 年代の制度の見直しの議論の際にも、書籍の持つ文化的側面から、価格拘束を認めるべきとする見解が表明された。確かに書籍には文化の普及機能がある。しかし、文化的価値が存在することは、あらゆる場面で経済原則が適用されない理由とはならない。書籍の経済的特徴については、第 1 章で整理するが、タイトルが異なる書籍が持つ多品種の特性は、経済学では製品差別化として議論することができる。本書では、一般の財とは異なる書籍の特性を踏まえた上で、書籍を経済学の対象外の財とする考え方は採用しない。

　なお、本書では電子書籍の紙媒体の販売への影響や、フィクションの販売における映画とのタイアップ効果ならびに文学賞の受賞の効果など、同じ結論を複数の章で導出している箇所がある。本書の実証分析で用いたデータは、出版科学研究所や日本図書館協会が公開するデータ、ならびにオリコン・リサーチが収集するデータである。誰でもが入手可能なデータからの分析には自ずと制約があるが、異なる手法を使った分析で同じ結論が得られるならば、信頼性のある結論といえるであろう。このような認識で、書籍全体からみれば繰り返しとなるが、同じ結論を複数回にわたって言及していることを予め記しておく。

3　各章の要約
　第 1 章では、第 2 章以降の分析に先立ち、紙媒体書籍の特徴と電子書籍のこれまでの経緯を整理する。書籍市場には、①需要の不確実性、②少量多

品種の提供、③多額の固定費用と小さな限界費用、④参入・退出の自由、⑤多数の売り手の存在という経済的特性があり、①と③の特性から、Rosen が指摘するスター現象が発生する可能性が指摘されている。第 1 章で需要の集中の程度をデータで確認すると、販売部数が 100 万冊を超えるような書籍が誕生する確率は極めて低い。しかし、書籍と同様、制作者の価格拘束が認められている音楽 CD と比較すると、書籍市場全体における年間販売部数上位 100 の占める比率、その上位 100 を対象とするローレンツ曲線、ならびにジニ係数で判断される需要の集中の程度は、音楽 CD 市場より低い。また、紙媒体書籍の制作には、音楽 CD のようなデジタル財よりも複製費用がかかる。需要面と供給面の双方から、スター現象が発生しやすいのは、書籍市場よりも音楽市場である。

　供給面に関しても、日本では多数の出版社が存在し、大手出版社の市場占有率や書籍の市場集中度は、とりたてて高い水準ではない。また、欧米の出版社の中には国境を越えて活動し、多額の収入を得ているところがあるが、現時点では日本の出版社で販売額が世界 10 位に入るところはない。上位数社を除けば、中小規模の出版社が多数存在するというのが、日本の書籍市場の実態である。

　また、日本の電子書籍は、海外とは異なる経路をたどっている。最近では、電子書籍の書籍市場全体に占める比率が高まりつつあるが、インプレス総合研究所の調査によると、日本の電子書籍の販売額のほぼ 8 割を電子コミックが占め、フィクションを電子書籍の主要なカテゴリーとする海外の電子書籍市場とは状況が異なる。さらに、日本の電子書籍では、以前から日本独自の電子書籍のファイル形式が使われてきた。現在では、世界的に利用されている EPUB3.0 や Amazon の AZW が、日本でも主流となっているが、当初、海外で開発された電子書籍のファイル形式は、縦書きやルビなどの日本独特の組版に適用していなかった。日本の電子書籍のサービス開始が、比較的早かったこともあり、日本の組版に対応した複数のファイル形式が独自に開発され、国内向けサービスにこれらが使用された。その後、海外の電子書籍ファイルが日本の組版に対応したことや、2010 年前後に海外の電子書籍提供者が日本市場に参入したことから、日本で使用される電子書籍のファイル形

式は世界標準のファイル形式へと置き換わっていった。電子書籍がコミックを中心に発展してきたこと、当初、日本独自のファイル形式が普及していたことは、日本の電子書籍の発展経路が欧米とは異なることを示す。

さらに、第1章では、新たなビジネス・モデルとして、学術情報のオープン化についても言及する。本書では消費者が対価を支払う形態を扱うが、著者が雑誌や書籍の制作費用を負担し、読者は無料でアクセスできる形態が、学術分野では急速に広がっている。学術分野以外でも、コミックの一部を無料で配信するサービスがあり、インターネットの進展によって、選択の幅が広がっている書籍のビジネス・モデルの一端を紹介する。

第2章では、書籍の流通システムに焦点を当てる。最初に日本のシステムの概要、次に諸外国の価格拘束の動向を概観する。日本では、既に適用されていた取引実態が法制度として認められ、1990年代の公正取引委員会の審議で追認された結果、現在に至っている。しかし、米国のように価格拘束を制度化した歴史がない国や、英国のように当初は価格拘束を認めていたものの、1990年代に廃止した国がある反面、ヨーロッパの中には、最近になって民間企業の取引慣行であった価格拘束を法律で規定した国もあり、国際間で制度と改編の方向性は異なる。放送と同様、言語によって市場が分割される領域では、多様なシステムがグローバルに併存することを示す。しかし、書籍に関して価格拘束を適用している国においても、実際の運用状況は別にして、規定上は2年程度の期限付き拘束、すなわち時限再販であることには留意する必要があろう。

経済学では垂直的取引において生産者が小売価格を決定することの正当性として、二重マージンと呼ばれる限界費用を上回る複数回の価格設定を避けることと、サービスのただ乗りを防ぐことを掲げている。しかし、この2つは書籍市場において価格を拘束する理由にはあたらない。書籍に対する価格拘束の支持者は、その理由として、地方における中小の書店を維持することに加え、ベストセラーから多くの利潤を獲得することで、採算がとりにくい書籍の発行を促進し、多様性を確保することを挙げている。しかし、書籍の価格拘束に関する学術論文では、多様性確保の効果に関して懐疑的な見方を提示するものもある。

価格拘束の影響を検証する一つの方法は、制度適用時と廃止後の市場の変化を観察することであり、その要件を満たすのが英国である。本書では、この問題に関する英国の調査報告書の概要を紹介した。書籍市場の成長には、さまざまな要因が関与し、価格拘束の影響を判別することは難しいが、便益を受けた者がいる一方、市場から退出した企業もあり、経済主体によって影響は異なるということが大方の見方であろう。

　第3章は、日本の書籍市場の規模と新刊点数に代表される製品差別化の程度についての実証分析である。書籍市場は、出版科学研究所のデータによると、20年ほど前から販売部数ならびに実質販売額ともに減少している一方、新刊書の発行点数は最近まで増加傾向にあった。書籍の販売部数はタイトルによって大きく異なるが、書籍市場の縮小は、一般には出版社に書籍の発行を躊躇させる方向に作用するだろう。第3章では最初に、市場が縮小する状況下で新刊点数が増加していた書籍市場に着目し、市場規模と新刊点数の構造変化の時期を検証した。その結果、構造変化は、販売部数で1983年、新刊点数では1996年に起きており、双方でピークに達する以前に構造変化が生じていたこと、両者の構造変化の時期には10年以上のラグがあり、新刊点数の増加には、市場規模以外の要因が働いていたことが示唆された。

　書籍市場の縮小下で新刊点数が増加した理由として、技術進歩を背景とする制作費用の低下によって、タイトルごとの損益分岐点が低下し、これにより、少量多品種の生産が可能になったことが考えられる。このほかにも、これまでデータによる検証はなされていないものの、書籍特有の流通システムや、既刊書の販売不振が新刊書への依存度を高め、新刊書の発行を促しているという主張もある。本章では、新刊書と既刊書の販売部数、ならびに新刊点数に関してインパルス反応関数による分析を適用することにより、市場規模が縮小する中での新刊点数の増加の要因を考察した。その結果、新刊書の発行点数が増加していた時期と減少に転じた時期では、変数間の関係に差異がみられ、発行点数が増加していた時期では、1点当たりの販売部数の減少が新刊点数の増加をもたらし、それが一層の新刊書の販売部数の減少と既刊書市場の縮小を招くという負の循環が発生していたことが示された。書籍の制作に費やす時間と労力を増やすことが、必ずしも販売が良好な書籍の刊行

につながるわけではないが、インパルス反応関数の分析結果は、以前では新刊書の発行が過剰であったことを示唆する。一方、新刊書の発行点数が減少に転じた 2010 年以降では、負の関係は観察されなかったが、書籍の販売が短期間に集中し、長期にわたって売れるという状況ではなくなったことが示された。

　第4章は外部プレイヤーの書籍販売への影響として、公共図書館の貸出を取り上げた。書籍市場が縮小に転じた 2000 年以降、公共図書館の貸出が書籍の販売を妨げているとして、出版社や著者から、貸出開始に猶予期間を設ける要望が出されている。この問題についても公共図書館の貸出冊数と購入冊数、ならびに書籍の販売部数に関して、インパルス反応関数による分析を適用することにより、貸出の書籍販売への影響を分析した。その結果、貸出冊数の増加は販売部数に負の影響を与えるが、その影響は非常に小さく、集計されたデータをみる限り、公共図書館は書籍販売に大きな影響を与えるプレイヤーではないことが判明した。公共図書館の活動は読書習慣の醸成に寄与するとの指摘もあり、出版関係者は、長期的な視点で公共図書館との関係を模索することも必要であろう。

　発行した書籍がどの程度売れるかは、実際に発売が開始されるまで不確実である。一方、大きな固定費用により発行部数の増加に伴い、書籍の平均費用は低下するが、出版社は需要が不確実な段階で価格を設定せざるを得ない。さらに、いったん設定された価格は固定されるため、出版社が販売部数を想定して設定した価格が、実際の需要量を規定すると考えられる。このような構造を考慮して、第5章では、単行本と文庫本のフィクション、ならびに研究者が執筆した新書の需要関数と価格関数を連立で推定することで、需要と価格の決定要因を分析した。米国や英国の大手書店は、人気の高いフィクションを中心に価格を割り引いて販売しているが、書店にとって価格引き下げが合理的な行動であるのは、その書籍の需要の価格弾力性が弾力的な場合である。需要関数の推定を通じて、価格拘束の適否を検証するとともに、単行本と文庫本の双方の需要関数を推定することで、フォーマット別の需要の決定要因の相違についても分析した。

　単行本は、通常、その作品の最初のフォーマットであるため、販売部数を

予測する材料に乏しいが、単行本の需要関数の推定の結果、これまでに実績のある著者の作品ほど、販売部数が期待できること、著名な文学賞の受賞も、販売部数の増加に貢献することが示されるとともに、需要の価格弾力性は、推定対象の書籍すべてに関して弾力的であった。また、価格関数の推定から、価格水準の設定にはページ数などの費用要因が大きく作用し、出版社が想定した需要要因による部分は小さいことが示された。

　また、最近のフィクションの電子書籍は、単行本の発行に合わせて配信が開始されることが一般的になりつつあるが、当初は単行本の2、3年後に刊行された文庫本の発行後に、電子書籍の配信が開始されるケースが多かった。その場合、フィクションの文庫本の発売開始は、単行本と電子書籍の間に位置し、文庫本の販売部数は、この2つのフォーマットから影響を受けることになる。このため、2013年の販売上位の文庫本の需要関数の推定では、単行本と電子書籍の発行の有無を識別する変数を加えた。推定の結果、文庫本でも単行本と同様、これまでに実績のある著者の作品は販売が期待できるほか、その作品を原作とする映画が上映された場合、文庫本の販売部数も増加することが確認された。一方、同じ内容の作品が単行本あるいは電子書籍として販売されることは、文庫本の販売にマイナスの影響を与えるが、その負の程度は小さく、また、単行本の発行から文庫本の発行までの長いタイムラグは、文庫本の販売に負の影響を与えていた。日本における同じタイトルのフィクションの単行本と文庫本の発行までのタイムラグは、平均で2年半を超え、米国で出版されるフィクションよりも長い傾向にある。長いタイムラグによって、文庫本が単行本の需要を奪う確率は低くなるが、文庫本の発売開始時には、その作品が消費者の記憶から薄れていることも考えられる。

　さらに、文庫本の価格設定には単行本と同様、需要要因よりも費用要因が大きく影響していること、今回の推定における文庫本の需要の価格弾力性は、すべてのタイトルで弾力的であることが確認された。ここでの分析対象は人気の高いフィクションに限定されるが、計測された需要の価格弾力性が、米国で販売されている書籍全般に当てはまるならば、価格を引き下げる米国の書店の行動は合理的であると判断される。また、研究者が執筆した新書の需要関数と価格関数を連立で推定した結果、実績のある著者が執筆した新書、

新聞などで書評として取り上げられた新書は、販売部数が多いこと、新書の需要の価格弾力性は、フィクションとは異なり、すべてのタイトルで非弾力の領域であることが示された。

　なお、第5章の補論1では、電子書籍の配信開始の時期が前倒しされている現状を踏まえ、2015年の販売上位のフィクションの単行本と文庫本を対象に、電子書籍の配信開始のタイミングや価格差についての現状を整理した。電子書籍として提供されるタイトル数は、数年前より増加しているが、依然として電子化されていないフィクションに人気の高い作家の作品が含まれており、このことが日本でフィクションの電子書籍が浸透していない理由の一つと考えられる。さらに、補論2では、日本で制作された書籍との比較のため、海外の学術雑誌を対象に、紙媒体と電子媒体の提供状況と媒体別の価格差について分析した。

　第6章では、価格拘束の制度がない米国のAmazonから販売されている書籍を対象に、価格割引率と割引のタイミングの実態を調査した。フィクション、ビジネス書や啓蒙書などのフィクション以外の書籍、専門書の3つのカテゴリーに関して、書籍発売前の予約価格から、発売開始後1年間の販売価格の推移を追跡した結果、フィクションや、ビジネス書などのフィクション以外の書籍では、予約時点で出版社の希望小売価格より低い価格が表示されていた。これに対し、専門書では割引は行われていないか、あるいは小幅な割引にとどまることが示された。このように米国では、カテゴリーによって割引率に差異があるが、予約時点から割引が行われ、発売から概ね半年間では、時間の経過とともに割引率が高くなるケースが多かった。

　もっとも、割引率が大きくとも、出版社の希望小売価格が割引を見込んで予め高めに設定されているならば、米国の消費者は、低価格で書籍を購入できるとは限らないことになる。同じ内容の書籍の価格設定と価格水準を日米間で比較するため、洋書とその洋書の日本語への翻訳書の価格についても調査した。その結果、ハードカバーで発行された専門書の翻訳書の1ページ当たりの価格は、フィクションの翻訳書1ページ当たりの価格の平均2.7倍であった。これに対し、米国で販売されている洋書の専門書のハードカバーの1ページ当たりの価格は、洋書のフィクションのハードカバーの1ペー

ジ当たり価格の6倍程度であり、洋書の方が日本語の翻訳書よりもカテゴリー間の価格差が大きかった。洋書と翻訳書の価格水準の比較には為替レートの問題があるが、洋書の専門書の中には、同じタイトルの日本語への翻訳書の4倍程度の価格で販売されているものもあり、洋書ではフィクションは低価格、専門書は高価格で販売される傾向が観察された。このような状況から、日本の書籍価格は費用の積み上げによる算定を基本としているのに対し、米国では費用以外の要因、すなわち、需要の価格弾力性が高いであろう書籍には低めの価格、研究者や図書館が購入し、需要の価格弾力性が低いであろう書籍には高めの価格が設定され、需要の価格弾力性を考慮した価格設定が行われていることが推測された。

第5章では研究者が執筆した新書、第6章の一部では専門書を取り上げたが、これまでは、書籍全体あるいは、市場全体に占める比率が高いフィクションを対象とすることが多かった。第7章では、専門書に対象を限定し、専門書とその大口需要者である大学図書館の書籍購入について考察した。欧米では、学術雑誌の価格高騰によって大学図書館の書籍購入が制限された結果、専門書の発行に警鐘を鳴らす報告書が発表されている。専門書1点当たりの販売部数が少ないこと、大学図書館が購入する書籍冊数が減少していることは、欧米のみならず、日本でも共通であるが、欧米における学術書の主たる出版社は、Elsevier や Springer などの学術雑誌も発行する大手出版社や、Oxford University Press のような大学出版会であるのに対し、日本の学術書の出版社は中小規模の出版社が多く、大学図書館の予算削減の影響はより深刻なものとなる。

第7章では、経済学関係の専門書に限定し、1980年、2000年、2014年の専門書の発行状況と大学図書館の所蔵状況を把握した。その結果、2014年に発行された経済学のテキストを除く専門書のタイトル数は、1980年のタイトル数のほぼ2/3まで減少し、2014年に発行された専門書1タイトル当たりの大学図書館の所蔵館数も、2000年に発行された専門書の所蔵館数を大きく下回り、専門書の需要と供給の双方が縮小していることが示された。また、価格水準と予測される需要の内生性を考慮して、需要関数と価格関数を連立で推定した結果、専門書の価格は、ページ数や製本の相違に基づく費

用差のほか、規模の経済性が作用していることが示されたが、書籍の特性を考慮した需要要因が影響していることの証左はみられなかった。

第7章の補論1では、日本の専門書の価格設定との比較のため、Elsevierから出版された経済学関係の書籍価格の決定要因を分析した。Elsevierの書籍でも、ページ数に応じて価格が設定される傾向はあるが、実績のある著者が執筆あるいは編集した書籍には、高めの価格が設定され、価格設定に費用以外の要因が関係していることが示唆された。また、第7章の補論2では、需要要因を考慮した価格設定の事例として、海外の学術雑誌の価格設定に関する研究事例をとりまとめ、学術雑誌の価格設定の特徴を提示した。

第8章では、単行本と文庫本というフォーマットの違いによる購入パターンの違い、ならびにフィクションと教養書としての新書やビジネス書などのカテゴリー間で、購入パターンに違いがあるか、否かを検証するため、複数のカテゴリーの書籍を対象に、消費者の購入パターンを普及モデルで推定した。日本では、書店が返品できる期間が定められているが、消費者の書籍の購入パターンが、発行から数週間以内に集中しているならば、消費者は返品期間に対応した行動をとっている、あるいは短期間に販売を集中化させる出版社や書店のマーケティングが効果を発揮していると考えることができる。一方、当初の販売部数が少なく、週間販売部数のピークに達するまで長期間を要する書籍の場合、書店は初期の低迷した販売状況を踏まえ、書籍を返却した結果、本来であれば消費者が購入したであろう機会を逸しているかもしれない。

本章では、週間販売部数のデータを用い、代表的な普及モデルであるBassモデルで紙媒体書籍の購入パターンを分析した。その結果、人気の高いフィクションでは、発売の第1週目に購入のピークを迎え、最初の5週間で1年間の販売部数の過半数が購入されていたのに対し、ビジネス書などのフィクション以外の単行本では、発売開始から平均で2か月後にピークに達し、カテゴリーによって購入パターンに違いがあること、カテゴリーを問わず、実績のある作家の作品や発売前から注目を集めた書籍の購入は、初期段階に集中する傾向があることが示された。また、同じタイトルの単行本と文庫本では、単行本の方が、購入の初期段階への集中度合いが高かった。これは出

版社が文庫本の発行時よりも、単行本の刊行時に大規模な広告を行うことに加え、高価格であっても、すぐに書籍を入手したい消費者は、単行本を選択し、支払意思額は低いが、書籍を入手するまで長時間を待つことを許容する消費者は文庫本を選択することを通じて、フォーマットを使い分けていることを示唆している。書籍の返品可能期間は、新刊書に関して均一であるが、実際の購入パターンは書籍のカテゴリー、さらには同じカテゴリー内であっても、著者の知名度や書籍の注目度によって異なり、書店の返品の判断には注意を要する。

　また、書籍のマーケティングとして、映画やテレビ・ドラマとのタイアップが、しばしば採用され、第5章の需要関数の推定でも、タイアップは書籍の販売に効果的であることが示されていた。第7章では、映画公開前後や文学賞受賞前後の週間販売部数データの推移をみることで、作品ごとに映像メディアとのタイアップや文学賞受賞の効果を提示した。週間販売部数の推移でも、第5章と同様、映像メディアとのタイアップの効果は確認された。また、新書は全国紙で書評として取り上げられることが多いが、書評掲載後に販売部数は増加しており、書評の効果が見出された。

　本書の分析全般を通じて、米国では価格水準や異なるフォーマットの発行のタイムラグに関して、日本よりも利潤最大化を目指した行動をとっていることがうかがわれる。換言すれば、日本では、書籍価格に関する画一的な取り扱いによって、潜在的には得られたであろう利潤を逃がしている可能性がある。出版不況といわれて久しいが、タイアップ以外にも、価格設定方式やフォーマット間のタイムラグの変更などによって利潤を増加させる方策は存在する。日本の書籍市場では、これまでの方法を見直すことで、経営を改善できる余地が多分に残されている。一方、時限再販の拡大や、タイムラグの見直しなどは、出版関係者の意思決定で実施可能であるが、学術書の出版が困難になっている状況の解決策には、出版助成金や専門図書館の図書購入予算の確保など、公的部門における検討も必要であろう。

1　書籍市場の経済分析という本書の趣旨から、取次に関しては一般的な用語である卸売と表現すべきところではある。しかし、出版産業では取次という用語が定着していることと、取次には出版社と取次間、取次と書店間において、一般の卸売業とは異なる独特の決済システムがある。このため、取次は業界用語ではあるが、本書ではこれを使用する。また、取次は、最近では販売会社、あるいは取次販売会社と呼ばれることがあるが、本書では従来からの呼び名である取次に統一する。

2　この点の指摘は、出版再販研究委員会が行った英国書店協会へのインタビューによる。インタビューの概要は、日本書籍出版協会（2013）p.25 参照。

3　木下（1997a）は、1990 年代までは書店が保有しない書籍を注文した場合、消費者が購入可能になるまで平均で 2 週間、1 か月を超える場合も珍しくなく、その期間はドイツ、フランス、オランダや英国と比べても長いと記している（p.115）。

4　Amazon は出版社に対し、取次を介さず直接取引をする方法を提案し、一部の出版社とは実施に移している（2017 年 3 月 22 日付け日本経済新聞夕刊及び 2017 年 5 月 3 日付け日本経済新聞朝刊）。これまで日本の大手出版社は、取次を経由して自社の書籍を書店に届け、取次が出版社と書店間の決済を行っていたことから、取次を介さない方式が普及するならば、書籍の決済システムも変化することになるだろう。

5　日本で Amazon の行動が反響を呼ぶのは、その決定内容だけではなく、Amazon が、関係者との事前協議や、十分なすり合わせを経ずに決定を下すことがあるという企業間の意思決定方法の違いの影響もあるだろう。

第 1 章

書籍市場の概要

1　はじめに

　書籍のベストセラー・リスト、音楽 CD のヒットチャート、映画の興行ランキングなどのコンテンツの売れ筋を示す一覧は、メディアで大きく取り上げられるだけではなく、消費者がコンテンツに関する情報を入手する手段であり、購入するか否かの判断材料にもなっている。最近では、インターネットを介して、売れ筋や評判などの口コミ情報を容易に入手できるようになったが、一般の財において、コンテンツのランキングのような販売状況を示すリストが定期的に作成され、消費者の購買行動に影響を与える事例は、そう多くはない。コンテンツ分野でランキング情報が注視される背景には、それぞれに異なる膨大な種類の財が存在すること、消費者は、そのコンテンツの詳細を把握していない段階で支払いを求められること、多くの場合、同じコンテンツの購入は 1 回に限られるという情報財としての特性が挙げられる。

　このようにコンテンツは、製品差別化が進んだ経験財という特性を有するが、これに加え、デジタル・コンテンツは、デジタル化に特有の費用構造を持つ。デジタル・コンテンツの制作には固定費用がかかるが、複製費用はゼロに極めて近いため、コンテンツが消費者に受け入れられると、そのコンテンツから莫大な利潤が得られる。1990 年代以降、マイクロソフトがネットワーク効果を背景に OS 市場における独占力を高めたことを契機に、ソフトウェアが経済学の分析対象に取り上げられることが増えたが、娯楽的要素の

強いコンテンツも、ソフトウェアと同様の費用構造を持つ[1]。

　本章では、第2章以下の分析に先立ち、流通システムを除く、書籍市場の特徴を明らかにしたい。以下、第2節では、一般に指摘される書籍市場の経済的特徴を整理し、第3節では、特定の作品への需要の集中と、供給の集中の度合いをデータで示す。その際、コンテンツ産業の一つであり、書籍と同様に、独占禁止法における価格拘束禁止規定の適用が除外されている音楽CDとの比較も行う。また、最近の書籍は紙媒体だけではなく、電子書籍として、ネットワークを介した配信も行われるようになった。第4節では、電子書籍市場の概要を整理したうえで、日本語に特有の組版から生じた電子書籍のファイル形式の問題と、電子書籍の価格設定の問題を説明する。日本の出版社の活動は、言語の問題から、国内でほぼ完結し、海外の出版社が参入して成功した事例は少ない。諸外国のシステムと相違点が多い日本の書籍流通については第2章に譲るが、組版に起因する日本独自の電子書籍のファイル形式は、出版産業が国内市場を対象に発展してきたことを示す事例でもある。また、本書は消費者が書籍を購入する形態を前提とした分析を行うが、学術情報に関しては、著者が対価を支払い、読者は無料で論文や書籍にアクセスすることができるビジネス・モデルも浸透しつつある。日本での電子書籍は、コミックが主流を占めるが、学術情報の電子化は、コミック以上に研究者の間で浸透している。著者が対価の支払いを行うビジネス・モデルとして、第5節では、電子化された学術情報のオープン・アクセス化を紹介する。第6節は、本章の小括である。

2　書籍の特徴

　Canoy et al.（2006）は、音楽や映画などの映像コンテンツにも当てはまるが、書籍市場の特徴として、①需要の不確実性、②少量多品種の提供、③多額の固定費用と小さな限界費用、④参入・退出の自由、⑤多数の売り手の存在を挙げている。①に関して、それぞれの書籍の販売部数は、発売が開始されるまで不確実である。ベストセラーに明確な定義はないが、膨大な新刊書が発行される中で、ミリオンセラーと呼ばれる販売部数が100万冊を超える書籍が出現する確率は極めて低い。日本の現行システムの下では、大部

分の書籍は、出版社が設定した価格で販売され、販売開始後に価格が変更される。このため、出版社は需要が不確実な段階で価格を決定し、売れ残りが発生しても、価格による調整メカニズムが働く余地はない。出版社の不確実な需要に対する対応策としては、初版の発行部数を抑制し、販売状況を踏まえつつ重版することである。週刊誌や月刊誌のような雑誌では、重版が行われることは滅多にないが、書籍、とりわけ新書や文庫本の中には、短期間で重版が繰り返されるものがある。具体的には新書版の佐々木俊尚の『電子書籍の衝撃』は、2010 年 4 月 15 日に第 1 刷が発行され、同年の 5 月 25 日には第 4 刷が印刷、販売されている。このような短期間での増刷は、需要が不確実な状況における在庫リスクの軽減、短期間での印刷を可能にする印刷技術を踏まえた行動である。また、費用面だけではなく、短期間に重版されたことを書籍に記すことで、その書籍の需要が大きいことを顕示する効果もあるだろう。

　②の少量多品種に関しては、書籍に対する嗜好や読書の目的は、消費者間で異なるが、多数の異なるタイトルの書籍を発行することで、消費者の選択肢が拡大し、嗜好や目的に合致しやすくなる。日本では、毎年 5 万点を超える新刊書が発行されており[2]、書籍市場は製品差別化が進んでいる市場である。書籍の制作においては、原稿執筆と編集作業を経て印刷用の原本が作成される。その間の作業に必要な費用は固定費用に相当し、費用全体に占める比率は高い。一方、いったん原本に相当するものができれば、それ以降は印刷所での印刷・製本作業となる。印刷・製本にかかる費用は可変費用で、原本と同じ内容、同じ品質の複製物は、デジタル財である音楽 CD ほどではないが、比較的低い限界費用で制作される。③の高い固定費用と低い限界費用で示される費用構造と、①の人気の高い作品が出現する確率の低さから、Rosen（1981）がスター現象（star phenomenon）と名付けた少数の作品で多額の利潤を獲得する環境が生まれる。出版社は人気の高い作品で規模の経済性を享受するため、事前の予測は難しいが、需要が見込まれる作品に限定して制作する方が、経営面では望ましい。

　④の出版事業への参入には、同じコンテンツ産業である放送事業に存在するような政府の許認可が不要であり、参入・退出規制はない。また、出版社

は著者から原稿を集め、編集作業を行うが、印刷・製本は印刷会社が行う。書籍の流通は、一般には卸売業者に相当する取次が担当し、消費者への販売は書店の役割である。つまり、出版社からみれば、書籍の印刷、流通、販売は外注であり、出版社としての業務は、書籍の企画と編集作業に限定される[3]。出版社が実際に担う業務は、書籍の制作から販売までの工程の一部であり、小規模な設備で事業を立ち上げることができ、退出時の埋没費用（サンクコスト）も小さい。このような出版社の事業形態から、⑤の多数の供給者の存在が可能になる。日本では出版物の市場規模の縮小に伴い、出版社は減少しているものの、現時点でも 3,000 社を超える企業が存在するのは、出版社の事業特性による。

　差別化された製品を生産し、参入・退出が自由で、かつ多数の供給者から構成される書籍市場は、チェンバリンの独占的競争モデルが当てはまる。チェンバリンのモデルでは、短期・長期の双方において、平均費用が右下がりの領域で需要曲線と接した点が均衡となる。発行されたタイトル数の減少は、1 タイトル当たりの需要量の増加を通じて、より低い平均費用での生産を可能とする。発行点数を減少させることで効率性は改善するが、消費者の選択肢は縮小する。この意味で、効率性と多様性は、トレード・オフの関係にある。次節では、①から⑤の経済的特性を有する書籍市場における需要面と供給面の実態を、同じコンテンツ産業に属し、価格拘束が認められている音楽市場との比較を含めデータで示す。

3　需要と供給の集中度

　本節では、（1）項で書籍の販売上位作品の市場全体に占める比率や販売部数の分布状況から需要側の集中度、（2）項では販売額上位の出版社の市場占有率と市場集中度を示すハーフィンダール・ハーシュマン指数（Herfin-dahl-Hirschman Index: HHI）で、供給側の集中度を把握する。また、タイトル別音楽 CD の需要側の集中の程度や、レコード会社の市場占有率と市場集中度を計測することで、同じコンテンツ産業に属し、独占禁止法の価格拘束禁止規定の適用が除外されている書籍市場と音楽市場を比較する。

（1）　需要側

　Rosen（1981）は、コンテンツ産業において規模の経済性が存在する状況下で、少数の作品に需要が集中し、大きな利潤を得る状況をスター現象と呼んだが、実際の書籍需要の集中は、どの程度なのだろうか。以下では、書籍と音楽 CD の需要側の集中の程度をみておこう。

　書籍の月間・年間の販売部数は、出版科学研究所や出版ニュース社が集計しているが、タイトル別のデータは公開されていない。また、大手書店や取次も、定期的に書籍の販売ランキングを発表しているが、ランキングに含まれている情報は、書名、著者名と販売部数の順位であり、実際に販売された部数は非公開である。これに対し、従来から音楽 CD のヒットチャートを作成しているオリコン・リサーチは、2008 年以降、音楽 CD と同様に、Amazon などのオンライン企業を含む主要な小売店からデータを集め、書籍の販売部数を掲載したベストセラーのリストを公表している。オリコン・リサーチのデータは全数調査ではないが、主要な小売店を調査対象としていることから、市場の大まかな動向を把握することができる[4]。

　出版科学研究所が『出版指標年報』や『出版月報』で公表している集計データは、取次を経由して流通する出版物を対象とする。これに対し、出版ニュース社が『出版年鑑』で公表している集計値には、必ずしも採算性を行動基準とはしていない自費出版を専門とする出版社のデータも含まれている。本書では、ビジネス・ベースでの書籍を検討対象とすることから、集計された書籍市場全体のデータは、出版科学研究所の『出版指標年報』、タイトル別データは、オリコン・リサーチが収集したものを使用する。なお、出版科学研究所が集計する販売部数とは、取次が書店に出荷した部数から返品分を引いたもので、小売店が購入した部数である。これに対し、オリコン・リサーチが集計する販売部数は、主要な小売店が消費者に販売した部数であり、定義は異なる。また、出版科学研究所は書籍と雑誌を集計対象とし、オリコン・リサーチは書籍のみを集計対象とするが、オリコン・リサーチが集計する書籍には、出版科学研究所が雑誌に分類するムックやコミックの一部が含まれている。このような違いにより、出版科学研究所の集計データと、オリコン・リサーチのタイトル別データの合計値は一致しない。

ミリオンセラーのような作品の出現は年によって異なり、また、需要の集中度合いを示す指標が確立されているわけではない。このため、以下では書籍と音楽のそれぞれについて、異なる年次を対象に、書籍販売部数が100万冊を超えたタイトル数、市場全体に占める販売上位10作品と上位100作品の販売部数の比率、上位100タイトルの販売部数の分布状況という複数の指標で需要の集中の程度を測る。

　2015年を対象とするオリコン・リサーチの集計では、販売部数が100万冊を超えた書籍は1点のみであり[5]、2015年に発行された取次仕入窓口を経由して流通された新刊書の発行点数は54,235点である[6]。この結果、販売部数が100万冊を超える確率は、1/54,235と、非常に低い。また、1年間に54,000点を超える新刊書が発行されるということは、土日を含め、取次と契約する出版社全体で1日当たり平均150点以上の書籍が発行されていることを意味する。消費者が実際に手に取るか否かは別として、膨大な選択肢が消費者に提供されていることになる。

　これに対し、2015年の音楽CD市場では、日本レコード協会の集計によると、ミリオンヒットと呼ばれる販売枚数が100万枚を超えたCDは、シングルで4タイトル、アルバムで3タイトル存在する。これらのCDは、いずれも2015年に発売が開始されており、2015年のシングルの新譜のタイトル数が3,807点、アルバムでは11,725点であることから、100万枚の需要を集めるコンテンツが誕生する確率は、シングルで4/3,807、アルバムで3/11,725となり、音楽に関してもミリオンヒットの確率は低い。

　書籍と音楽で販売数が100万を超える確率は、分母となる新刊書の発行点数と新譜タイトル数のデータの入手方法や統計データのカバーする範囲の違いから、単純に比較することは適切ではない。日本レコード協会が集計する音楽CDの販売枚数は、日本レコード協会に加盟する会員企業の販売枚数の集計値である。日本レコード協会に加盟するレコード会社は、音楽CDの制作・販売に従事する大手企業を中心とし、協会に属していないレコード会社の数値は含まれない。これに対し、出版科学研究所が集計するデータは、取次と契約する出版社が制作した書籍を対象とし、歴史のある出版社は、その規模にかかわらず、取次と契約を結んでいる傾向がある。もっとも、販売

数が 100 万を超える書籍と音楽 CD が出現する確率は単純には比較できない
いにせよ、双方の市場とも、確率が極めて低いことに変わりはない。

　需要の集中度合いは年によって異なるため、年次を替え、2014 年の販売
上位 10 作品の市場全体に占める比率を計算した。オリコン・リサーチは、
書籍のカテゴリーを「Book」、「文庫本」、「コミック」に大別し、タイトル
別販売部数を集計している。「文庫本」は、文字通り文庫本サイズのライト
ノベルを含むフィクションであり、ここでの「コミック」は、週刊誌や月刊
誌に掲載されたコミックをシリーズごとに数週分まとめて単行本として発行
したものを指す[7]。オリコン・リサーチの「Book」は、文庫本とコミックを
除く書籍で、単行本、新書、大型本、ムック、その他と、さまざまな書籍が
含まれる。オリコン・リサーチが集計した文庫本の 2014 年の販売部数合計
に占める上位 10 作品の合計販売部数の比率は 4.48％、コミックの上位 10
作品の販売部数のコミック全体に占める比率は 3.67％、Book の上位 10 作
品合計の Book の販売部数全体に占める比率は 1.11％である[8]。これに対し、
2014 年における音楽 CD の販売については、オリコン・リサーチの集計で、
シングル上位 10 作品の販売枚数に占めるシングル全体の販売枚数比率は
20.71％、アルバムでは 10.49％である。上位 10 作品の作品全体に占める比
率は、書籍ではいずれも 5％以下であるのに対し、音楽 CD では 10％を超
えている。2014 年の上位 10 作品で判断する限り、音楽 CD の方が特定の作
品への需要の集中度は高い。

　オリコン・リサーチの「Book」に分類される書籍には、文庫本とコミッ
クを除く、さまざまなものが含まれることから、ここでは文庫本とコミック
を対象に需要の分布状況をみておこう。需要の集中度合いは、その年のベス
トセラーの出現状況の影響を受けることから、対象年次を 2012 年に変更し、
文庫本とコミックの上位 100 のそれぞれの市場全体に占める比率を算出した。
その結果、文庫本の販売部数全体に占める上位 100 作品の販売部数合計の
比率は 12.33％、コミックでは 13.69％であった。

　最後に、2012 年の主要な書籍のカテゴリーである文庫本とコミックのそ
れぞれ上位 100 作品に関して、所得の不平等さを示す際に使われるローレ
ンツ曲線を図 1-1 で示すとともに、ジニ係数を算出した。ジニ係数の値が

ゼロの場合、ローレンツ曲線は 45 度線と一致し、完全に均等な状態、ジニ係数が 1 の場合、1 作品ですべての販売部数を占有する独占の状態であることを示す。比較のため、2012 年の音楽 CD 上位 100 のシングルとアルバムのローレンツ曲線も併記した。ジニ係数は、文庫本で 0.334、コミックで 0.279 に対し、音楽 CD のシングルのジニ係数は 0.455、アルバムは 0.446 で、音楽 CD の方が、書籍よりも上位作品の販売の集中度合いは高いことが確認できる。

　コンテンツの需要の集中度合いは、ヒットした作品数とその程度に左右されるため、複数年を対象に判断する必要がある。ここでの指標と年次の組み合わせはアドホックであるが、販売上位 10 あるいは 100 作品の市場全体に占める比率や、上位 100 の需要の分布状況で比較すると、いずれの年においても、書籍需要の偏りは音楽 CD と比べれば小さい。音楽 CD のようなデジタル財では、複製費用はゼロに近いが、紙媒体の書籍であれば、印刷・製本費用が必要であり、書籍の限界費用は音楽 CD よりも大きい。需要の分布と限界費用の大きさから、需要の集中が制作者の経営に与える影響は、書籍の方が音楽 CD よりも小さいといえるだろう。

（2）　供給側

　オリコン・リサーチは、毎年、書籍の出版社別販売額についても集計を行っている。オリコン・リサーチ（2014、2015）によると、2014 年の書籍販売額合計に対する上位出版社の販売額の比率は 10 社累積で 44.9%、20 社累積で 54.8%、2015 年では上位 10 社で 43.5%、上位 20 社では 53.6% であり、年による変化は小さい。上位 3 社（講談社、KADOKAWA、集英社）の販売額は大きいが、上位 20 社に関して、それぞれの市場占有率の 2 乗和で算定した HHI は、2014 年で 323[9]、2015 年では 303 であり、この数値を合併ガイドラインの基準に当てはめると、集中していない市場とみなされる[10]。これに対し、音楽 CD 市場の集中度をオリコン・リサーチのデータで計測すると、2014 年の上位 10 社の累積市場占有率は 73.6%、2015 年で 74.7%、2014 年の上位 20 社の累積市場占有率は 85.9%、2015 年では 85.1% に達する。音楽 CD の方が書籍よりも市場占有率は高いが、音楽 CD の市場集中

図 1-1 上位 100 タイトルにおける書籍と音楽 CD のローレンツ曲線

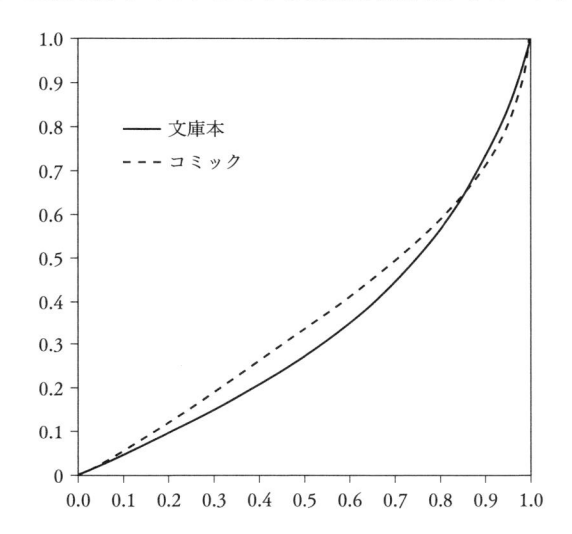

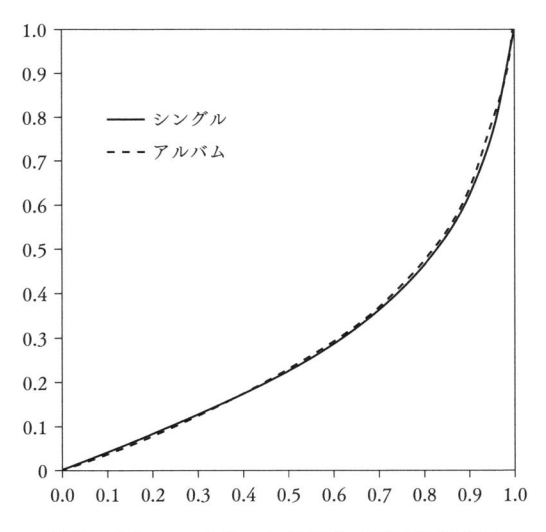

出所　オリコン・リサーチ（2013）の書籍販売部数と
音楽 CD の販売枚数データより作成

度を示す HHI は 2014 年で 811、2015 年では 795 であり、合併ガイドラインの基準から判断する限り、日本の音楽市場の集中度も低水準と位置付けられる。

　特定の作品に需要が集中することは、その作品の販売者の売上を増加させ、結果的に供給側の集中度を高める。音楽 CD では、特定のアーティスト作品への需要の集中が、そのレコード会社の業績向上に貢献し、さらに、レコード会社は、発掘した人気アーティストと専属契約を結ぶことがあるため、両者の関係は固定化される傾向にある。一方、書籍では需要の分布の偏りは音楽 CD よりも小さく、供給側の集中度も低い。書籍市場では、著者が作品ごとに異なる出版社から刊行するケースがしばしば見受けられ、著者と出版社の関係は音楽 CD ほど固定化されておらず[11]、需要の集中が供給の集中の程度に与える影響は音楽よりも小さい。

　また、日本の出版社は国内市場を対象に活動しているのに対し、販売額上位 10 に入るレコード会社の中には、ソニー・ミュージックエンタテインメント、ユニバーサルミュージック、ワーナーミュージック・ジャパンのように、国際的に活動するメジャーと呼ばれるレコード会社の日本法人が複数含まれている。もっとも、国内で高い市場占有率を占める企業がグローバルに活動することは、音楽だけではなく、海外の出版事業では、しばしば観察される現象である。2015 年の世界の大手出版社の販売額ランキングを記した *Publishers Weekly*（2016 年 8 月 26 日付け）によると、出版社販売上位 5 社は、Pearson、Thomson-Reuters、Elsevier、Wolters Kluwer、Penguin Random House で、米国、英国、オランダ、ドイツに拠点を置きつつも、グローバルに活動している企業がランキング上位に並んでいる。海外のランキング上位に位置する Elsevier や Wolters Kluwer は、書籍の発行だけではなく、学術誌の発行とデータベース事業に積極的である。学術分野ではグローバル市場における大手出版社による寡占が、学術雑誌の価格上昇をもたらしているとの指摘もあり[12]、世界的な販売上位の出版社と日本の出版社では事業形態が異なる。

　最近では、コミックの海外での販売や、村上春樹の作品などの外国語への翻訳書の販売が増えつつあるが、日本の出版社の多くは、原稿の収集から書

籍販売まで、国内で完結する業務に従事している。雑誌部門における海外出版社の提携として、1999 年にフランスの Hachette Filipacchi が、婦人画報社の株式を取得した事例がある[13]。これに対し、書籍部門では 1969 年に日本経済新聞社と米国の McGraw Hill の出資で、日経マグロウヒルが設立されたが、1988 年に日本経済新聞社に株式を売却して撤退し、日経 BP 社となった。また、2003 年には Random House と講談社の合弁企業として、ランダムハウス講談社が設立され、日米の大手出版社の合弁事業ということで注目を集めたが、2010 年に提携は解消され、武田ランダムハウスジャパンと改称された後、2012 年に倒産している[14]。このように出版市場での海外企業との連携事例は少ないうえ、成功しているとは言い難い。

　日本の出版社が国内を対象に活動していることや、海外企業の日本市場への参入が活発ではない理由の一つに言語の問題がある。『出版年鑑　2015 年版』が掲載する英国出版協会のデータによると、英国の出版社の販売額に占める輸出額の比率は、44％に達している。輸出額比率の高さは、母語が英語であることが大きいが、海外での売上を増やすことで、書籍販売が国内要因によって左右されない状況が醸成されている。日本と同様に、母語がグローバルな言語ではないドイツでも、出版社の販売額に占める輸出額の比率は 12％に達している。輸出の半分はドイツ語が使用されているスイスとオーストリア向けであるが、この 2 か国向けを除いても、日本の比率より高く、輸出が伸びているのは英語圏向けである。その理由として、『出版年鑑 2015 年版』では、近年のドイツの出版社において、専門書を当初から英語で出版するケースが増加していることをあげている。書籍市場では言語の問題が大きいが、分野は限定されるものの、ドイツの出版社のように当初から英語での出版事例もある。書籍ほど言語の問題が重要ではないであろう音楽市場では、ユニバーサルミュージックなどが、洋盤だけではなく、日本人アーティストを発掘し、邦盤も制作・発売している。音楽の世界では、海外企業が日本で活動し、日本企業も海外で活動していることや、ドイツの出版社の行動を踏まえると、日本の出版事業が概ね国内で完結している現状は、日本語の問題に加え、出版社の海外発信への取り組みの姿勢も影響していると考える方が適切かもしれない[15]。

4 電子書籍

書籍市場の規模を把握するにあたって、現在、電子書籍は無視できない存在となっている。日本の出版社は国内を中心に活動しているが、紙媒体書籍だけではなく、電子書籍も、欧米とは異なる経路をたどってきた。本節では、(1) 項で日本の電子書籍の市場規模の推移、(2) 項で日本の電子書籍のこれまでの変遷と、電子書籍の提供に不可欠な電子書籍専用のファイル形式、(3) 項で電子書籍の価格設定を俯瞰し、日本の電子書籍の特徴を整理する。

(1) 市場規模

電子書籍に関するデータは、調査会社のインプレス総合研究所が定期的に集計している。ここでは、出版科学研究所が『出版指標年報』で公表している書籍販売額と、インプレス総合研究所が『電子書籍ビジネス調査報告書』で公表している電子書籍販売額の合計を書籍市場全体の販売額と定義しよう。フィーチャーフォンと呼ばれる高機能携帯電話端末を介した配信が中心であった 2005 年の電子書籍の販売額は 94 億円で、書籍市場全体に占める販売額の比率は 1% であったが、携帯電話からスマートフォンやタブレットへの配信の移行過程にあたる 2013 年では書籍市場全体に占める比率は 10.7% と 1 割を超え、2017 年には 23.9% に達した。しかし、2 割を超えたほど、電子書籍が普及しているという実感はないという印象を持つ人も多いだろう。

紙媒体の書籍市場が縮小する中で、電子書籍の販売額は伸びているが、電子書籍の販売額のほぼ 8 割は、電子コミックが占める。図 1-2 は、インプレス総合研究所の分類に従い、電子書籍の販売額をコミックと、それ以外（文芸、実用、写真集）に分けたものである。2009 年以降の電子書籍に占める電子コミックの比率は、ほぼ 80% 前後を維持しており、多くのフィクションが電子書籍として提供され、電子コミックの比率が低い欧米とは状況を異にする[16]。日本の書籍と雑誌を合計した紙媒体のコミック市場は、出版科学研究所の集計によると、2017 年で 2,583 億円であり、紙媒体の出版市場全体（書籍＋雑誌）の 18.9% を占め、欧米と比較して日本では紙媒体市場におけるコミックの比率は高い。もっとも、紙媒体におけるコミックの位置付けの高さを考慮しても、電子書籍の 8 割を電子コミックが占めるという

図 1-2　電子書籍の市場規模の推移

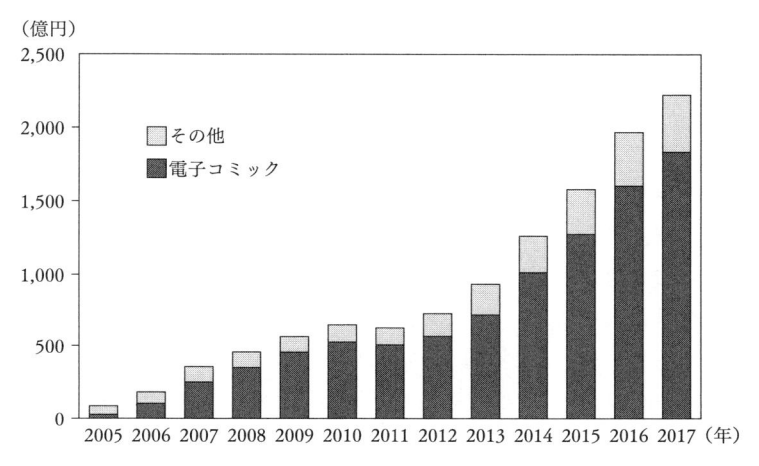

出所　インプレス総合研究所『電子書籍ビジネス調査報告書』各年版の
データより作成

状況から、コミックが電子書籍を牽引していると判断することができる。換
言すれば、日本の電子書籍はコミックに偏っており、コミックに馴染みのな
い読者には、電子書籍の浸透度合いは低いということになる。

（2）　市場の変遷

　電話やインターネットをはじめとする情報通信サービスは、国境を越えて
接続されたネットワークを介して提供される。グローバルなサービス提供を
確保するため、ネットワークの技術基準は世界的に調整され、通信に関する
制度設計も、国際的に収斂化の傾向にある。一方、紙媒体の書籍では、国内
の企業が自国内で活動する比率が高く、国によって独自性が維持される傾向
にある。しかし、国内でほぼ完結してきた書籍市場に電子書籍が登場したこ
とによって、海外のサーバーからのコンテンツ配信や、海外企業の参入や提
携など、国境を超えた活動がみられるようになった。このようなグローバル
化に伴い、ネットワーク上でやり取りされる電子書籍のファイル形式も、国
際的に収斂されつつある。現在では、世界的に事実上の標準となったファイ

ル形式である EPUB と AZW が、日本でも一般化した。しかし、そこに至るまでの経緯として、日本の電子書籍のファイル形式は、独自の経路をたどってきた[17]。

　日本では、Amazon の電子書籍市場への参入を契機に、2010 年は電子書籍元年と呼ばれ、メディアもこれを大きく取り上げた。しかし、今日の電子書籍の主たる形態であるスマートフォンやタブレットでの閲覧とは異なるが、日本の電子書籍は 1990 年代には提供されていた。1995 年に富士通の社外ベンチャー制度を使って設立された電子書籍パピレスが登場し、2000 年には複数の出版社が共同で、パソコンでの閲覧を想定した電子文庫パブリを立ち上げた。一方、1999 年に NTT ドコモは、情報提供サービスである i モードを開始し、2000 年から携帯電話を介したコミックや短編小説の配信が行われるようになった。電子書籍の市場規模を推定しているインプレス総合研究所の『電子書籍ビジネス報告書』によると、2009 年度の電子書籍販売額574 億円のうち、携帯電話向けの電子書籍は 513 億円で、全体の 89％を占めていた。日本の高機能携帯電話の発展と、これを介した情報提供サービスの普及により、電子書籍は小さな携帯電話端末の画面で閲覧する形態が定着し、端末画面の大きさや伝送容量、高機能携帯端末の利用者層から、電子書籍の主たるカテゴリーは、若者向けの短編小説やコミックという構造が出来上がっていった。NTT ドコモの i モードは、日本独自の規格に基づくサービスであり、2000 年代までの電子書籍サービスは、日本企業が主に国内向けにサービスを提供していたため、日本独自の電子書籍サービスの提供形態が確立されたことになる。これに対し、欧米では 2000 年代後半に Amazonや Barnes & Noble をはじめとする企業が、Kindle や Nook などの電子書籍専用端末の販売と、その専用端末で閲覧する電子書籍サービスを開始し、これらが人気を博した。2010 年代に入ると、Amazon が日本法人を通じて、国内で電子書籍サービスを開始するとともに、楽天がカナダの電子書籍端末メーカー kobo を子会社とし、その端末を利用して電子書籍市場に参入したように、国境を越えた企業活動が日本でもみられるようになり、2010 年を境に日本の電子書籍は大きく変化した。

　電子書籍サービスを提供するには、電子書籍専用のファイルを作成する必

要があるが、当初、日本で用いられた主要なファイル形式は、シャープが開発したXMDF（ever-eXtending Mobile Document Format）と、ボイジャーが策定したドットブック（.book）であった。XMDFは、シャープの携帯情報端末ザウルス向けの配信や、携帯電話会社が提供する電子書籍サービスに用いられた。ドットブックは、ボイジャーが運営する電子書籍サイトをはじめ、電子文庫パブリや講談社などのコミックの配信サイトで用いられた。

　一方、現在では日本を含め、国際的に広く用いられているファイル形式は、EPUBとAmazonのAZWである。EPUBは、ソフトウェア会社、出版社や印刷会社などをメンバーとする団体が策定し、その仕様はインターネット上で公開されている。情報通信分野では、多数の関係者が公開の場で規格を策定するフォーラム標準が増えており、EPUBもその一つとして、Apple、Barnes & Noble、楽天などで使われている。これに対し、AZWはAmazonが子会社にした企業が開発したMOBIをもとに作成され、仕様は開示されていないが、AZW形式のファイルを作成するツールが公開されており、コンテンツ保有者は無料でAZW形式のファイルを作成することができる。

　現在、日本でもEPUBが広く採用されているが、日本企業が当初、独自のファイル形式の開発を行った背景には、2011年に公開されたEPUB3.0以前のファイル形式が、日本の書籍における縦書きやルビなどの組版に対応していなかったことが大きい。日本の電子書籍は海外と比べ、早い時期に開始されたこと、海外で開発された初期のファイル形式が、日本の組版に適合していなかったことが、日本独自のファイル形式を生み出し、国内で浸透したということができる。初期の日本の電子書籍のファイル形式は、XMDFとドットブックが主流であったが、海外のファイル形式の最新版が日本の組版に対応したことと、海外企業が日本の電子書籍市場に参入したことにより、日本独自のファイル形式は、次第にEPUBとAZWに置き換えられていった。

　電子書籍販売サイトに提供されるタイトル数が多いほど、消費者のアクセス数は増加し、そのことが、そのwebサイトで提供されるタイトル数を増加させるという正の循環が作用する。一方、複数のファイル形式が併存する状況では、電子書籍提供サイトが使用する形式にあわせてファイルを作成し、変換の適正性のチェックを行わなければならず、電子書籍提供者にとって負

担になる。提供側からすると、ファイル形式は一本化されることが効率的である。これに対し、ファイル形式によって、提供されるサービスや特徴にも若干の差異があるため、複数のファイル形式の存在は、消費者にとって煩雑さをもたらす一方、電子書籍サービスの差別化を進展させ、消費者が最も適切と思うファイル形式の選択を可能にする。

　日本の場合、比較的早い段階で電子書籍事業が立ち上がったにもかかわらず、日本の書籍の組版から日本独自のファイル形式をとり、また、日本独自の規格であるiモードが国内で完結するサービスとして進展したことにより、グローバルな領域での先行者の利得を享受することはなかった。さらに、現在では、国内でも EPUB と AZW に収斂しつつあるが、複数のファイル形式の併存は、出版社や著者の電子書籍専用ファイルの作成費用を増加させる[18]。ファイル形式については、日本以外でも、国内で開発されたファイル形式を利用してきたところもあり、国内方式と海外方式との併存は、必ずしも日本固有の問題ではない。しかし、Amazon などの海外事業者が参入する以前に日本型の電子書籍が実用化され、ある程度の利用者を獲得していただけに、フォーマットの移行は、日本では無視できない問題であった。

　また、ファイル形式以外の日本と欧米の電子書籍の相違点として、紙媒体の書籍とのタイムラグの問題がある。日本の電子書籍は、当初、紙媒体書籍の発行から数週間、長いものでは紙媒体書籍の発行から数年後に配信が開始される傾向があった。最近では、コミックを中心に紙媒体書籍と同一日に配信が開始されるものや、第5章の補論で議論するように、フィクションでも単行本の発行に併せて配信を開始するケースが増えているが、書籍市場全体からみると、紙媒体の発行から数週間後、あるいは数か月後に電子書籍の配信が開始されるケースは依然として多い。

　一方、米国では、紙媒体書籍と電子書籍が同時発売、あるいは電子書籍の方が紙媒体に先行して販売されるケースが一般的である[19]。その理由を星野（2012）は、①日本では出版社と著者が契約書を取り交わすことが少ないのに対し、米国の出版社は出版前に著者と権利手続きを完了しており、電子書籍への迅速な対応が可能であること、②日本では電子書籍の確認・登録作業に時間がかかっていること、③日本の紙媒体書籍は、出版社から取次に配送

されると、数日以内に書店に配送されるのに対し、米国では、出版社が書店から事前注文を受けて部数を決定し、印刷することがあるため、原稿の校了から書籍が書店に届くまでに時間を要することを挙げている。②の電子書籍の確認・登録作業は、作業の慣れによる学習効果が期待できる領域であり、また、人員配置で解決できる問題であるが、③は紙媒体書籍の流通形態が関係する。日本では、全国をカバーする取次の存在と返品可能なシステムの下で、校了した原稿は即座に印刷され、取次を経て全国に配送される。返品が制限され、出版社と書店の直接取引が一般的な米国では、出版社が書店に打診し、需要量を概算した後に印刷部数を決定することがあるのに対し、日本では、消費者が書籍に触れる状態にすることが優先され、超過供給は返品で解消される。日米の書籍の流通システムには、一長一短があるが、書籍の流通システムが、電子書籍と紙媒体書籍の販売のタイミングに影響を与えている。

(3) 価格設定

　電子書籍の価格設定には、卸売モデル（wholesale model）と代理店モデル（agency model）の2種類がある。卸売モデルは、出版社がAmazonのような電子書籍提供者に電子書籍を販売し、電子書籍提供者が電子書籍の価格を設定し、消費者にサービスを提供する形態である。これは、一般的な財のメーカー・小売の垂直的取引関係と同様の形態である。これに対し、代理店モデルは、出版社が電子書籍提供者に販売業務を代理店として行わせるもので、電子書籍の小売価格は出版社が決定し、電子書籍提供者は一定割合を手数料として受け取る。出版社は電子書籍提供者に電子書籍の販売業務を委託するが、出版社が価格を設定するという点では、電子書籍の代理店モデルは、日本における紙媒体書籍の提供形態に類似する。

　当初、2007年にAmazonが米国で電子書籍サービスを開始した際には、卸売モデルが採用され、Amazonはベストセラーの電子版に9.99ドルという低価格を設定し、電子書籍の普及に貢献したといわれる[20]。しかし、ベストセラーを多数輩出し、電子書籍の低価格水準が、経営に悪影響を及ぼすと考えていた大手出版社5社（Hachette、Harper Collins、Macmillan、Penguin、

Simon & Schuster）は、電子書籍事業に後発で参入し、代理店モデルを提案した Apple の申し出を受け入れ[21]、2010 年 1 月、Apple と代理店モデルで契約することで合意した。これら大手出版社は、Apple との契約後、Amazon に代理店契約への変更を要請し、Amazon もこれを受け入れた。この結果、米国の電子書籍は、出版社が設定した価格で提供され、価格水準は全体的には上昇したといわれる。

これに対し、米国司法省は 2012 年に、出版社 5 社と Apple が、電子書籍の価格引き上げの方法を策定する目的で情報や戦略を共有したことや、ジョイント・ベンチャーの話し合いを装い、価格引き上げの共謀を隠ぺいしたことが、反トラスト法に抵触するとして提訴した。この訴訟は、2012 年に出版社に対し、今後 2 年間、電子書籍提供者による電子書籍の価格設定の制限、あるいは妨害を行うことを禁止する内容で和解した。この 2 年を経過した 2014 年に大手出版社の Hachette は、電子書籍の価格設定権を保有することで、Amazon と合意に至り[22]、その後、複数の大手出版社が、価格設定権を取り戻したといわれている[23]。結果的に、米国の電子書籍市場では、卸売モデルと代理店モデルが併存する形となっている。

Amazon が当初設定した電子書籍の低価格水準が話題になったこともあり、この価格水準や卸売モデルと代理店モデルの選択について、学術的観点からも議論が行われた。Johnson（2013）は、電子書籍提供者が消費者をロックインするため、当初は卸売モデルで低価格のサービスを提供するが、消費者を囲い込んだ後は、価格を引き上げることを理論モデルで示した。また、Gandin and White（2014）は、電子書籍が特定の端末のみで閲覧されていた状態では、電子書籍の価格を低水準に設定する誘因があったが、Amazon の Kindle 以外の端末で Kindle Store から販売している電子書籍が講読可能となった時点から、卸売モデルの下で低価格水準を維持する誘因はなくなったと述べている。Johnson（2013）と Gandin and White（2014）は、理論モデルによる分析であるが、Santos and Wildenbeest（2014）は、価格設定方式の変更が、電子書籍の価格水準に与えた影響について実証分析を行った。Amazon が最初に適用した卸売モデルは、2010 年に代理店モデルに変更され、2012 年に再度、卸売モデルの適用となったことを踏まえ、Santos and

Wildenbeest（2014）は、2012年から2013年のAmazonやBarnes & Noble を含む電子書籍を提供する4社の価格水準を調査した。その結果、代理店モデルから卸売モデルに変更になったことで、Amazonの電子書籍価格は18％、Barnes & Nobleの価格は8％下落したことを示した。Santos and Wildenbeest（2014）は、得られた実証結果は、川上企業（出版社）よりも小売市場（電子書籍提供者）の方が競争的であるとき、小売価格は代理店モデルの方が高水準になることを示したForos et al.（2014）の結論と整合的であるとしている。

　日本では、紙媒体の書籍には独占禁止法の価格拘束禁止規定の適用が除外されるが、電子書籍は適用除外の対象ではない[24]。Amazonは、日本で電子書籍事業を開始するにあたって、出版社に卸売モデルでの提供を提案したが、出版社との交渉の結果、卸売モデルと代理店モデルに出版社が分かれる形となった。『出版月報』の2013年9月号と『週刊東洋経済』の2012年12月1日号の記事によると、講談社、小学館、集英社、文藝春秋、光文社が代理店モデル[25]、KADOKAWA、新潮社、幻冬舎、PHP研究所、東洋経済新報社、ダイヤモンド社などが、卸売モデルを適用しているとされる。代理店モデルは、米国において大手出版社がAmazonに対抗するために導入した手段であったが、結果的に日米ともに卸売モデルと代理店モデルが併存する形となっている。

5　電子化された学術情報のオープン化

　学術情報のオープン化は、web上での公開を前提に議論されていることから、本節では、電子媒体で提供される学術情報を対象とする。電子媒体での学術情報のオープン化を取り上げる理由は、以下の2点による。1点目は、第4節までは消費者が書籍を購入し、出版社と著者が対価を得る事業形態を前提に、書籍の需要と供給について述べてきた。この形態が大部分の書籍において適用され、今後も維持されると考えられることから、本書では消費者が対価を支払う形態での書籍市場について考察する。しかし、第7章では専門書を分析対象とするが、学術雑誌や専門書に関しては、消費者が対価を支払う形態のほか、著者が費用を負担することで、読者は無料で閲覧やダ

ウンロードをすることができるオープン・アクセス・ジャーナル、あるいは
オープン・アクセス・ブックが出現し、この事業形態は、学術情報の分野で
浸透するようになった。見方を変えると、インターネットを利用しても、学
術情報の流通には費用が発生し、これをだれが負担するかの問題が残ること
を示唆する。分野は限られるが、出版市場における新たなビジネス・モデル
として紹介することが、第1の目的である。

　2点目は、前節で示したインプレス総合研究所が行った電子書籍と電子雑
誌の市場規模の推定では、電子ジャーナルが対象外とされていたことによる。
PDFファイルなどで学術論文を収録する電子ジャーナルは、電子雑誌の一
種である。インプレス総合研究所が推定した2015年の電子雑誌の販売額
242億円に対し、日本図書館協会が集計した2015年の大学図書館の電子ジ
ャーナルへの支払額は281億円に達しており、インプレス総合研究所の電
子雑誌の規模を上回る。購読型の電子ジャーナルを電子雑誌から除外するこ
とは、電子出版の市場規模を過少評価することになる。このため、本節では、
学術情報を対象に、これを雑誌と書籍に分け、オープン化と価格設定につい
て簡単に触れておきたい。

(1)　オープン・アクセス・ジャーナル
　雑誌に掲載された学術論文を電子化し、無料公開する仕組みは、大きく2
つに分けられる。一つ目は、機関リポジトリである。日本において論文を無
料で公開する機関リポジトリとして、J-STAGEと呼ばれる国立研究開発法
人科学技術振興機構が構築した科学技術情報発信・流通総合システムや、紀
要論文などを公開する各大学のwebサイトなどがある。このような機関リ
ポジトリでは、一般に論文の公開までに一定の猶予期間が設定されている。
これに対し、二つ目のオープン・アクセス・ジャーナルは、猶予期間の設定
なしで、論文の公開準備が整い次第、即座に公開される[26]。オープン・アク
セス・ジャーナルは、研究機関などが寄付金や補助金を得て、ジャーナルを
運営し、ここに掲載された論文を無料公開するケースと、著者から論文処理
料（Article Processing Charge：APC）を徴収し、web上でジャーナルを運営
する仕組みに分けられ[27]、後者のケースの代表例が、PLOS（Public Library

of Science）である。PLOS のようなオープン・アクセス・ジャーナルは、購読型の学術雑誌の価格高騰を背景に、迅速かつ読者の負担がない学術情報の流通手段として登場し、短期間に普及していった。著者が論文処理料として費用を負担することで、誰でもが自由に無料で論文を閲覧、あるいはダウンロードをすることができることから、出版社の収入源が読者から執筆者に移行したことになる。また、Elsevier や Springer などの購読雑誌を発行する伝統的な大手学術出版社も、論文が採択された執筆者に論文処理料を求めることで、その論文の著作権を著者が保持した上で、読者に無料でのアクセスを認める選択肢を提供するようになった。執筆者による選択肢の行使によって、伝統的な購読雑誌の中にオープン・アクセス論文が混在することとなり、このような雑誌は、ハイブリッド・ジャーナルと呼ばれている。ハイブリッド・ジャーナル全体におけるオープン・アクセス論文数の比率は、ジャーナル間で差異があるが、大手出版社が発行する購読雑誌の多くは、ハイブリッド・ジャーナルに転換している。

　論文処理料の水準は、出版社によって異なるうえ、同じ出版社が発行するジャーナル間においても、その水準は異なる。一例をあげると、大手のオープン・アクセス・ジャーナル出版社である Hindawi Publishing Corporation の論文処理料は、2018 年 5 月時点で 195 ドルから 2,250 ドルの範囲に及ぶ。さらに、開発途上国の執筆者に対し、論文処理料を割り引くなどの制度を採用している出版社も多く、同じジャーナルにおいて、執筆者によって論文処理料が異なるケースがある。一方、伝統的な大手学術出版社である Springer が、ハイブリッド・ジャーナルにおいて適用している論文処理料は、1 論文当たり 3,000 ドルであり、他の大手学術出版社のハイブリッド・ジャーナルにおける論文処理料も、概ね、Springer と同等程度である。横井（2016）は、全体的な傾向として、オープン・アクセス・ジャーナルを専門とする出版社の論文処理料よりも、ハイブリッド・ジャーナルの論文処理料の方が高い傾向にあると報告している。

　オープン・アクセス学術出版協会（Open Access Scholarly Publishers Association: OASPA）は、2017 年に協会加盟機関から刊行されたオープン・アクセス・ジャーナルから、219,627 本の論文が発行されたことを報告して

いる[28]。また、メディア関係の調査会社である Simba Information は、オープン・アクセス論文数の増加は、論文全体の増加率を上回り、一定の猶予期間経過後に公開された論文を含めると、世界の論文数の 1/3 は、オープン・アクセス論文に該当すると報じている[29]。

　研究者の業績が、学術雑誌に掲載された論文数で測られるという評価システムの下で、研究者から投稿される論文数は増加している。その点、オープン・アクセス・ジャーナルは、購読雑誌の価格高騰への対応に加え、増加する投稿論文の受け皿の役割を担っている。しかし、購読雑誌間でも品質にばらつきがあるが、歴史の浅いオープン・アクセス・ジャーナルの場合、その問題はより深刻である。一般的にジャーナルの品質は、インパクト・ファクター、あるいは Cite Score と呼ばれる掲載された論文数に対する引用回数の比率で数量化される[30]。引用回数比率で学術雑誌を評価した浅井（2017）は、Elsevier のデータベースに収録された経済学と化学の学術雑誌を、大手商業出版社 5 社のいずれかが刊行した雑誌、学会が刊行した雑誌、オープン・アクセス・ジャーナルの 3 つに分類し、引用回数比率の平均値を算出した。3 つの雑誌の引用回数比率の分散は大きいが、オープン・アクセス・ジャーナルの平均引用回数比率は、他の 2 つのカテゴリーよりも、経済学では 1% 水準、化学では 5% 水準で有意に低いことが確認されている。オープン・アクセス・ジャーナルのなかにも、高いインパクト・ファクターを有するものもあるが、増加する投稿論文の受け皿として機能するには、品質の向上は欠かせない。もっとも、浅井（2018）は、インパクト・ファクターを算定するために使われるデータベース Web of Science が収録する雑誌は、伝統的な購読雑誌が多く、Scopus などの他の学術情報データベースに収録されている雑誌タイトル数よりも少ないことを報告している[31]。引用回数は、分野によっても異なるが、引用回数の算定の基礎となる学術情報データベースの収録範囲にも、注意を払う必要があるだろう。

（2）　オープン・アクセス・ブック

　欧米で公表された専門書に関する報告書の一つである Jubb（2017）では、学術雑誌の価格高騰によって、専門書の大口需要者である大学図書館が書籍

の購入を抑制し、それが専門書の発行を困難にしていることを指摘するとともに、その対応策の一つとしてのオープン・アクセス・ブックについて言及している。オープン・アクセス・ブックの情報を収集している Directory of Open Access Books（DOAB）によると、2017 年 11 月時点でオープン・アクセス・ブックは、243 の出版社から 10,089 タイトル、その 1 年後の 2018 年 11 月では、285 社から 13,394 タイトルが発行されている[32]。オープン・アクセス・ジャーナルと比較すると少ないが、タイトル数と出版社数は増加している。

　オープン・アクセス・ブックを発行するために著者が支払う書籍処理料（Book Processing Charge）も、論文処理料と同様、出版社によって異なる。2017 年 11 月現在の書籍処理料の一例をあげると、伝統的な大手学術出版社の Taylor は、1 冊に対し 10,000 ポンドの書籍処理料を執筆者に課している。オープン・アクセスに積極的な Springer も、2008 年より SpringerOpen Books と題し、オープン・アクセス・ブックを提供している。Springer の場合、著者はページ数に応じて書籍処理料を支払い、読者の web 上での閲覧は無料、紙媒体でのオンデマンド印刷は、Taylor と同様、有料で提供される。また、人文・社会科学系の出版社である Brill の書籍処理料は、350 ページまでの書籍で 9,780 ドル、これを超える場合は、ページ当たり 16 ドルの追加、Palgrave Macmillan では、1 冊当たり 17,000 ドルの書籍処理料の支払いが必要とされる。これらはいずれも査読を経た原稿が書籍化される。もっとも、オープン・アクセス・ブックに限らず、欧米の大学出版会などから発行される専門書は、通常、数名の外部有識者による査読を経て、出版が決定されており、査読システムは、オープン・アクセス・ブックに特別に付加されるものではない。

　オープン・アクセス化の普及要因として、研究機関や研究助成機関が定めたオープン・アクセス・ポリシーがある。米国や英国の研究助成機関の中には、助成を受けた研究成果はオープン・アクセスにすることを要請し、英国研究会議（Research Council UK）は、オープン・アクセスを実現するための論文処理料を大学に補助金として配分している[33]。天野（2017）によると、欧州研究評議会（European Research Council）やオーストラリア科学財団

（Austrian Science Fund）は、助成を受けて出版された章単位を含む単行本をオープン・アクセス化することを義務付け、そのための助成金を提供している。このように海外では、書籍処理料についても、論文処理料と同様、研究助成機関による補助、あるいは著者の所属機関の負担が想定されている。日本の大学の中にも、オープン・アクセス・ジャーナルへの掲載を促進するため、採択された論文に対する論文処理料を補助する制度を運用しているところがあるが、書籍処理料の補助は一般には知られていない。

Springer Nature（2017）は、11月にオープン・アクセス・ブックの利用状況の調査結果を記した *The OA Effect: How does open access affect the usage of scholarly book?* と題した白書を公表した。この白書では、章単位の学術分野ごとに、オープン・アクセス・ブックとオープン・アクセスではない書籍のダウンロード数の比較が行われている。人文・社会科学系の書籍で発行から1年後の時点では、オープン・アクセス・ブックのダウンロード回数は17,145回、オープン・アクセスではない書籍のダウンロード回数は2,536回で、オープン・アクセスにすることで、平均6.7倍のダウンロード回数が得られることが報告されている。また、エンジニアリング・数学・コンピュータ・サイエンス分野におけるオープン・アクセス・ブックでは、オープン・アクセスではない書籍と比較して、平均8倍のダウンロード回数が得られ、オープン・アクセス・ブックの方が頻繁にダウンロードされていることが報告されている。さらに、発行から4年間までの引用回数では、全分野平均で、オープン・アクセス・ブックの平均引用回数5.7回に対し、オープン・アクセスではない書籍の引用回数は3.6回であり、オープン・アクセス・ブックの方が引用される頻度も高いと記している。

Springer Nature（2017）は、オープン・アクセスが、書籍のダウンロード回数と引用回数に正の影響を与えていることを強調し、オープン・アクセスを推奨している。これに対し、Snijder（2016）は、1995年から2008年にアムステルダム大学出版会から発行された400タイトルの書籍を対象に、オープン化した書籍の引用回数とツイート回数を分析し、オープン化は正の効果を与えるが、その効果は小幅であり、分野や言語の影響の方が大きいと報告している。オープン・アクセス・ジャーナルの引用回数への効果について

は、相当程度の分析事例があるが、オープン・アクセス・ブックと引用回数との関係については、実証分析の蓄積が必要といえよう[34]。

　日本ではオープン・アクセス・ブックの認知度は低いが、著者が書籍の制作に当たって出版社に支払いをするという点では、出版助成金制度がこれに類似する。しかし、出版助成金制度は、販売収入だけでは刊行が難しい書籍に対する刊行支援であり、刊行された紙媒体の書籍は有料で販売され、オープン・アクセスの対象ではない。日本で書籍に相当する分量の著作物のオープン・アクセス化に該当するものとしては、博士論文のインターネット上での公表が挙げられる。学位授与に関する省令改正により、2013年4月以降に授与された博士論文は、原則として印刷物での公表に加え、学位を授与した機関が運営する機関リポジトリなどでの公開が義務付けられ、例外的措置を除いて無料で公開されている。さらに、日本で電子版の書籍の無料配信として挙げられるものに青空文庫がある。青空文庫は、著作権保護期間を終了した著作物、あるいは著者から公開の許諾を得た著作物をインターネット上で無料公開している。1997年の開始時は小説を中心に公開されていたが、現在では専門書も掲載され、対象のカテゴリーは広がっている。

　オープン・アクセス・ジャーナルと比較すると、オープン・アクセス・ブックの普及度合いは低く、専門書の電子版の普及には懐疑的な見方もある。池内（2017）は、米国では90％以上の図書館が電子書籍を提供している一方、電子書籍を提供している日本の公共図書館は、回答した公共図書館2,456館中、15.8％にあたる389館にすぎないことを報告している。また、電子書籍の提供が進んでいる米国においても、大学生を対象に電子書籍の利用調査結果をまとめたグッド長橋・グッド長橋（2017）は、参照する文献に関しては、紙媒体よりも電子書籍を好むという回答が大きく上回るのに対し、教科書や研究書では、電子書籍よりも紙媒体の書籍の方が好まれ、書籍全体を読むのは紙媒体、研究テーマや書誌情報の収集には電子書籍が選択される傾向を指摘している。研究者は、特集号でない限り、学術雑誌全体ではなく、関心のある論文を読み、興味があるテーマに関しては、複数の雑誌を横断して必要な論文を収集する。このような購読方法には、電子ジャーナルは適しているが、全体を読み通す書籍は紙媒体を選択するというように、媒

体の使い分けがなされているようである。

（3）　ビジネス・モデル

　学術情報のオープン化は、書籍よりも論文を中心に、主に自然科学系の研究者の間で議論される傾向があるが、英国では人文社会科学系の書籍に着目し、そのオープン化を多角的に論じた複数の報告書が発行されている。一例をあげると、イングランド高等教育助成会議（Higher Education Funding Council for England）が、ロンドン大学 Crossick に委託したプロジェクト研究の結果をとりまとめた *Monographs and Open Access*（2015 年 1 月）や、高等教育の研究インフラの開発を目的に、ヨーロッパの研究機関によって運営されている Knowledge Exchange が取りまとめた *A Landscape Study on Open Access and Monographs*（2017 年 10 月）などがある。Crossick（2015）や Knowledge Exchange（2017）は、オープン・アクセス・ブックを提供するためのビジネス・モデルとして、伝統的な出版社による提供、オープン・アクセス・ブックを配信するための新たな大学出版会による提供、研究者による研究者のための提供、書籍処理料によって運営された組織による提供など、複数の提供形態を挙げ、それぞれについて提供される書籍内容の品質確保や、ビジネスとしての維持可能性などの項目で評価している。Crossick（2015）は、著者が書籍処理料を支払う形態に関しては、品質維持の問題を指摘しているが、いずれの報告書も、現段階では専門書のオープン・アクセス化に関して、単一かつ有力なビジネス・モデルは存在しておらず、オープン化推進の政策には柔軟性が必要であると述べている。

　学術情報を創造する研究者は、小説家のように著作物の販売を主たる収入源としているわけではない。研究補助金や出版助成金で論文処理料あるいは書籍処理料を支払い、読者には無料で提供する形態は、学術情報であるからこそ、適用可能かもしれない。しかし、著作物の電子化によって、さまざまな課金方法が実現可能となったことも事実である。電子コミックのうち、最初の 1 話あるいは 2 話までを無料にし、関心を持った消費者を有料の続編に誘導する方法、広告収入を得ることでコンテンツを無料で提供する方法、基本的な情報は無料提供、より詳しい情報や付加価値のある情報を有料化す

る方法などは、web 上では実施可能であり、これらのビジネス・モデルの適用は、コンテンツ・ビジネスにおいて珍しいものではない。多様な価格設定を可能とする電子書籍の比率が高まることは、書籍市場で、より柔軟な価格設定や提供形態が浸透することを意味する。オープン・アクセス・ブックは、日本ではほとんど議論されることはないが、実際に導入するか否かは別としても、欧米ではより柔軟な発想で書籍が発行されていることを認識することは必要だろう。

6　小括

　販売部数が 100 万冊を超えるような書籍が出現する確率は極めて低く、需要は少数の作品に集中する。しかし、調査年は限られるが、いずれの年でも書籍市場の方が音楽 CD 市場よりも、特定の作品への需要の集中度は低かった。デジタル財である電子書籍では、複製のための限界費用はゼロに近いが、紙媒体書籍では、印刷・製本のため、一定の限界費用がかかる。需要の集中度と費用構造の点から、紙媒体を主流とする書籍市場において、デジタル財である音楽 CD ほど、Rosen が指摘したスター現象は顕著ではないが、ベストセラーになるような書籍の登場によって、出版社の業績が左右されることは否定できないであろう。

　一般の電子書籍をはじめ、著者に対し論文処理料を徴収し、読者に無料で提供するオープン・アクセス・ジャーナルや書籍処理料で制作費用を賄うオープン・アクセス・ブックは、インターネットの普及によって実現した出版形態である。本書では、消費者が対価を支払う形態を対象に分析するが、情報技術の進展は、書籍のビジネス・モデルをも拡張させている。

　また、日本の書籍市場の特徴として、日本の出版社の海外での活動や海外の出版社の日本への参入事例は少なく、中小の多数の出版社が、主として国内向けに膨大な数の新刊書を毎年発行し続けている。活動領域のほとんどが国内に閉じていることは、日本特有のシステムが生成、維持されやすいことを意味する。その一つが、本章で取り上げた日本語の組版に即した電子書籍のファイル形式の問題であった。しかし、Amazon の日本での電子書籍市場への参入以降、海外で策定されたファイル形式が日本でも主流となったこと

が示すように、書籍の電子化によって、グローバル化が進展している。

　日本特有のシステムの二つ目は、次章で取り扱う書籍の流通制度である。多数の出版社が国内市場で活動を継続できるのは、これを受け入れる国内市場が比較的大きいことによる。しかし、書籍の販売額は年々、縮小傾向にあり、出版社や書店の減少に加え、最近では取次の経営破たんもニュースで報道されている。これまでの書籍市場を見直す必要があることは、関係者間の共通の認識になっているだろう。さらに、Amazon の日本法人は、出版社に対し、米国で採用されているような取次を介さない直接取引を要請している。海外からの参入企業の事業拡大に伴い、日本の書籍の流通制度も速度は緩やかであるが、変化しつつある。第 2 章では、書籍の流通システムと小売価格の設定問題に焦点を当て、日本と欧米との相違点を明らかにしていきたい。

1　大きな固定費用とゼロに近い限界費用という費用構造は、OS やアプリケーション・ソフトと電子書籍などのデジタル・コンテンツの間で共通である。しかし、デジタル・コンテンツ市場では、ハードウェアとしてのパソコンとソフトウェアの関係と同様、コンテンツとこれを再生するプレイヤーとの間で間接的ネットワーク効果が働くが、OS で見られるような直接的ネットワーク効果は顕著ではない。

2　出版科学研究所は、1959 年より書籍販売部数や新刊点数のデータを集計している。新刊点数については、1995 年に収録範囲が拡大され、1994 年以前と 1995 年以降ではデータの連続性はないが、1994 年以前のデータとの連続性が確保されている取次仕入窓口経由の新刊点数のデータも併記されている。ここでの数値は、時系列で比較可能な取次仕入窓口経由の数値である。

3　しかし、日本書籍出版協会（2010）が報告している出版社に対し行ったアンケート結果では、外部に編集作業を外注する、または外注したことがあると回答した出版社が、2005 年調査では 64％であったのに対し、2009 年では 78％に達している。外注は出版社の主要業務にも及んでいる。

4　オリコン・リサーチのデータは、全数調査ではないが、カバー率は高いと思われる。取次大手の日本出版販売が発表した 2013 年のベストセラー 1 位は、村上春樹の『色彩を持たない多崎つくると、彼の巡礼の年』である。NHK が日本出版販売のベストセラーの発表に関連して報道した内容によると、この作品の発行部数は、105 万部とある。http://www9.nhk.or.jp/kabun-blog/700/174342.html（2014 年 1 月閲覧）。オリコン・リサーチの数値は、図書館への販売部数を含まない個人向け販売部数であるのに対し、NHK の報道の 105 万部は発行部数という違いがあるが、本作品のオリコン・リサーチによる個人向け販売部数は、984,783 部で、発行部数の 105 万部の 93.8％に

あたり、オリコン・リサーチのカバー率の高さが推測される。しかし、非常に人気の高い作品は、大手書店に重点的に配送され、その結果、書店全体における大手書店の販売比率は高まることも想定され、その結果、大手書店を集計対象とするオリコン・リサーチのカバー率は、『色彩を持たない多崎つくると、彼の巡礼の年』に関して、他の作品のカバー率よりも高くなることが考えられる。この調査は全数調査ではないが、タイトル別データの入手先が限られることから、本書でタイトル別販売部数を使用する場合は、オリコン・リサーチのデータを使用する。

5 　直近の 2018 年においても、年間の販売部数が 100 万冊を超えたのは 1 点である。

6 　出版科学研究所は 1995 年に新刊点数の集計方法を変更した。この数値は変更前の集計方法に基づく数値であり、現行方式に基づく 2015 年の新刊点数は 76,445 点となり、販売部数 100 万冊を超える書籍が登場する確率はさらに低くなる。

7 　雑誌に掲載されたものをまとめて単行本として発行されたものを書籍扱いとするのか、雑誌扱いにするのかは、出版社によって異なるが、出版科学研究所では、これらは「コミックス」として雑誌扱い、オリコン・リサーチでは「コミック」と表記し、書籍扱いである。ここでは、オリコン・リサーチの集計データを使っていることから、オリコン・リサーチにしたがい、「コミック」と表記している。

8 　オリコン・リサーチの「Book」には、ムックも含まれる。ムックには、書籍コードと雑誌コードの双方が付与され、出版科学研究所では雑誌に分類されるが、オリコン・リサーチでは書籍扱いとされている。

9 　この値は、書籍販売額合計に対する各社の販売額の比率の 2 乗を上位 20 社まで累積した数値である。上位 20 社の販売額合計に対する各社の販売額比率の 2 乗和で計算した値は、1,075 であるが、その場合であっても、1,000 を少し上回る程度である。

10 　米国司法省と連邦取引委員会が合同で作成した合併ガイドラインでは、HHI が 1,000 未満の場合、集中していない市場とみなしている。

11 　具体的に複数年にわたって販売部数上位に入っている東野圭吾の作品は、講談社、PHP 研究所、幻冬舎、KADOKAWA、集英社、文藝春秋、光文社、実業之日本社から出版され、著者と出版社が固定化されていない。

12 　具体的には、日本学術会議科学者委員会学術誌問題検討分科会（2010）。また、学術雑誌市場における競争上の問題については、Edlin and Rubinfeld（2004）が包括的な議論を行っているほか、Dewatripont et al.（2007）や Asai（2018）は、大手商業出版社が刊行する雑誌価格は、学会や大学出版会が発行する雑誌価格よりも高い傾向があると報告している。これについては、第 7 章補論 2 参照。

13 　2011 年には米国のメディア企業 Hearst Corporation の傘下に入り、ハースト婦人画報社に社名を変更した。

14 　これらの企業情報については、日本出版学会編（2004）pp.128-129 による。

15 　日本の研究者が英語で専門書を発行する場合、Springer などのグローバルな出版社から刊行することが多い。出版社の英語で書かれた文章の編集の習熟度や販路の問題によるものであろう。

16 　『出版年鑑　2015 年版』によると、販売額は不明であるが、2013 年の米国の電子書籍タイトル数のうち、カテゴリー別で最も比率が高いのは、フィクションの 36.7% であ

り、コミックの比率は 0.2％である。

17 本項の電子書籍のファイル形式に関する記述は、主として、植村（2010）、日本電子書籍出版社協会（2011）による。

18 複数のファイル形式の存在を踏まえ、総務省・文部科学省・経済産業省が合同で設置した「デジタル・ネットワーク社会における出版物の利活用の推進に関する懇談会」は、2010 年に報告書を発表し、ファイルの変換ツールである交換フォーマットの策定を提言した。これを受けて、変換ツールの開発が行われたが、現在ではこれが話題になることは少なくなったように思われる。

19 書籍だけではなく、欧米の学術雑誌の多くは、論文の公表準備が整い次第、その web サイト上で論文を掲載するため、紙媒体よりも電子媒体の方が、発表のタイミングは早いことが多い。

20 米国の電子書籍の価格設定を巡る問題については、小畑（2013）、泉（2013）、寺西（2015）が詳しい。本項の記述もこれらによる。

21 Apple は、代理店モデルを提案した一方、出版社に他の電子書籍提供者を通じて販売する価格が、Apple の iBook store を通じて販売する価格を下回らないことを条件に加えた。

22 2014 年 11 月 14 日付け日本経済新聞。

23 小山（2016）による。

24 公正取引委員会は、その web サイト上で、再販売価格維持の規定は、「物」を対象とし、ネットワークを通じて配信される電子書籍は「情報」であるとして、電子書籍は適用除外ではないと記している。

25 出版社が電子書籍の価格を設定している場合、Amazon の web サイトには、「この価格は出版社が設定した価格です」と表示されている。

26 公開までに猶予期間が設定されているジャーナルは、グリーン・オープン・アクセス・ジャーナルと呼ばれるのに対し、猶予期間なしで即座に公開されるジャーナルは、ゴールド・オープン・アクセス・ジャーナルと呼ばれる。

27 さらに、中間的な位置づけとして、寄付金や助成金で運営資金の一部を賄い、著者に徴収する論文処理料を減額するケースもある。

28 https://oaspa.org/oaspa-members-ccby-growth-2017-data/https://oaspa.org/steady-growth-fully-oa-journals-ccby-license/（2018 年 12 月 24 章日閲覧）。

29 https://www.simbainformation.com/about/release.asp?id=4003（2017 年 11 月 26 日閲覧）。

30 インパクト・ファクターは、Clarivate Analytics（旧 Thomson Reuters）、Cite Score は Elsevier が構築している学術データベースに基づき算定されている。

31 インパクト・ファクターや Cite Score の数値は、執筆者が投稿先を決定するときの重要な要素であるが、最近では必要な論文を収集するために特定の雑誌を閲覧するという形態ではなく、キーワードで検索する方法が一般的であろう。その場合、雑誌単位のインパクト・ファクターよりも、学術データベースに収録され、検索でその論文が表示されることがより重要となろう。

32 https://www.doabooks.org/（2017 年 11 月 27 日及び 2018 年 11 月 29 日閲覧）。

33 英国のオープン・アクセスのための大学の対応については、花崎（2017）が詳しい。

34 オープン・アクセス・ブックの引用回数に関する実証分析が少ない背景には、オープン・アクセス・ブックが、オープン・アクセス・ジャーナルほど一般的ではないことに加え、WoS のような学術情報データベースが、ジャーナルを中心に収録し、書籍の引用回数の収録率が低いことが挙げられる。4 つの学術情報データベースの書籍と雑誌の収録率については、浅井（2018）参照。

第2章

書籍の流通と価格拘束

1　はじめに

　メーカーが生産した製品が卸売業者を経て、小売店で消費者に販売されるという垂直的取引形態は、多くの産業で観察される。書籍も出版社から卸売にあたる取次を介して書店に配送される点で、垂直的取引関係を有するが、流通に関して、書籍が一般的な財と異なる点は、書店が一定期間中に売れ残りの書籍を返却できる返品条件付き売買であることと、メーカーにあたる出版社が小売価格を決定し、書店はその価格を変更することができないという出版社の価格拘束が認められている点である。書店の返品は、関係者の合意事項として行われているが、出版科学研究所が公表するデータによると、近年では発行された書籍の3割以上が出版社に返却されており、返品率の高さが問題となっている。

　小売価格は、本来、小売店が設定するものであり、メーカーが小売価格を設定し、小売店にこれを遵守させる行為は、価格拘束として独占禁止法で禁止される[1]。しかし、音楽CDや書籍、新聞などの著作物については、従来からこの規定の適用が除外されており、現実にはほぼすべての書籍に関して、出版社が価格を設定し、書店はこれを変更することができない。著作物の価格拘束禁止規定の適用除外については、1980年代から2000年代初頭にかけて公正取引委員会で議論され、関係者の活発な議論の結果、制度の維持が決定され、現在に至っている。

海外に目を転じると、米国では書籍の価格拘束を制度として採用したことがなく、英国では以前は価格拘束に関する関係者の協定が裁判所で認められていたが、1997年に価格拘束の協定は違法と判断された歴史を持つ。フランスやドイツなどのヨーロッパ大陸では、価格拘束を認める国が多いが、その内容は国によって異なる。本章では、価格拘束を中心に、日本と諸外国の書籍の流通制度を俯瞰する。本章の目的は、書籍の流通システムが、どのような意義を持ち、どのような市場成果をもたらすのかを考察することにある。

以下、第2節では、日本の書籍の流通システムの概要を示し、第3節では、日本と諸外国の書籍に関する価格制度を整理する。第4節では、一般的な価格拘束の経済的意義、書籍の価格拘束に関する出版関係者の見解、ならびに書籍の価格拘束に関する既存研究の概要を提示する。第5節では、1990年代に価格拘束を廃止した英国を取り上げ、廃止後の市場の変化をみることで、制度変更の市場に与える影響を考察する。第6節は、本章の小括である。

2　日本の書籍流通

本節では、書籍流通の仕組みを概観し、一般の財の流通との相違点を明らかにする[2]。消費者の書籍購入には、書店での購入以外にも、駅の売店での購入や、あらかじめ有料会員となって、書籍を割引価格で購入するブッククラブなど、さまざまな形態がある。しかし、欧米と比較し、日本ではブッククラブは未成熟であり、書籍全体の約7割が、取次を経由して書店に配送される。このため、本書では、書籍市場の中心的存在である取次を介した流通形態に対象を限定する。

日本の大手取次は、日本出版販売とトーハンである。取次が一般の財の流通における卸売業と異なる点は、返品と決済システムにある。出版社が新刊書を発行し、取次に搬入されると、通常、取次から出版社に対し、消費者への販売の有無にかかわらず、搬入の翌月に代金の一部あるいは全額が支払われる[3]。取次は、書店のこれまでの販売実績を考慮し、書店に新刊書を配送し、書店から配送された書籍の代金を翌月に受領する。書店は取次から配送された書籍を4か月以内、大手取次のトーハンから配送された書籍では105日以内に返却することができ[4]、返却分の代金を取次から受け取る。書店は

配送された書籍代金をいったん支払うが、その後、返品が可能であることから、取次と書店の売買は、返品条件付き売買と呼ばれる。

　石岡（2001）によると、1919年に出版社、取次、書店から構成される東京書店商組合が、書籍の定価販売を決議し、書籍奥付に価格を記載することと、その価格による販売の励行を求めたとある（pp.14-15）。これが価格拘束の起源とみることができよう。このように既に価格拘束が浸透している実態を踏まえ、1953年の独占禁止法の改正では、書籍を含む著作物を価格拘束禁止規定の適用除外とすることが明文化された（第23条）。企業の取引慣行が法律で容認されたことになる。

　一方、書籍の返品の導入時期は定かではないが、1959年発行の岩波書店の刊行物『風雪に耐えて　―岩波文庫の話』には、1927年の岩波文庫の創刊時において返品が実施されていた旨の記述があることから[5]、返品の開始はそれ以前ということになる。価格拘束と返品が書籍の流通システムとして形作られて長時間が経過し、その間、書籍を取り巻く環境は変化したが、現在でもこのシステムは維持されている。

　新刊書の発行状況については、第3章で述べるが、毎年、膨大な新刊書が発行される一方、書店が陳列可能な物理的スペースは限られる。さらに、書店が望まない書籍も取次から配送され、翌月には代金を支払わなければならない。このため、書店は入手を想定していなかった書籍を早期に返却し、代金の払い戻しを受けようとする誘因が働く。書籍のような情報財では、出版社は自社が制作した書籍の内容を熟知しているが、販売する側の書店は実物を手にするまで、その内容の詳細を知ることはない。その点、返品を認める制度は、出版社と書店間の情報の非対称性を是正する役割を有する。また、最近では、Amazonなどのオンライン企業が書籍購入先として浸透しているが、消費者は書店で実物を手にすることで、タイトルや目次だけではわからない書籍内容を知ることができる。この点、物理的店舗を有する書店は、制作側の出版社と消費者間の情報の非対称性を是正する役割を持ち、書店に返品を認めることで、書店は在庫リスクから解放され、多様な書籍を陳列することができる。しかし、出版科学研究所（2018）によると、金額ベースで2017年の書籍の36.7％、雑誌の43.7％が返品され[6]、その一部は処分される

という現状は[7]、当初の目的とは乖離したものとなっている。取次や書店の配送と、それに要する作業時間を考慮すると、返品に関しては改善が必要であることに出版関係者の異論はないであろう。物理的店舗の書店は、消費者にとって、実際に書籍を手にする主要な手段であるが、書店で大量の書籍が短期間に入れ替わることによって、書店に頻繁に足を運ぶ消費者でない限り、目的に合った書籍に出会う機会を逸してしまうかもしれない。書店から取次への返却期間の妥当性については、消費者の書籍の購入パターンの分析を通じて、第8章で議論したい。

　取次は出版社と書店を結ぶ、決済業務も行う仲介業者であるが、公正取引委員会が実施した累積出荷集中度の調査によると、取次市場の上位3社の市場占有率は、2014年で86.7%、上位5社で91.3%、上位10社で96.6%と、かなり高水準である[8]。日本出版販売とトーハンの主要株主は、講談社や小学館などの大手出版社であり[9]、取次は出版社から見れば、共同運営の流通インフラである。専門に特化した書籍を除けば、出版社は多くの書店と取引し、書店も多くの出版社との取引を望む。取次が少数であることは、不公正な取引を生む土壌を形成する危険性を高めるが[10]、出版社と書店の双方にとって、少ない取引費用で、多くの相手との商行為を可能にする[11]。一方、米国のように取次を介さずに大手出版社が主要な書店と直接取引をする国もあり、書籍の流通形態は国によって異なる。

3　日本と諸外国の価格拘束

　日本では、以前は医薬品や化粧品なども、独占禁止法の価格拘束禁止の適用が除外されていたが、見直しによって適用除外の対象から外され、現時点で適用除外が維持されているのは、書籍、雑誌、新聞、音楽CDなどの著作物である[12]。適用除外の対象の縮小に取り組んでいた公正取引委員会は、1979年に出版関係者に対し、すべての書籍を価格拘束の対象とするのではなく、出版社の判断で価格拘束の対象とするか、否かを決める部分再販や、一定期間経過後に出版社の意思で価格拘束の対象から外す時限再販の実施を関係者に要請した。その要請にしたがい、1980年に部分再販や時限再販を含む再販契約書のひな型が作成されたが、これらが実施に移されることは極

めて限定的である[13]。

　一方、政府の臨時行政改革推進審議会が 1988 年に発表した「公的規制の緩和に関する答申」では、価格拘束の見直しを行うことが明記された。これを受けて、公正取引委員会においても、政府規制等と競争政策に関する研究会に再販問題検討小委員会が設置され、著作物に対する価格拘束の議論が行われるようになった。ここでの議論の内容は、1995 年 7 月の「再販適用除外が認められる著作物の取り扱いについて」と題した中間報告書として公表された。中間報告書では、立法当時に価格拘束を認めた趣旨は明確ではないが、①高度に非代替的な商品であって、戦前から定価販売が慣行であったこと、②文化水準の維持を図るため、多種類の書籍を同一価格で全国的に普及させる体制を維持すること、③海外でも出版物の価格拘束が制度化されていたことを理由に法制化されたとある。しかし、中間報告書は立法当時の理由について、「非代替性は異なる書籍の価格競争の制約を通じて、定価販売の慣行が成立する理由にはなるが、これ自体は価格拘束の理由にはならない」と記している。1995 年の中間報告書では、著作物に対し、価格拘束を認める根拠は乏しいとした上で、今後、国民各層の意見を踏まえ、個別品目ごとの検討を行うことを表明した。

　この中間報告書に対し、関係者から現行制度の維持を強く求める意見が出された[14]。これらの意見を踏まえ、1998 年の再販問題検討のための政府規制等と競争政策に関する研究会が作成した「著作物再販適用除外制度の取り扱いについて」と題した報告書では、「競争政策の観点からは、現時点で制度を維持する理由に乏しく、基本的には廃止の方向で検討されるべきであるが、制度が著作権者や著作物の伝播に携わる者を保護する役割を担ってきたことには、文化・公共的観点から配慮する必要があり、制度を直ちに廃止することには問題がある」として、結論は先送りされた。この報告書を踏まえ、公正取引委員会が幅広く意見を求めた結果、2001 年に著作物に対する価格拘束に関して、独占禁止法の改正は行わず、当面、この制度を存続させるとの結論に達し、現在に至っている。

　日本で書籍価格の拘束が認められた根拠の一つとして、ドイツで同様の制度が採用されていたことが挙げられていた。米国では、書籍価格の拘束の歴

史はないが、ヨーロッパをはじめとする諸外国では、以前から法律で価格拘束を明記する国や、出版社と書店の協定によって価格拘束を認めている国がある。ヨーロッパ内で採用された制度が異なる中で、EU は書籍価格の拘束は望ましくないものの、国内取引における価格拘束を許容する方針を打ち出した。この EU の議論を受けて、国内取引において価格拘束を廃止した国もあれば、これまで価格拘束を民間企業の協定で実施していたものを法的に明確にするため、立法化した国もあり、対応は国によって異なる[15]。表 2-1 は、出版社の国際団体である International Publishers Association が、2014 年にとりまとめた報告書をもとに、価格拘束実施国の現状を整理したものである。ノルウェーの価格拘束は、出版社と書店の協会間の契約によるものであるが、これ以外の国の価格拘束は、法律に基づく行為である。注目すべき点は、価格拘束の期間が半年から 2 年の範囲内に明記されていることである。日本の再販売価格維持契約においても、一定期間経過後は書店の価格変更を認める時限再販は制度として存在するが、実際にはほとんど実施されず、いったん発行された書籍は定価のまま販売され続ける。一方、海外において、明記された期間経過後にどの程度、価格が変更されているかという実態は明らかではないが[16]、規定上、期限が定められていることは、日本との相違点である。

　また、日本では、独占禁止法における価格拘束はモノを対象とし、情報として流通する電子書籍は、適用除外の対象には該当しないと判断されている。これに対し、表 2-1 に掲げた 13 か国のうち、8 か国は、電子書籍についても価格拘束の適用対象としている。日本の出版産業の関係者の間でも、現在の紙媒体の出版物に対する価格拘束禁止の適用除外の存続を求めるだけではなく、電子書籍もその対象にすべきとする声がある[17]。

　なお、表 2-1 は価格拘束を採用している国の一例であるが、現時点で価格拘束を採用していない国としては、米国や英国のほか、オーストラリア、スウェーデン、フィンランド、ルクセンブルク、スイスなどが挙げられる。

表 2-1　諸外国の価格拘束の現状

国名	適用期間等	許容される最大割引率	電子書籍
アルゼンチン	発行から 18 か月	学校・図書館　10% 公共機関　50% ブックフェア　10%	適用
オーストリア	発行から 2 年間	図書館　5%　10%	不明
フランス	発行から 2 年間 書店への配送から半年間	一般に 5%　図書館に 9%	適用
ドイツ	発行から 18 か月	公共機関・学校　10%	適用
ギリシア	発行から 2 年間 書店の購入から半年間	10%	適用
イタリア	発行から 20 か月 書店の購入から半年間	ブックフェア　20%	適用なし
レバノン	テキストにのみ適用	学校　20%	適用なし
オランダ	発行から半年間	学生　5 〜 10%	適用なし
ノルウェー	発行後から 4 月 30 日まで	ブックフェア　12.5% 図書館　20%	適用
ポルトガル	発行から 18 か月	図書館・ブックフェア　20%	適用なし
スロバキア	発行から半年間	ブックフェア　20%	適用
韓国	発行から 18 か月	19%	適用
スペイン	発行から 2 年間 書店への配送から半年間	ブックフェア　10% 公共機関　15%	適用

出所　International Publishers Association（2014）より作成

4　価格拘束の意義

(1)　経済的意義

　製品が小売店で販売されるときの価格は、本来、小売店が決定するものであり、生産者による小売価格の設定は、小売店の価格決定権を侵害する行為である。独占禁止法は、生産者の小売価格の決定を価格拘束として禁止しているが、この価格拘束にも利点はある。その第 1 は、Spengler（1950）の二重限界性（double marginalization）の回避である。生産者と小売店がそれぞれ独占的状態にあるとき、生産者は限界費用を上回る価格で小売店に製品を卸し、小売店は仕入れ価格にマークアップを付けた価格で消費者に販売する。この場合、限界費用を上回る価格が 2 回設定されることになる。これに対し、

生産者が小売価格を設定することで、二重に限界費用を上回る価格が設定されることは回避される。しかし、これが成り立つのは、垂直的につながる市場の双方が、限界費用を上回る価格設定能力を有するときであり、多数の出版社と多数の書店が存在する書籍市場では、このケースは該当しない。

　第2は、サービスのただ乗りの防止である。消費者の身近にある小売店が、その地域の消費者の嗜好を把握し、消費者のニーズにあった商品の紹介や説明を行うと仮定する。しかし、商品説明のための販売員の確保や広告活動には費用がかかるため、これらの費用は小売価格に反映される。一方、小売店には、商品説明を行わず、低価格戦略をとる選択肢もある。高価格であるが、良質なサービスを提供する小売店と、商品説明のサービスはないが、低価格の小売店の2つのタイプがあるとき、消費者は最初に詳細な商品説明をする小売店に行き、そこで品質情報を入手した上で、低価格の小売店でその製品を購入するという行動をとることが考えられる。このとき、低価格の小売店は、高価格の小売店が提供するサービスにただ乗りをしていることになる。サービスに対するただ乗りが発生する状況では、小売店は良質なサービスを提供するインセンティブを持たないため、品質情報の提供は行われなくなり、消費者は製品に関する情報を得にくくなる。サービスに関して価格設定が困難なケースでは、生産者が小売価格を設定することで、サービスに対するただ乗りを防ぐことができる。また、Telser（1960）は、一般の消費者の認知度が低い新製品に関しては、小売店のサービス提供を確保するため、価格拘束が行われることもあるが、消費者の認知度を得た段階では、価格拘束の必要性はないとしている。Telser（1960）では、製品のライフサイクルが、価格拘束の必要性に関係していることになる。

　サービスのただ乗りの防止は、価格拘束の目的の一つになり得るが、書籍の場合、書店は人気の書籍を目立つ場所に陳列する工夫を行うものの、多くの消費者は、購入する書籍タイトルを予め決めた上で、書店を訪れるだろう。また、書籍内容の宣伝は、主に出版社が担っており、書店の販売員が消費者に最適な書籍の助言を行うことは、本来は理想かもしれないが、日本では想定しがたい。消費者の購買行動に影響を与えるのは、書店よりも出版社であり、書籍の価格拘束が、書店間のサービスのただ乗りを防ぐためとは考えに

くい。

　価格拘束は価格競争を排除することで、その製品を巡る小売店間の競争（ブランド内競争）を抑制するが、他の製品との競争（ブランド間競争）を促進する効果がある。ブランド内競争の抑制とブランド間競争の促進のどちらが大きいかで、価格拘束が正の影響を与えるのか、負の影響を与えるのかが決まる。米国では、1911 年の最高裁判決において、医薬品の製造販売を行っていたドクターマイルズ社が、卸売業者や小売業者と結んだ最低販売価格契約を当然違法とし、これ以降、価格拘束を当然違法とする考え方が、ほぼ 100 年間続いた[18]。しかし、革製品やアクセサリーの製造・販売を行うリージン社が、推奨価格を下回る価格で販売する小売店に自社製品の販売を拒否した問題をめぐり、最高裁判所は、2007 年にこの問題には合理の原則を適用すべきとして、高等裁判所に差し戻しを行った。米国における小売価格の拘束に対しては、当然違法から合理の原則へと、考え方には変遷も見られる[19]。

　書籍の価格拘束は、自らは流通・販売網を持たない出版社が、取次には流通マージン、書店には販売マージンを保証することで、その書籍を流通・販売させる仕組みである。書籍市場において、価格拘束の根拠を二重限界性やサービスのただ乗りの防止に求めることは適切ではない。

(2)　業界団体の考え方

　前項で、経済学が指摘する価格拘束の一般的な利点は、書籍市場には当てはまらないことが示された。実際、出版関係者が価格拘束を求める根拠は、前項とは別のところにある。書籍の価格拘束を支持する理由は、しばしばヨーロッパで価格拘束を適用している国の出版関係者から構成される団体が表明している。ここでは、価格拘束を適用しているフランスとドイツの出版関係の団体、具体的には、フランス出版協会（French Publishers Association）の web サイト[20]、フランス出版協会の顧問である Catherine Blache が、国際出版協会（International Publishers Association）に寄稿した論評[21]、ドイツ出版社及び書店協会（German Publishers and Booksellers Association）の法務担当の Verena Sich が、韓国出版フォーラムで行った講演内容[22] から、価格拘

束に言及した部分を抽出する。

　これら3点に関して、書籍価格の拘束理由として共通しているものが、①価格競争を回避することによって、地方においても書店を維持、確保すること、②多くの販売部数が見込まれる書籍から利潤を得ることで、販売部数が少ないであろう書籍の刊行を実現し、消費者に幅広い選択肢を提供することである。①について、関係団体ならびに団体関係者は、価格拘束がない国では、スーパー・マーケットや書籍のチェーン店が、ベストセラーの書籍の値引き販売を行うことで消費者を集める一方、独立の中小規模の書店数は減少しており、価格拘束によって、地方に居住する消費者に書籍に触れる機会を提供する必要があると主張している。②について、出版社が小売価格を設定し、ベストセラーから得られる利潤を確保することで、多くの販売部数が見込まれない書籍の発行と書店での陳列が可能となるが、値引きを行うことによって、ベストセラーから得られる利潤が減少し、販売部数が少ない書籍を補助することが事実上、不可能となる。この結果、小規模な需要の書籍の出版が控えられ、書店はベストセラーを中心に品揃えをすることで、書籍の選択肢の幅が縮小すると主張している。つまり、書店の維持と多様性の確保を価格拘束の根拠としている。

　業界団体は、書籍が文化の普及や知的水準の向上に貢献しているという点で、一般の財とは異なる特性を有するという認識に立つ。Appelman（2003）は、1962年に英国で書籍の価格拘束が裁判所で認められた際、価格拘束の支持者が、書籍は文化を伝達する媒体であって、一般的な取引で流通する財とは異なるという意味で、'Books are different.'という言い回しを使っていたと記している。1960年代当時の出版社の書籍に対する考え方は、現在の価格拘束の支持者に受け継がれている。また、ヨーロッパでは、書籍の付加価値税（Value Added Tax: VAT）に、一般の財よりも低い税率を設定しているところがある。これも、書籍が教育や文化の伝播に貢献しているとの認識に基づくものであろう。日本で書籍価格の拘束について、公正取引委員会が検討を行った際、関係者は制度の必要性として、書店の維持と多様性の確保に加え、書籍の全国一律価格の維持を挙げていた。しかし、ここで取り上げたヨーロッパの業界団体からは、地方の居住者の書籍へのアクセス確保は主張

されているが、全国同一価格の実現を目的とすることは、少なくとも前面には打ち出されていない。

　海外の業界団体の価格拘束を支持する理由は、書店の維持とタイトル間の補助による多様性の確保に集約されるが、地方における書店維持は、電子書籍に対する価格拘束を認める理由には該当しない。また、価格拘束が多様性確保につながるという主張に対しても、次項で述べるような経済学者の間では懐疑的見方がある。なお、高橋（1998）は、1970 年に書籍価格の拘束を廃止したスウェーデンの状況を紹介している。価格拘束の制度を廃止することで、文化的価値が高い書籍の刊行を抑制することが懸念されていたが、政府による出版助成制度により、発行点数の減少は見られないと記している。一方、大手出版社が設立した流通会社が、書籍の参考価格を発表し、これが書店の価格形成に大きな影響を与えていることを指摘している。

　最後に、欧米と日本で価格拘束を廃止した際の書店への影響を議論する際の前提の違いを指摘しておきたい。ここでは書籍価格に対する書店の取り分の比率を書店のマージン率と定義しよう。ドイツでは表 2-1 で示すように、書籍に対する価格拘束が認められているが、基本的に日本のような返品制度はない。日本の書店が書籍販売で得るマージン率は、20％を若干上回る程度とされているのに対し、書店が書籍を買い取ることを原則とするドイツでは、書店のマージン率は 30％から 40％である[23]。書店が負うリスクの程度が、マージン率に反映されており、日本の書店は、リスクは小さいが、値引きが行われない状態でも、約 20％のマージン率で採算が合わない書店は退出することになる。マージン率に差が存在する状況では、価格拘束を廃止した場合の書店経営に及ぼす影響は異なる。価格拘束と返品を許容する制度は密接に関連しており、価格拘束の廃止と書店の存続の関係を議論するときには、返品の有無、ならびに書店のマージン率の水準も考慮する必要がある。

（3）　既存研究の概要

　書籍の需要量を事前に予想することは難しい。成生・湯本（1999）や三浦（2001）は、対象を書籍に限定していないが、需要に不確実性が存在する状況における価格拘束の経済厚生への影響をモデル分析した。成生・湯本

（1999）は、需要量が明らかになる前に生産が完了し、追加生産ができないことを想定し、生産者と小売業者の市場取引と価格拘束の双方のケースで経済厚生を比較した。ここでは、需要の不確実性が大きい場合、小売業者の注文量が過少に設定される結果、生産量や利潤が小さくなるが、返品制や価格拘束を導入することにより、経済厚生を改善できることを示した。一方、三浦（2001）は、需要量が明らかになる前に、生産量に加え、小売価格と卸価格も決定されるモデルで、市場取引と価格拘束のケースにおける経済厚生の比較を行った。三浦の結果は、市場取引の方が総余剰は大きく、成生・湯本（1999）とは逆の結果を導出している。また、高崎（2013）は、需要の不確実性を考慮せず、メーカーと小売が垂直的取引関係にある状態での小売価格と利潤を比較した。小売市場が完全競争市場で、限界費用が右上がりの場合、メーカーの価格拘束によって小売価格は、拘束がない状態よりも低水準に設定され、限界費用が一定の場合、同一水準となることを示した。

　これらの研究は一般化したモデル分析であるが、van der Ploeg（2004）は、書籍市場に焦点を当て、価格拘束によって均衡価格を上回る水準に価格が設定されたときと、均衡価格が設定されたときの書籍の発行点数、すなわち多様性の程度を比較した。価格拘束により、均衡価格を上回る水準に価格が設定される場合、販売部数は少なくなるが、得られた利潤がレント・シーキング活動などの他の用途に使われない限り、新刊書の発行点数は増え、消費者はより多くの選択肢を享受できるとした。

　また、Appelman and Canoy（2002）は、ベストセラーから得られる利潤で、採算の取れない書籍から生じる損失を埋め合わせることはできるが、ベストセラーの利潤が、多様な書籍の発行のために使用される保証はないと主張している。その裏付けとして、出版社による価格拘束を採用している国と書店による価格変更を認める国で、1人当たりの発行点数や書店数を比較した結果、価格拘束が目的を達成している証左が得られないことを国際比較のデータで示している。さらに、書店の価格競争を認めないことが、効率化のインセンティブを減退させ、非効率な書店を市場に存続させるという問題点を指摘している。Appelman and Canoy（2002）は、ヨーロッパの価格拘束だけではなく、補助金、図書館、書籍に対する税率などの出版産業における政策

手段についても論じており、政策の有効性は、人口密度、母語を使用する人口、宗教や伝統、読書習慣などの社会的要素と関係し、ヨーロッパで政策を一本化することは望ましくないと主張している。

　国際的にみると、日本やドイツのように書籍に対する価格拘束が認められている国もあれば、米国のように小売店が価格を設定する国、あるいは英国のように、当初は価格拘束が認められていたが、その後、制度を廃止した国もあり、国によって制度は異なる。Canoy et al.（2006）は、価格拘束を認めることが、発行点数の増加につながるのか、否かを検証するため、1975年から1999年までの価格拘束を実施している国と、実施していない国の20か国を対象にパネルデータで、人口10万人当たりの発行点数を、1人当たり実質 GDP、学校教育年数の平均値、価格拘束の有無を示すダミー変数で回帰分析した。その結果、GDP の推定値は正で有意な値であったが、価格拘束については、推定値がゼロに等しいという帰無仮説を棄却できず、この制度の適用が発行点数の増加、すなわち多様性を拡大させる明白な効果は見い出せなかったと報告している。さらに、長期的には自由な価格設定を目指し、2005年に価格拘束期間を短縮したノルウェーの制度を分析した Løyland and Ringstad（2012）は、規制を緩和した新制度が、価格水準や発行された書籍のタイトル数の点で、これまでの制度よりも望ましい市場成果をあげていると評価している。

　日本で1990年代に著作物に対する価格拘束の是非が議論された際、経済学者からいくつかの論評が発表された。その一つとして、『経済セミナー』は、1997年9月号から11月号で特集を組んでいる。特集には、海外の制度を紹介した論文が複数含まれているほか、池上（1997）は著作物の公共財としての特性を強調し、現行制度の維持を主張した。これに対し、三輪（1997a, b）は、適用除外を認めた独占禁止法の立法時の趣旨の曖昧さを指摘した上で、制度の見直しを主張し、中条（1997）も現行制度の問題点を挙げ、見直しを求めている。

5　英国の状況

　Ringstad（2004）は、書籍の価格拘束の評価方法として、①理論モデルに

よる分析、②価格拘束を採用している国と、書店が価格を設定する国との市場成果の比較、③価格拘束を廃止した国における廃止前後の市場成果の比較という 3 つの方法を挙げている。成生・湯本（1999）らなどの研究は①、Canoy et al.（2006）の分析は②にあたる。③の条件を満たす国が、実質的には 1995 年、法的には 1997 年に書籍の価格拘束を廃止した英国である[24]。

　英国では、1800 年代に書店と出版社間で書籍の定価販売が取り決められ、これが複数回にわたって不法行為と認定された。その後、1962 年に制限的慣行裁判所が、1957 年に始まった書籍の定価販売協定（Net Book Agreement: NBA）は、公益に反しないと判断し、価格拘束禁止の適用除外とした[25]。その理由として、価格拘束を認めなければ、①書店数が減少する恐れがあること、②書籍価格の上昇が見込まれること、③書籍の発行点数が減少し、多様性が損なわれることである。①と③は、1990 年代の日本で著作物に対する価格拘束が議論されたときの論点にもなった。ここで議論の対象となった NBA の骨子は、①出版社が定価販売の対象とした書籍について、書店が定価を下回る価格で消費者に販売することを認めない一方、②仕入れから 1 年以上が経過し、出版社が原価での返品を認めない場合、書店は定価を下回る価格で販売する時限再販が可能であること、③英国の出版協会の理事会が認めた図書館などの大口需要者には、割引での販売を認めるというものである。日本では、書籍のほか雑誌や新聞に関しても、独占禁止法の価格拘束禁止規定の適用が除外されているが、英国の NBA の対象には、新聞や雑誌は含まれていない。さらに、加盟する出版社が、その書籍を定価販売の対象にするか否かは、出版社の意思に委ねられていたことに加え[26]、1992 年時点の NBA に加盟する出版社は英国の出版社の 7、8 割であり、価格拘束の運用状況は日本とは異なる。

　市場メカニズムを重視するサッチャー政権誕生後、NBA に対する批判的見解が出されるようになり、1989 年には大手書店ディロンズの経営者から、公正取引庁に対し、NBA の合法性に関する審査請求が提出された。この審査請求は却下され、NBA の合法性は、この時点では確認されたものの、その後、NBA 問題は議会でも取り上げられ、1995 年 3 月に公正取引庁は、制限的取引慣行裁判所に対し、書籍の価格拘束の廃止を求める申請を行った。

また、出版社の中には書籍価格を割り引くことによって、これまで以上の利潤を得たところもあり、1995年9月には主要出版社が相次いでNBAを脱退した。これに対し、出版協会はNBA自体を廃止しないものの、遵守のための措置は取らないという姿勢をとったため、英国における定価販売は、1995年にはなし崩しの状態となった。一方、裁判所によるNBAに関する審議は継続され、定価販売が認められた1950年代の状況と比較し、①印刷技術の進展で短期間に需要に応じた重版が可能になったこと、②書籍のチェーン店やマーケットでの書籍販売など、書店が多様化していること、③ 1962年時点の書店は、出版社と直接取引をしていたのに対し、1995年では売上高の18%が、取次を介した取引から得られるようになり、書籍の買い取り方式から、返品条件付き売買が増えているなどの状況変化を認定した。そのような事実認定を受け、NBAの是非について議論が行われた結果、裁判所は書籍の価格拘束は公益に反するとして、1997年3月に書籍に対する適用除外を認めないとする判断を下した。NBAは主要出版社の脱退により、1995年には実質的に効力を失っていたが、1997年には違法と認定され、制度上も終了した。

　英国のNBAの廃止で影響を受けるものとして、書籍価格、発行点数、書店数が想定されていた。NBAの廃止によって、書店が柔軟に書籍価格の割引を実施することで、価格は低下する可能性がある一方、van der Ploeg（2004）が指摘したように、書籍価格の低下が固定費用の回収を難しくするならば、新刊書の発行は抑制されるかもしれない。英国ではNBA廃止前から制度変更の影響に関心が寄せられ、廃止直後の1998年にFishwickを中心に報告書が取りまとめられている。

　Fishwick and Fitzsimons（1998）によると、値引きされた書籍は870タイトルで、大部分の書籍は定価で販売が続けられていた。しかし、値引きされた870タイトルのうち465タイトルは、週間販売上位60に入ったことがある書籍であり、また、フィクションの週間販売上位15に入ったことがある書籍の75%は値引きされ、人気の高い書籍が値引きの対象となっていることが報告されている。

　雑誌 *Bookseller* の編集者Dennyは、2008年5月18日付けの *The Observer* で、

NBA 廃止後の 10 年間で書籍価格は、ほぼ 40％低下したと述べている。また、『出版年鑑　2015 年版』では、英国の希望小売価格と実際の販売価格から算定された割引率は、2012 年で 28.1％、2013 年で 26.8％、2014 年で 24.8％であり、近年では 25％前後の割引が行われていることが報告されている。一方、Fishwick（2008a）は、書籍の割引はあるものの、統計局の価格指数から、NBA 廃止後、書籍価格は一般の物価指数を上回る水準で上昇したことを報告しているが、統計局が価格指数の算定に用いている高価本と廉価本のウエイトから、実際以上に書籍指数が上昇する方向にバイアスが働いていることも指摘している。書籍価格は発売された書籍のページ数、装丁や紙、インクなどの原材料の価格変化など、さまざまな要因の影響を受けるだけでなく、価格指数の算定には、集計の際に使われるウエイトが価格指数の水準を左右する。値引きを見込んで出版社が希望小売価格を引き上げた可能性は否定できないが、1990 年代の価格上昇が、NBA の廃止によってもたらされたのか、あるいは外的要因や指数の算定方式から生じたものかについての識別は容易ではない。

　書籍の発行点数の変化について、Fishwick and Fitzsimons（1998）は、1997 年の書籍点数は前年よりわずかであるが減少しているものの、これが NBA 廃止の影響であるのか、否かは定かではないと結論を留保している。Fishwick and Fitzsimons（1998）は、NBA 廃止直後に公表されたものであるが、1999 年までのタイトル数を調査した Dearnley and Feather（2002）は、タイトル数は増加傾向であることを報告している。Fishwick and Fitzsimons（1998）と Dearnley and Feather（2002）の調査対象は、NBA 廃止直後の期間に限定されているが、書籍の刊行には一定の時間が必要であることから、より長期の発行点数の推移をみておきたい。ニールセンは、1994 年から書籍点数のデータをとり始めているが、この調査には、オンデマンド方式の出版物や電子書籍も含まれている。このため、電子化の影響が少ないであろう 2007 年までの発行点数の推移を示したものが図 2-1 である。NBA 廃止前後の 1996 年から 1997 年の出版点数は、112,627 点から 111,348 点へと、Fishwick and Fitzsimons（1998）が指摘したとおり、やや減少しているが、1994 年から 2007 年の間の出版点数の対前年変化率には、－10.5％から 11.4

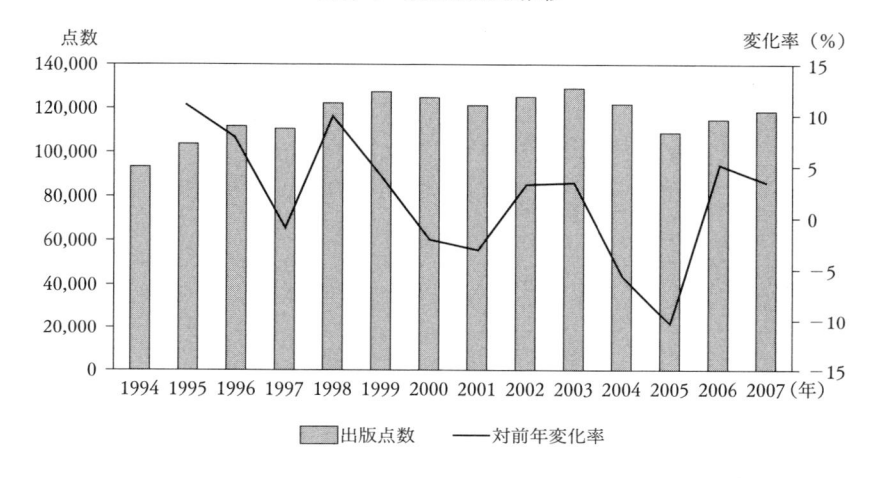

図 2-1　発行点数の推移

出所　『出版年鑑 2010 年版』に収録されているニールセンによる書籍の発行点数のデータより作成

％まで幅があり、Fishwick and Fitzsimons（1998）が指摘した 1997 年の減少率 1.1％は小幅なものである。むしろ、1998 年以降の発行点数はほぼ 12 万点前後で推移し、数年間でみれば、発行点数が減少したとはいえない。NBA 以外の要因による発行点数の増加が、NBA の廃止による発行点数の減少を相殺した可能性は否定できないが、NBA の廃止が多様性の低下をもたらしたという明白な証拠は見当たらない。

　Fishwick and Fitzsimons（1998）によると、1995 年末から 1997 年 4 月までの間で書籍販売者協会（Booksellers Association）に加盟する書店に関しては、脱退数が新規加盟数を上回った[27]。しかし、その差は小さく、NBA 廃止前後で書店数には大きな変化は生じていなかったが、Fishwick and Fitzsimons（1998）は、書店が、①値引きの対象となる一般向けの書籍を扱う大型書店やスーパー・マーケット、②多種多様な書籍を扱う書籍チェーン店、③特定のジャンルの書籍を扱う専門店に分化する傾向が出てきたことを指摘している。

　以上のとおり、Fishwick and Fitzsimons（1998）は、NBA 廃止直後にまと

め-られた報告書であり、制度変更の評価を行うことは時期尚早として結論を控えているが、NBA 廃止から 10 年が経過した Fishwick（2008a）では、制度変更時の懸念事項が顕在化しているものがあるが、便益を受けた者も存在し、経済主体によって評価は異なると結論付けている。

2012 年に実施した英国の現地調査をとりまとめた日本書籍出版協会（2013）では、英国出版協会が、NBA の廃止をプラスに評価していることを報告している。また、2012 年に日本書籍出版協会のメンバーが行ったインタビューの対象者である英国書店協会（Booksellers Association of the United Kingdom & Ireland）は、NBA 廃止以降、ベストセラーの書籍価格が低下していることに加え、英国国内で NBA が維持されたとしても、価格拘束がない米国から低価格の書籍を輸入し、国内で販売する状況が発生するなど、国境を越えた取引が行われる可能性を指摘している[28]。日本、ドイツ、フランスでは、出版社による書籍の価格拘束が認められているが、英国はこれら 3 か国と異なり、英語圏の市場の中に位置する。国境を超えたインターネット取引が浸透した現在、英語圏で規模が大きい米国市場において価格拘束がない以上、英国が価格拘束を維持することは現実には難しいかもしれない。さらに、英国書店協会は、低価格での書籍出版が可能になり、セルフパブリッシングの増加で書籍の発行点数が増加していることも指摘している。技術進歩によって、NBA 適用時と書籍をめぐる環境は大きく変化している。

また、日本書籍出版協会（2013）は、2012 年に同じタイトルの書籍の書店間の価格比較を行った結果を報告している。出版社の希望小売価格が 20 ポンドであった J. K. Rowling の *The Casual Vacancy* に対し、英国の Amazon は 9 ポンド、14 ポンドと 15 ポンドがそれぞれ 2 書店、1 書店が 17 ポンド、残り 1 書店が割引なしの 20 ポンドで販売を行っていた。K. Follet の *Winter of the World* については、希望小売価格 20 ポンドに対し、英国の Amazon が 10 ポンドの価格を設定し、14 ポンドが 2 書店、16 ポンドが 1 書店、割引なしの定価販売が 1 書店であった。割引を行わないことを方針とする書店もあり、NBA 廃止後も書籍の品ぞろえ、書店の雰囲気に独自性を見出し、存続している書店があることが報告されている。

Appelman and Canoy（2002）と Canoy et al.（2006）による価格拘束を適

用する国と、適用していない国の国際比較では、価格拘束が望ましい市場成果をもたらすという証左はみられなかった。一方、価格拘束を廃止した英国では、廃止によって、便益を受けた者と損失を被った者が混在すること、市場の変化が価格拘束の廃止によってもたらされたのか、技術進歩などのそれ以外の要因によってもたらされたのかの判別がつきにくいこと、英国の販売に占める輸出比率が高く、海外における書籍需要の変化も、英国の出版社の業績に影響を与えることもあり、NBA廃止に関して明確な評価は下しにくい。しかし、英国では当初から価格拘束の協定に参加していなかった出版社があり、協定の内容や運用も日本の制度とは異なる点が多い。また、英国の書籍市場は、同じ英語圏であり、価格拘束のシステムがない米国市場と密接な関係を有する。英国の価格拘束廃止後の市場の変化を、活動がほぼ国内で終始する日本に当てはめ、制度変更後の状況を予想することは早計であろう。

6　小括

　本章では、出版社が小売価格を決定し、書店がこれを変更することができないこと、出版された書籍が書店の意思ではなく、取次の計画に基づき書店に配送されること、書籍を受け取った書店は、販売の有無にかかわらず、翌月には代金の支払いを請求されるが、一定期間内では書籍を返却することができること、出版社は、取次から書籍代金の一部を受領し、返却分を精算する方式をとり、一般の財の取引とは異なる形態が採用されていることを示した。日本における書籍価格の拘束は、以前から慣習として行われ、明確な議論がないまま法制化された経緯がある。出版関係者からは価格拘束の維持を望む声が強い一方、経済学の観点から、これを支持する意見もあるが、全体的には少数といえるであろう。

　日本書籍出版協会が2012年に行った英国の実態調査において、たとえ国内で価格の値引きが行われずとも、海外で値引きされた書籍が輸入されるとの指摘は、事業の大部分が国内で終始する日本にとって改めて気づかされる事柄である。前章では日本の書籍市場への海外企業の参入が少ないこと、日本企業が国内市場を中心に活動していること、本来、グローバルなネットワークでつながる電子書籍であっても、日本固有の経路で発展してきたことを

述べたが、海外から大きな影響を受けていないことは、書籍の流通制度にも当てはまる。

　また、海外で書籍に対し出版社の価格拘束を認めている国でも、拘束期間が予め設定されていることは頭にとどめておくべきだろう。拘束期間経過後にどの程度の値引きが実施されているかという運用上の問題はあるが、諸外国の価格拘束は、日本でいえば、制度上、時限再販を規定していることと同値である。

　1980年代から1990年代に開催された公正取引委員会の再販売価格維持制度の見直しに関する研究会では、当然ながら価格拘束の適否が議論の中心であり、本章でも、価格拘束を中心に論点を整理したが、価格拘束は、返品や取次という独特な書籍流通システムの中に組み込まれ、維持されている。価格拘束と返品が補完的に機能し、返品可能性の有無が書店のマージン率に影響している中で、価格拘束の問題は、日本の書籍流通全体の視点から見直すことが必要である。書籍市場をグローバルに俯瞰すると、価格拘束の有無だけではなく、返品の有無や書店のマージン率も、国によって異なる。さまざまな状況が異なる中で、価格拘束を廃止する影響も異なるであろうことは、議論の前提としてとどめておくことが必要だろう。

　また、日本独特のシステムとして、出版社から取次に書籍が配送された翌月に出版社に書籍代金の一部あるいは全額が支払われる。この流通システムが、新刊書の発行点数の増加、すなわち消費者の選択肢の拡大をもたらすとする指摘もある。近年、書籍の販売額は減少の一途をたどっている中で、近年まで新刊点数は堅調に推移していた。次章では、書籍市場に特有の流通システムと発行点数の関係について検証する。

　さらに、本章の英国の価格拘束廃止後の市場の変化として、ベストセラーを中心に値下げが行われていることが示された。しかし、値引率が大きくとも、出版社が値引きを予測して、当初価格を高水準に設定する可能性は想定される。第6章では、フィクションや専門書、それ以外の書籍に関して、米国で販売される書籍の値引き状況を把握し、カテゴリー別で値引きに差異があるか、否かを検証する。これに加えて、日本語への翻訳書と原書の価格を比較することで、大きな値引きが行われる書籍には、予め高めの初期価格が

設定されているのか否か、カテゴリー別で日米の書籍価格にどのような差異があるのかも、第6章で検討したい。

1　価格拘束によってブランド間競争が促進される場合や、フリーライダー問題の解消を通じて競争が促進されるなどの正当な理由があると判断される場合には、著作物以外の財に対する価格拘束も例外的に認められる。本書の対象は著作物としての書籍であり、著作物以外の財に対する例外的状況は想定せず、価格拘束は違法と表現している。著作物以外の財に関して違法とならないケースについては、公正取引委員会の「流通・取引慣行に関する独占禁止法上の指針」参照。

2　第2節の記述は、主に、日本出版学会編（2010）と石岡（2001）による。

3　配送された書籍金額の何割が支払われるかは、出版社と取次の契約に委ねられ、第三者には不明である。日本出版学会編（2010）は、主要出版社には書籍金額の3割から6割、一部の出版社には7割から全額が仮払いされると記している（p.40）。

4　実際には大手書店の中には期限を超えた返却も認められているが、毎日、取次から新刊書が配送される状況では、その書店に馴染まない書籍や売れ行きが思わしくない書籍は、短期間で返却せざるを得ない。本書では全体を通じ、大手書店の期限を経過した返却という例外的取り扱いは考慮せず、返却は期間内に行われることを前提に議論する。

5　現在の岩波書店は、特別なケースを除き、返品を認めていない。

6　出版科学研究所が計算する返品率は、返品金額を出回っている書籍金額で除した数値である。

7　返却された書籍すべてが廃棄されるわけではないが、菊池（2004）は、2000年度の期首棚卸冊数と当期制作冊数の合計に対する廃棄された書籍冊数の比率は、8.29%であり、1991年度の6.16%よりも高まっていることを報告している。

8　Canoy et al.（2006）は、フランス、フィンランド、デンマークとオランダでは、取次市場の集中度が高く、とりわけ、オランダでは最大の取次が市場の70%を占有する一方、アングロ・サクソン系の国では、取次の集中度が低いことを報告している（p.740）。

9　日本出版販売とトーハンの2017年度の有価証券報告書によると、大株主上位10のうち、7つは出版社であり、7社の出版社の株式保有比率の合計は、2017年度末現在、日本出版販売で24.3%、トーハンで23.6%である。

10　不公正な取引方法として、1998年に公正取引委員会は、日本出版販売とトーハンに対し、自社のコンピュータシステムの変更費用の一部を出版社に負担させようとしたとして警告を行った。

11　第二次世界大戦中の1941年に、政府は既存の取次を解散させ、出版物の一元的配給機関として、日本出版配給株式会社を設立したが、戦後1949年に日本出版配給株式会社は、9社の取次に解体された。現在の大手2社（日本出版販売とトーハン）は、

いずれも日本出版配給株式会社が解体された結果、誕生した企業である。戦時下の政府の介入によって、取次の市場構造が規定された時期もあったが、その後、参入・退出規制がない状態で、少数の企業による高い市場占有率が実現した背景には、取引費用の削減などの取次の経済的特性が関わっているといえるだろう。

12 第 3 節の記述は、主に木下（1997a, b）、石岡（2001）による。

13 ある書籍を価格拘束の対象とするか否かは、出版社の判断に委ねられるが、日本では流通している書籍のほぼすべてが定価販売である。これに対し、音楽 CD では、日本レコード協会が公正取引委員会に提出した資料によると、2017 年に発売された新譜 CD は、13,384 タイトルであったが、そのうち 1,958 タイトル（14.6%）には再販売価格維持制度が適用されていない。また、実際に値引きされたタイトル数は不明であるが、日本レコード協会に所属するレコード会社の多くは、発売から価格を割り引く時限再販期間を半年に設定している（日本レコード協会の web サイト「音楽用 CD 等の再販制度の弾力的運用の状況について」http://www.riaj.or.jp/f/leg/saihan/）による。

14 五味（2001）は、価格拘束の制度見直しに対する出版社側の一連の行動をまとめている。

15 ヨーロッパにおける書籍の再販売価格維持制度については、梶（2009）が詳しい。

16 一例として、村上春樹の『ノルウェーの森』を 2 年間の価格拘束が認められているスペインの Amazon で検索すると、2007 年 5 月に発売が開始された新品のペーパーバックの定価 9.95 ユーロに対し、2018 年 5 月時点では 9.55 ユーロの価格が表示されており、5% の値引きが実施されていた。同様にフランスの Amazon では、同書の新品のペーパーバックの価格は、7.16 ユーロで、28% の値引きで販売されていた。

17 電子書籍も再販売価格維持の対象に含めるべきとする主張の一例は、鈴木（2015）。

18 リージン事件を含む米国の再販売価格維持を巡る判例については、小畑（2009）が詳しい。

19 小田切（2016）によると、米国の州レベルでは、リージン事件後も価格拘束を当然違法とする判断が出されているところがあるとされる。

20 フランス出版協会 http://www.sne.fr/sne-international/#sne-h-5-fixed-book-price-system （2016 年 1 月 16 日閲覧）。

21 "Why fixed book price is essential for real competition" と題した論評が、国際出版協会の web サイト上で公開されている。http://www.internationalpublishers.org/news/blog/ entry/why-fixed-book-price-is-essential-for-real-competition （2016 年 1 月 16 日閲覧）。

22 "The system of fixed book prices in Germany" http://www.tau.ac.il/~nirziv/FixedBook PricesinGermany1.pdf （2016 年 1 月 16 日閲覧）。

23 ドイツの書店の利潤率については、出版流通改善協議会（2015）p.10 参照。

24 本節の記述は、木下（1997a, b）、新田（1997）、金子他（1998）、寺倉（2000）、Fishwick（2008a, b）、日本書籍出版協会（2013）による。日本書籍出版協会（2013）は、Fishwick（2008b）のほか、2012 年の現地調査で行った関係者へのインタビューの概要を取りまとめている。

25 英国において、再販売価格の設定やそのための取り決めは法律で禁止されるが、制限的取引慣行裁判所が、再販売価格を維持するための制限的取引協定が公益性に合致す

ると判断した場合、例外的に認められていた。しかし、1998 年競争法が制限的取引協定の登録と公益性の審査制度を撤廃したことにより、制限的取引慣行裁判所も 2000 年に廃止された。

26 寺倉（2000）によると、ペンギン・ブックスは NBA に参加していたが、1993 年から発行した古典の文庫本を非定価本として発売しており、NBA に参加することが、その出版社が販売するすべての書籍の価格を拘束するというものではなかった（p.62）。

27 寺倉（2000）によると、退出した書店の多くは、菓子やたばこの小売店ならびに新聞販売店が、書籍も扱う形態の店舗であった（p.66）。

28 日本書籍出版協会のインタビューで、ランダムハウスの担当者も英国書店協会と同様の指摘を行っている。

第**3**章

市場規模と新刊書の発行

1　はじめに

　出版科学研究所の集計データによると、日本の書籍市場は、高度経済成長とともに拡大したが、名目値で測った販売額は、1996 年をピークに減少に転じている。音楽 CD 市場においても、CD の販売枚数は 1997 年、名目の販売額は 1998 年をピークに、それ以降は減少傾向にある。コンテンツ市場を代表する書籍と音楽の 2 つの市場が、ほぼ同時期、かつインターネットが普及し始めた 1990 年代後半以降に縮小に転じたことになる。このような状況から、市場の縮小要因として、当時話題となったファイル共有ソフトの影響、書籍や音楽 CD の購入費用の一部が、インターネット関係の支払いに置き換えられている、あるいは読書や音楽の視聴に充てられていた時間の一部が、インターネット利用に使われているというインターネットの影響を指摘する論調をしばしば耳にするようになった[1]。

　しかし、書籍の販売部数は名目の販売額のピークよりも 8 年早い 1988 年が最大であり、消費者物価指数の「書籍」で書籍販売額を実質化すると、ピークは販売部数とほぼ同じ 1989 年に前倒しとなる。つまり、書籍市場は、インターネットの普及以前の 1980 年代後半に縮小に転じていたことになる。また、2010 年以降では、紙媒体の書籍と同じ内容を配信する電子書籍も普及し始めた。日本では両者の関係について厳密な検証は行われていないが、紙媒体の書籍市場の縮小要因の候補として、電子書籍の登場も挙げられよ

う[2]。本章の第1の目的は、日本の書籍市場の構造変化の有無と、そのタイミングを検証するとともに、インターネットの進展や電子書籍の普及が、紙媒体の書籍販売に影響を与えているのか否かを検証することにある。

　書籍市場の規模が1980年代後半以降、縮小しているのに対し、新刊書の年間発行点数は、2009年のピーク時まで増加傾向にあった。多数の新刊書が発行されることは、製品差別化の進展にあたり、選択肢の拡大を通じて、消費者の効用を増加させる。一方、原稿執筆、編集や校正作業に要する費用、ならびに表紙のデザイン費用は、固定費用に相当する。Hjorth-Andersen（2000）や van der Ploeg（2004）は、書籍制作費用に占める高い固定費用比率が、新刊書の発行点数を規定するモデルを定式化しているが、このような費用構造では、大量の販売部数が見込めない書籍の発行は難しい。書籍の販売部数は、ジャンルやタイトルによって大きく異なるが、書籍市場の縮小は、固定費用と販売収入との関係から、出版可能な新刊書の発行点数を減少させるだろう。しかし、新刊点数は最近まで増加しており、市場が縮小する状況下における新刊書の活発な発行には、何らかの要因が働いていると考えることが自然である。市場規模が縮小する中での新刊書の発行点数の増加の要因を探ることが、本章の第2の目的である。

　以下、第2節では書籍市場における販売部数と新刊点数の構造変化の時期を時系列分析の手法で考察する。これが本章の第1の目的に対応する。第3節は、第2の目的としての市場が縮小する中での新刊書の発行要因についてである。第4節は本章の小括である。

2　書籍市場の構造変化

　（1）項で日本の書籍市場の規模の推移を概観したうえで、（2）項で販売部数と新刊点数の構造変化の分析方法とその結果を報告する。（3）項は（2）項と同様の手法による電子書籍による紙媒体書籍の販売への影響についてである。

（1）　市場規模の推移とその要因

　書籍の販売部数と新刊点数のデータについては、第1章と同様、出版科

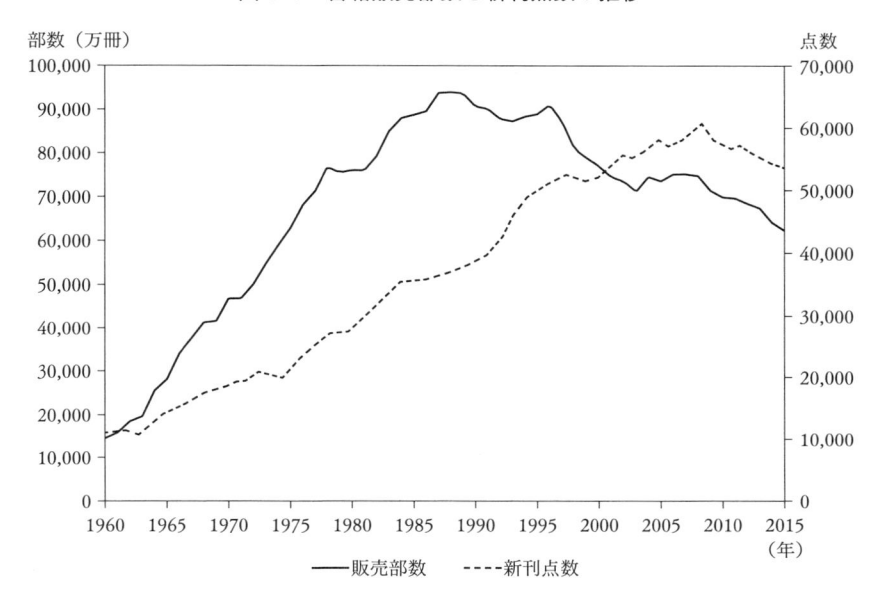

図 3-1　書籍販売部数と新刊点数の推移

出所　出版科学研究所（2016）のデータより作成

学研究所が集計したデータを使用する。図 3-1 は、1960 年から 2015 年まで
の取次経由で流通する書籍の販売部数と、時系列での連続性が確保されてい
る取次仕入窓口経由の新刊点数の推移を示したものである[3]。書籍の販売部
数は、1988 年の 9 億 4,379 万冊をピークに、2015 年では 6 億 2,633 万冊と
1988 年の 7 割の水準にまで減少した。これに対し、書籍の新刊点数は、
2009 年に 60,914 点でピークに達するまで一貫して増加し、その後は、やや
減少している。双方のピークの時期には、ほぼ 20 年のずれがあり、1990 年
代から 2000 年代までは、販売部数が減少している中で新刊点数は増加して
いたことになる。

　書籍市場の規模を規定する要因についての実証分析は少ないが、本章の分
析に関係する既存研究として、Hjorth-Andersen（2000）が挙げられる。
Hjorth-Andersen（2000）は、集計された書籍の販売部数、新刊点数と価格

の3つの変数の関係を考察した。構造方程式が実際に推定できれば、変数間の関係が明らかになったところであるが、Hjorth-Andersen（2000）は、データの制約から、年間販売部数を平均価格、可処分所得、新刊点数の3つの説明変数で線形回帰したもので分析を終えている。実証分析としては物足りないが、販売部数、新刊点数と価格の3変数間の関係を明らかにしたところに、この研究の意義がある。

　書籍市場全体の需要は、平均価格、可処分所得、読書習慣や読書人口、余暇時間の配分、図書館の利用や新古書店の台頭などのさまざまな要素によって規定されるだろう。Hjorth-Andersen（2000）と日本の書籍市場の現状から、書籍販売部数の決定要因は、以下のように表すことができる。

書籍販売部数＝f（書籍価格、可処分所得、新刊点数、人口動態、インターネットの進展、社会生活の変化、公共図書館の活動、新古書店の普及）

　可処分所得と新刊点数の増加は、一般的には書籍全体の販売部数を増加させ、書籍価格の上昇、人口減少やインターネットの普及は、販売部数の減少をもたらすと想定される。もっとも、読書時間については、日本放送協会放送文化研究所（2011, 2016）が、2015年の読書時間は、2005年、2010年と比較して若干ではあるが、減少していると述べているのに対し、毎日新聞社が毎年実施している読書時間の調査結果を収録した『読書世論調査』では、同時期において、読書時間に大きな変化はないという結果も報告されており、調査によって結論が分かれる。

　消費者が新古書店で中古書籍の購入後に同じタイトルの新品の書籍を購入することは、一般には想定し難い。日本では2000年代に、新品に近い書籍を消費者から買い取り、これを安価で販売する、いわゆる新古書店が、社会に浸透するようになった。消費者が書籍を入手する手段は広がったが、新古書店の販売部数が不明であるため、新古書店がどの程度、新品の紙媒体の販売に影響を与えているのかは不明である。さらに、公共図書館の貸出も販売部数に影響を与える可能性があるが、これについては第4章で議論する。

(2)　構造変化の分析

　構造変化を考慮した単位根検定や構造変化のタイミングの特定に関しては、1990 年頃から、Perron（1989）、Andrews（1993）や Vogelsang and Perron（1998）などの多数の研究が行われている。Deleersnyder et al.（2002）は、構造変化を許容した単位根検定である Perron（1989）のモデルで、ヨーロッパにおける電子新聞の導入が、紙媒体の新聞収入に影響を与えているのか否かを検証し、その影響は大きいものではないと結論付けている。しかし、Deleersnyder et al.（2002）は、構造変化のタイミングを外生として与えており、この点については、改善の余地があることを認めている。本章では、構造変化時期を内生化し、Ben-David and Papell（1995, 1998）などが、構造変化のタイミングを探索するために利用した Vogelsang（1997）の方法を使う。Ben-David and Papell（1995, 1998）は、世界各国の GDP の構造変化のタイミングを特定化し、日本を含む先進国では、1960 年代後半から 1970 年代に構造変化が起きていたのに対し、アフリカや南米の国では、1970 年代後半から 1980 年代にかけて構造変化が起きている国が多かったと報告している。

　Vogelsang（1997）は、時系列データが定常である場合と、単位根が存在する場合の双方に関して、構造変化の検証のための閾値を提示している。ここでは、出版科学研究所の『出版指標年報』に掲載された 1960 年から 2015 年までの販売部数（*Sale*）と新刊点数（*Title*）の年次データに対して、以下の推定式を用いる。新刊点数の構造変化の検証には、（1）式の販売部数を示す *Sale* を新刊書の発行点数を示す *Title* に置き換えて推定する。

$$Sale_t = \alpha_0 + \alpha_1 t + \beta_1 D_t + \beta_2 DT_t + \sum_{j=1}^{k} \gamma_j Sale_{t-j} \tag{1}$$

ここでの *Sale* は、販売部数の自然対数値である[4]。T_B を構造変化の発生時点とするとき、ダミー変数 D は、$t \geq T_B$ のとき 1、それ以外はゼロ、DT は、$t \geq T_B$ のとき、$DT = t - T_B$、これ以外はゼロである。t をずらした毎年の推定から、$\beta_1 = \beta_2 = 0$ の F 値の最大値が、Vogelsang（1997）の閾値を超えた場合、その年に構造変化が起き、閾値を超えていない場合は、統計的に有意な構造変化は起きていないと判断される。（1）式の推定に先立ち、単位

根検定を行った結果、Augmented Dickey-Fuller（ADF）と Philips-Perron の検定で、単位根が存在するという帰無仮説は、1%と5%水準でそれぞれ棄却されている。

（1）式の t を 1 年ずつずらして推定した結果、$\beta_1 = \beta_2 = 0$ の F 値が最大となった年は、販売部数で 1983 年、新刊点数では 1996 年であり、双方とも Vogelsang（1997）の閾値で判断すると、1%水準で有意な構造変化が起きていたという結果が得られた。販売部数のピークは 1988 年であるが、ピーク時の数年前から販売部数の対前年伸び率は鈍化しており、ピークに達する以前に構造変化が起きていたことになる。

販売部数の構造変化前の 1960 年から 1982 年までの販売部数の対前年変化率の平均値は 8.243%、構造変化後の 1984 年から 2015 年までの対前年変化率の平均値は −0.929%で、構造変化以降の市場はマイナス成長である。インターネットが一般に普及したのは 1990 年代後半であることから、販売部数の構造変化は、それより 10 年以上前に起きていたことになる。今回の構造変化の時期と市場規模のピーク時期から、インターネットが、紙媒体書籍の構造変化の引き金になったとはいえない。

また、新刊点数についても、ピークは 2009 年であるが、それ以前から伸び率は鈍化しており、ピークに達する以前に新刊点数の転換期を迎えたことになる。販売部数と新刊点数には密接な関係があるにもかかわらず、販売部数と新刊点数の構造変化には、13 年のギャップがある。

(3) 電子書籍の影響

日本における携帯電話を介した電子書籍の配信は、NTT ドコモが i モード・サービスの一つとして 2000 年に開始したことを起点とするが、紙媒体と同じ内容を電子書籍専用端末やタブレット端末を介して配信する電子書籍サービスが進展し始めたのは、2010 年以降である。前項の分析で、販売部数に関しては 1983 年に構造変化が生じていたことが確認されたことから、本項の推定期間は、構造変化時点を含む後半部分の 1983 年から 2015 年とした。

電子書籍の導入時期は、サービス形態や提供企業によって異なることから、

前項と同様、（1）式の t 期を 1 年ずつずらし、電子書籍の開始以降で販売部数に構造変化が起きているか否かを検証した。主要事業者による電子書籍が始まった 2000 年以降に市場が一層縮小するという構造変化が認められるならば、電子書籍以外の要因による影響は排除できないが、電子書籍の導入が、紙媒体書籍の販売に負の影響を与えている可能性がある。1983 年以降においても、販売部数データの定常性が確認されたため、レベル・データを使って（1）式を推定した。

　1983 年から 2015 年における（1）式の推定の結果、2004 年で $\beta_1 = \beta_2 = 0$ の F 値が最大となり、その F 値は 4.36 であった。Vogelsang（1997）の閾値から判断すると、有意な構造変化が起きていたとは認められない。2000 年に始まった携帯電話を介した電子書籍、あるいは 2010 年前後に始まった紙媒体書籍と同じ内容を配信する電子書籍が、紙媒体書籍の販売に負の影響を与えるならば[5]、これら電子書籍サービス開始以降の切片ダミーやタイムトレンドの推定値は、有意な負の値となることが想定されるが、そのような状況は観察されなかった。今回は年次データであり、電子書籍サービスの開始以降のサンプル数が限られ、時系列データが蓄積された段階で再推定を行う必要があるが[6]、現時点では、紙媒体書籍の市場は縮小しているものの、書籍市場全体の縮小が電子書籍の登場によってもたらされたとする明確な証左は見られない。日本の電子書籍は、第 1 章で示したように、売上のほぼ 8 割をコミックから得ており、電子コミックを中心に発展している。書籍全体でみる限り、電子書籍が紙媒体の市場全体に与える影響は小さいということであろう。

　なお、本節で行った構造変化の有無によるインターネットの影響の判断は、インターネットが書籍販売に影響を与えていないケースでは問題はないが、インターネットの普及時期と構造変化が起きた時期が一致しても、販売部数以外の変数を盛り込んでいないため、インターネット以外の要因が影響した可能性を排除できない。今回は、インターネットの普及時期と構造変化のタイミングに大きな差があるため、インターネットが市場の縮小をもたらしたとはみなされないが、本来は電子書籍の登場をより直接的にとらえた方法で検証することが望ましい。本章で行った以外の方法として、第 5 章では、電

子書籍の有無を示す変数を加えた上で、タイトル別の書籍の需要関数の推定を行い、電子化の紙媒体書籍の販売部数への影響を分析する。

3　新刊書の発行

前節では市場規模と新刊点数の構造変化時期に大きな差があり、市場規模が縮小している中で新刊書の発行が増加していたことが示された。しかし、一定の固定費用が存在し、市場が縮小している状態では、大量の販売部数が見込めない書籍の発行は難しい。書籍の販売部数は、ジャンルやタイトルによって大きく異なるが、書籍市場の縮小は、固定費用と販売収入との関係から、出版可能なタイトル数を減少させるだろう。市場が縮小する状況下における新刊書の活発な発行には、何らかの要因が働いていると考えることが自然である。

本節では、新刊書と既刊書に販売部数を分けた上で、販売部数と新刊書の発行点数の関係をインパルス反応関数で分析することにより、市場が縮小する中で発行点数が増加した要因を明らかにする。以下、（1）項では、発行点数の増加をもたらす可能性のある要因を仮説として3つ指摘する。（2）項は、要因の検証方法の説明、（3）項はデータの概要である。（4）項は時系列分析に先立って行った単位根検定の結果、（5）項は分析モデルの説明である。（6）項はインパルス反応関数とその結果からの考察である。

（1）　想定される要因

市場縮小下における新刊点数の増加の第1の要因として、1990年代以降の情報技術の進展による新刊書の制作費用の低下が挙げられる。パソコンが個人に浸透し、著者が出版社に手交していた手書き原稿の多くは、1990年代後半にデジタル・ファイルに置き換えられた[7]。デジタル化の進展は、固定費用にあたる出版社の編集費用を低下させたほか、日本書籍出版協会（2010）や清田（2005）は、情報技術の進歩が、可変費用である印刷・製本費用の低下をもたらしたことも指摘している[8]。このような書籍の制作費用の低下は、収支均衡に必要な販売部数を減少させ、以前であれば採算性の理由で刊行が見送られた小規模な需要の書籍発行を可能にしたと考えることが

できる。つまり、技術進歩による費用の低下が、収支均衡に必要な販売部数を縮小させ、1点当たりの販売収入の減少を発行点数の増加で補う多品種生産の戦略を実現させた可能性が考えられる。

2点目は、佐藤他（2011）が指摘する既刊書の販売不振を補うための新刊書の発行である。学術書を分析対象とした佐藤他（2011）は、近年では重版され、長期にわたって販売が続く既刊書が少なくなり、出版社が新刊書への依存度を高めていることを指摘した。この議論では、既刊書の販売不振が、新刊点数の増加をもたらすことになり、佐藤他（2011）は、この状況を一輪車操業と名付けている。技術進歩は新刊書と既刊書の双方の制作費用を低下させるが、既刊書の販売部数の減少による新刊書への依存を指摘した佐藤他（2011）と区別するため、本章では1点目の多品種生産を、技術進歩を背景とする新刊書の販売部数の減少に対処した発行点数の増加に限定する。多品種生産は新刊書の販売不振、佐藤他（2011）の一輪車操業は既刊書の販売不振という区別はあるが、販売部数ひいては販売収入の減少を新刊点数の増加で解決しようとする点は共通する。

3点目は、前者2つとは異なり、一般の財の流通とは異なる日本の書籍の流通制度に起因する。書籍の多くは、取次を介して書店に配送される。出版社・取次・書店の垂直的取引関係において、多くの出版社は取次に新刊書を納品した翌月に、取次から書籍金額の一部、または全額を受け取る[9]。一方、取次は書籍を書店に配送した翌月に書店から書籍代金を受け取るが、書店は一定期間内であれば、その書籍を取次経由で返却し、返品分の精算代金を受け取ることができる。その後、出版社と取次間で、返品された書籍代金の精算が行われる[10]。このような書籍の流通システムによって、多くの出版社は書籍が実際に売れたか、否かにかかわらず、新刊書を取次に卸した時点で現金を得るが、返品が多い場合、精算金額が膨らむため、そのための現金を確保しておく必要がある。その際、出版社は返品による精算を行う前に新たな書籍を発行し、取次に納品することで、精算用の現金を得ることができる。このように出版社は取次に書籍を納品することで現金を得ることから、永江（2009）は、書籍の決済システムを「本のニセ金化」と呼び、永江（2009）や佐々木（2010）は、書籍特有の決済システムを背景とした新刊書の発行

増加の現象を自転車操業と称している。

　この自転車操業は複数の論者が指摘しているところであるが、論者によって、新刊書の販売不振による精算代金の確保と、新刊書と既刊書を含めた書籍の売上不振による出版社の運転資金確保のための新刊書発行という2つの意味合いが混在している。しかし、新刊書の大半は返品可能な委託販売であり、重版は書籍需要が初版の供給量を上回る場合に行われることから、重版された書籍が大量に返品されることは考えにくい。このため、ここでの自転車操業は、書籍特有の流通システムの下での新刊書の売れ行き不振に限定する。これによって、新刊書の発行点数の増加は、書籍特有の流通システムによるものか、新刊書の販売不振を新刊点数の増加で補う多品種生産によるものか、既刊書の販売不振に伴う新刊書依存によるものかという3点に帰着させることができる。

(2)　検証方法

　本節では、新刊書の発行増加の要因を考察するため、販売部数を新刊書と既刊書に分けた上で、新刊書または既刊書の販売不振と新刊書発行との関係、ならびに書籍に特有の流通システムと新刊書発行との関係を、ゼロ時点に与えた衝撃に対する各変数の反応の変化を示すインパルス反応関数により考察する。情報技術の進展を背景とする多品種生産と、書籍特有の流通システムに基づく自転車操業は、新刊書の販売不振によってもたらされるものであるが、この2つが生じた場合のインパルス反応は、以下の理由から異なるものとなる。

　新刊書が発行されると、取次を介して書店へ即座に配送され、書店がその書籍を返却する場合は、返却可能期間までに行わなければならない。出版社から取次を経て書店に配送されるまでの書籍と代金の一連の流れから、出版社と取次間で返却分の精算が行われるのは、新刊書の発行からおおむね半年程度を経過した頃である。このため、自転車操業が該当する出版社は、現金を得るため、精算前に新たに書籍を発行することになる。つまり、新刊書の販売不振による精算代金の支払が、新刊書の発行を促すならば、その状況は新刊書の発行ごとに発生し、その発生は精算前のタイミングで一過性のもの

となる。これに対し、情報技術の進歩で収支均衡に必要な販売部数が引き下げられた効果は、その後に顕著な技術進歩がなくとも、採算点に達する販売部数の水準は維持される。技術進歩に支えられた販売部数の減少を補うための多品種生産の戦略は、新刊書発行のタイミングにかかわらず、効力を発揮し、新刊書の発行促進には持続性がある。

　インパルス反応関数において、ゼロ時点の新刊書の発行点数の増加が、返品の精算前に新刊書の発行点数を一時的に増加させる、あるいはゼロ期の新刊書1点当たりの販売部数の減少という衝撃が、返品の精算前に新刊書の発行点数を一時的に増加させるならば、書籍市場に特有の流通システムが新刊書の発行を促進した可能性が高い。一方、ゼロ期の新刊書1点当たりの販売部数の減少による新刊点数の増加が、一過性のものではなく、持続的であれば、新刊書の発行増加は、新刊書の販売部数の減少を補うことを意図した行動であると考えることができる。さらに、ゼロ期の既刊書の販売部数の減少が、新刊点数を増加させるならば、既刊書の販売不振が、新刊書への依存を高めていると解釈される。

　2016年に発行された『出版指標年報』によると、少数の大手出版社は多数の新刊書を発行しているが、2015年に発行した新刊書が3点以下の出版社が全体の61%、10点以下の出版社が72.5%を占め、数社を除く大半の出版社は中小規模の企業である。書籍市場に特有の流通システムが新刊書の発行を促進するならば、その主体は精算代金の確保を含めた資金繰りが苦しい出版社であろう。しかし、経営困難な出版社に限定した分析は、データの入手の点で実施が難しい。今回の分析は、データの制約から出版科学研究所による市場全体の集計値を利用したものとなる。

（3）　データの概要

　前節の構造変化分析では、1960年を分析の起点としたが、本節の分析対象は、以下の理由から、1996年1月から2015年9月までの月次データである。図3-1は長期の新刊点数の推移を見るため、時系列で比較可能な取次仕入窓口経由の新刊点数を使った。しかし、1995年の新刊点数のデータ収集方法の改訂後では、新刊書の発行部数に関しては、連続性が確保されたデ

ータが作成されていない。収集方法の改訂後のデータは1996年を起点とすることと、前節の分析で新刊点数については1996年に構造変化が起きていたことから、1996年以降を分析対象とする。

　書籍に関するデータを収集している出版科学研究所は、販売部数を新刊書と既刊書に分けていないが、既刊書を新刊書以外の書籍と定義すると、既刊書の販売部数は、販売部数全体から新刊書の販売部数を差し引くことで算出できる。出版科学研究所が定義する販売部数は、取次が書店に配送した出荷部数から返品部数を差し引いたもので、書店が代金を支払った書籍の部数である。したがって、新刊書の販売部数は、取次への新刊書の出荷部数から返品部数を差し引くことで算出される。返品率は出版科学研究所から公表されており、新刊書の出荷部数に1－返品率を乗じることで、新刊書の販売部数が得られる[11]。公表されている全体の販売部数から、計算された新刊書の販売部数を差し引くことで、既刊書の販売部数を求めることができる。一般に既刊書の定義はないが、ここで提示した方式で推定されたものを既刊書とする。

　図3-2は、販売部数を上記の方法で新刊書と既刊書に分け、大まかな傾向をみるため、1996年から2015年までの年ベースの数値を示したものである。既刊書の販売部数は、1996年では64,040万冊であったが、2015年ではほぼ2/3にあたる41,837万冊まで減少した。これに対し、新刊書の販売部数は、1996年の27,492万冊から、2015年では20,796万冊に減少したものの、減少幅は既刊書より小さい。これは新刊書の発行点数が、1996年の63,054点から2015年には76,445点に増加したことによるもので、新刊書1点当たりの平均販売部数は、同期間で4,277冊から2,716冊に大幅に減少している。つまり、新刊書の発行点数を増やすことで、新刊書の販売部数合計の縮小を抑制していたことになる。

　新刊書の販売部数は、新刊書の発行点数に新刊書1点当たりの平均販売部数を乗じたものに等しい。このため、新刊書の発行点数の増加要因を検討するにあたって、新刊書の販売部数の合計を変数として使用したならば、その中には新刊書の発行点数の影響が混在することになる。また、返品の精算代金の支払いが、新刊書の発行に影響を与えるならば、出版社は新刊書の販

図3-2 新刊書と既刊書の販売部数

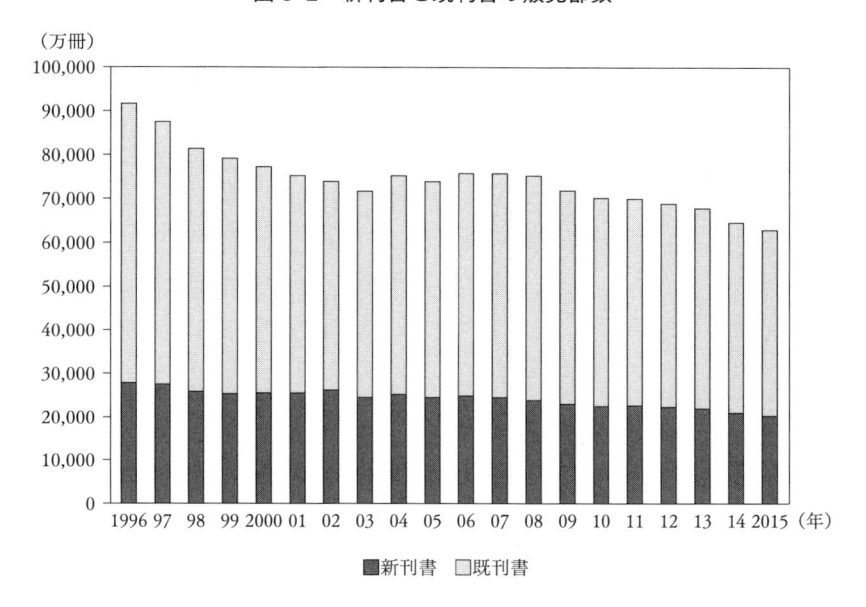

（万冊）

出所　出版科学研究所（1997-2016）のデータより算定の上、作成

売部数全体よりも、タイトルごとの新刊書の売れ行きに関心を持つだろう。このため、ベクトル自己回帰モデルに用いる新刊書の販売部数を示す変数として、新刊書の販売部数を新刊書の発行点数で除した1点当たりの販売部数を用いる。一方、既刊書が新刊点数に影響を与えるであろうとき、新刊書の販売収入で制作費用が回収されていると考えられることから[12]、出版社が関心を持つのは、タイトル別の販売状況ではなく、既刊書から得られる販売部数である。さらに、既刊書として販売されている書籍点数は把握できないことから、既刊書については集計された販売部数を変数として使用する。その結果、新刊書と既刊書の販売状況を示す2つの変数の単位は異なる。以下の図と表では、新刊書の発行点数を *Title*、新刊書1点当たりの販売部数を *PerNew*、既刊書の販売部数を *Previous* と表記するが、これらはすべて月次データである。

書籍の販売部数は 1980 年代後半以降、減少傾向にあるが、新刊書の発行点数は図 3-1 で示すように 2009 年のピーク時まで増加し続け、2010 年以降は減少傾向にある。今回の分析期間の始点であり、新刊点数に構造変化が起きたとされる 1996 年から 2015 年の間で、Vogelsang（1997）の手法を適用すると、構造変化の有無を示す各年の F 値の中では 2010 年の値が最も大きいが、この値は構造変化の存在を示す閾値を下回る。つまり、1996 年以降では、新刊点数に有意な構造変化は生じていないが、この期間内では 2010 年の変化が相対的に大きいとみなすことができる。この構造変化のテスト結果と新刊点数の推移から、ベクトル自己回帰モデルにおいては、推定期間を1996 年 1 月から 2009 年 12 月までと、2010 年 1 月から 2016 年 9 月までの2 つに分けることとした。前期の月間の新刊点数の平均は 5,960 点、後期は6,365 点である。2010 年以降はピーク時よりも新刊点数が減少しているものの、1990 年代後半の毎月の新刊点数が 5,500 前後であったため、新刊点数の平均値は後半の推定期間の方が大きい。新刊書 1 点当たりの販売部数の月間平均は、前期の 3,530 冊に対し、後期では 2,801 冊、既刊書の販売部数の月間平均は、前期で 4,369 万冊、後期で 3,796 万冊である。

　表 3-1 は、それぞれの期間における 3 変数とタイムトレンド（Trend）の相関係数を示す。新刊点数が増加傾向の時期と減少傾向の時期に分けているため、新刊点数とタイムトレンドの相関係数が、0.557 と 0.006 で大きく異なることは当然であるが、新刊点数と新刊書 1 点当たりの販売部数の相関係数は、前期では -0.446 に対し、後期では -0.061 である。また、新刊点数と既刊書の販売部数も、前期の 0.134 に対し、後期では 0.379 となっており、2 期間で新刊点数と販売部数との関係が変化していることがうかがえる。

（4）　単位根検定

　ベクトル自己回帰モデルの変数は、通常、自然対数値が用いられ、本書もこれに従う。ベクトル自己回帰モデルの推定に先立ち、使用する 3 変数の単位根検定を行った。単位根検定には複数の方法があり、林直嗣（2000）は複数の検定方法の併用を推奨している[13]。本章では、単位根検定として利用頻度が高く、単位根が存在することを帰無仮説とする ADF（Augmented

表 3-1（a）　前期の相関係数

	Title	PerNew	Previous	Trend
Title	1.000			
PerNew	-0.446	1.000		
Previous	0.134	0.562	1.000	
Trend	0.557	-0.722	-0.270	1.000

表 3-1（b）　後期の相関係数

	Title	PerNew	Previous	Trend
Title	1.000			
PerNew	-0.061	1.000		
Previous	0.379	0.558	1.000	
Trend	0.006	-0.396	-0.177	1.000

Dickey-Fuller）テストと、同じく単位根の存在を帰無仮説とし、系列相関が ある場合でも有効な検定結果を得ることができる PP（Phillips Perron）テス ト、ならびに単位根がなく定常であることを帰無仮説とする KPSS（Kwiat-kowski Phillips Schmidt Shin）テストの 3 つを併用した。

　全期間を対象とする 3 変数の単位根検定では、3 つのテストすべてで定常 性が確認された。2 期間に分けた 3 変数の単位根検定では、前期、後期とも 新刊点数について、ADF テストでは単位根が存在するという帰無仮説を棄 却できなかったが、PP テストと KPSS テストでは定常であることが確認さ れた。新刊書 1 点当たりの販売部数と既刊書の販売部数については、前期、 後期とも 3 つのテストで定常性が確認された。このように少なくとも 2 つ の単位根検定で変数は定常であるという単位根検定の結果を踏まえ、ベクト ル自己回帰モデルでは、階差をとらないレベル・データを採用した。また、 ベクトル自己回帰モデル $Y_t = A + BY_{t-1} + e_t$ における B のすべての固有値 λ が $|\lambda| < 1$ を満たすとき、モデルは定常と判断される。変数の単位根検定 に加え、前期と後期のベクトル自己回帰モデルの結果からも、定常性は確認

されている。

（5）　分析モデル

　インパルス反応関数の分析に先立ち、グレンジャーの意味での因果関係の
テストを行った。ここでは少なくとも 10％水準で因果関係がないとする帰
無仮説が棄却される場合、有意な因果関係があると表現しよう。因果関係の
テストの結果、前期では、新刊書 1 点当たりの販売部数と既刊書の販売部
数の双方向、既刊書の販売部数と新刊点数の双方向で有意な因果関係が確認
されたほか、新刊点数から新刊書 1 点当たりの販売部数への有意な因果関
係が確認された。後期では、新刊書 1 点当たりの販売部数と新刊点数の双
方向のほか、既刊書の販売部数から新刊書 1 点当たりの販売部数と、既刊
書の販売部数から新刊点数への有意な因果関係も示された。両期間とも変数
間に少なくとも一方向で有意なグレンジャーの意味での因果関係が認められ、
新刊点数と新刊書または既刊書の販売部数との間には密接な関係がある。

　インパルス反応関数においてしばしば用いられるコレスキー（Cholesky）
分解は、変数の順番が結果に影響を与え、外生性が高い変数の順番に並べる
ことが推奨される。ここでは、因果関係のテスト結果を踏まえ、モデルの変
数の順番は、外生性が相対的に高いと思われる既刊書の販売部数、新刊書の
発行点数、新刊書 1 点当たりの販売部数の順番とした。もっとも、Pesaran
and Shin（1998）は、コレスキー分解が有するこの問題に対応し、インパル
ス反応関数の結果が変数の並べ方に依存しない一般化インパルス反応関数を
提案した。本章では、一般化インパルス反応関数を採用している。

　販売部数や新刊点数には月次で変動があるため、ベクトル自己回帰モデル
では月次ダミーを加えた。最適なラグの次数は、赤池の情報量基準により、
3 期のラグを採用した。なお、推定期間を 2 期に分けず、1996 年 1 月から
2016 年 9 月までの全期を対象にベクトル自己回帰モデルを推定した結果よ
りも、2 期に分けた方が、赤池の情報量基準によると推定結果は良好と判断
される。

（6）　インパルス反応関数

　（2）項で説明したとおり、ゼロ期の新刊書1点当たりの販売部数の減少方向の衝撃に対し、新刊点数が一時的ではない増加の反応を示すならば、新刊書の販売不振が新刊点数の発行を促進する多品種生産が採用されていたと解釈できる。同様に、ゼロ期の既刊書の販売部数の減少方向の衝撃が、新刊点数の増加をもたらすならば、既刊書の販売不振が新刊書の発行を促し、出版社が新刊書への依存度を高めているとみなすことができる。また、ゼロ期の新刊書の発行点数の増加が、概ね半年後の返品代金の精算前に新刊書の発行を一時的に増加させる、あるいは新刊書1点当たりの販売部数の減少方向の衝撃が、返品代金の精算前に新刊書の発行点数の一時的な増加をもたらすならば、書籍特有の流通システムが新刊書の発行に影響を与えていると考えられる。

　図3-3は前期のベクトル自己回帰モデルから導出された一般化インパルス反応関数を示す。図3-3の実線は、ゼロ期の攪乱項に1標準偏差の正の衝撃を与えたときの24期までの各変数の反応を示し、点線は95%の信頼区間を示す。各期において下の点線がゼロよりも上に位置するならば、インパルス反応は有意な正、上の点線がゼロより下に位置するならば、インパルス反応は有意な負と判断される。

　1行目の3つの図は、ゼロ期の各変数の正の衝撃に対する既刊書の販売部数の反応を示す。1行目左の図は、既刊書の販売部数の自己の衝撃に対する反応である。インパルス反応は全期間で正の値をとり、その正の値は10期まで有意である。既刊書の販売部数が増加すると、その効果は長期にわたって続くことを示す。1行目中央の図は、新刊点数の正の衝撃に対する既刊書の販売部数の反応を示し、1期目以外は負の値をとり、3期目の負の値は有意である。右の図は、新刊書1点当たりの販売部数の正の衝撃に対する既刊書の販売部数の反応である。2期目まで有意な正の値をとり、その直後にわずかに負の値となるが、4期目以降は有意ではないものの、ほぼ一定水準の正の値が続く。販売が良好な新刊書が登場すると、既刊書としての販売が続くことを示唆している。

　2行目の3つの図は、各変数の正の衝撃に対する新刊点数の反応を示す。

2行目左の図は既刊書の販売部数の正の衝撃に対する新刊点数の反応である。1期目と3期目ではわずかに正の値をとるが、これ以外はすべて有意ではないものの、負の値で推移する。既刊書の販売部数の減少は、新刊点数を増加させているが、その影響は非常に小さい。

　2行目中央の図は、新刊点数の自己の衝撃に対する反応である。23期まで有意な正の値をとり、1期目が大きな正の値で2期目に減少するが、4期目ではやや増加し、それ以降は、再度、3期目の水準に戻る。図3-3は新刊点数が増加傾向を示す時期のインパルス反応関数であり、いったん新刊点数が増加すると、増加傾向が続くことは予想される結果であるが、4期目の一時的な増加は注目に値しよう。発行された新刊書が返品され、出版社がいったん受け取った代金を取次に精算する時期は、発行から概ね半年後であり、それを前提にすると、出版社は最初の新刊書の発行から4か月後に新たな新刊書を発行することで、ゼロ期に発行した新刊書の精算代金を確保することができる。今回の分析は3変数の関係のみを扱い、これ以外の要因によって4か月後に新刊書の発行が一時的に増加する可能性は排除できないが、ゼロ期の新刊点数の増加に対する4期目の一時的な新刊書の発行増加は、書籍に特有の流通システムの影響を示唆する。

　2行目右の図は、新刊書1点当たりの販売部数の正の衝撃に対する新刊書の発行点数の反応である。全期間で負の値で推移し、その値は21期まで有意である。この図は、新刊書1点当たりの販売部数の減少が、新刊点数の増加をもたらすことを意味するが、その増加は4期目にやや大きくなるものの、影響は全期間でほぼ同水準で続く。新刊点数の増加には、書籍特有の流通システムの影響も含まれるが、技術進歩を背景に新刊書1点当たりの販売部数の減少に新刊書の発行で対処する多品種生産の戦略がとられていたことがうかがえる。

　3行目の3つの図は、各変数の正の衝撃に対する新刊書1点当たりの販売部数の反応を示す。3行目左の図は既刊書の販売部数の衝撃に対する反応を示し、4期目にわずかに負となる以外は、すべてゼロに近い正の値をとる。既刊書の販売部数の増加は、程度は小さいが、新刊書の販売にも正の影響を与えると解釈される。中央の図は、新刊点数の増加に対する新刊書1点当

図 3-3　前期のインパルス反応関数

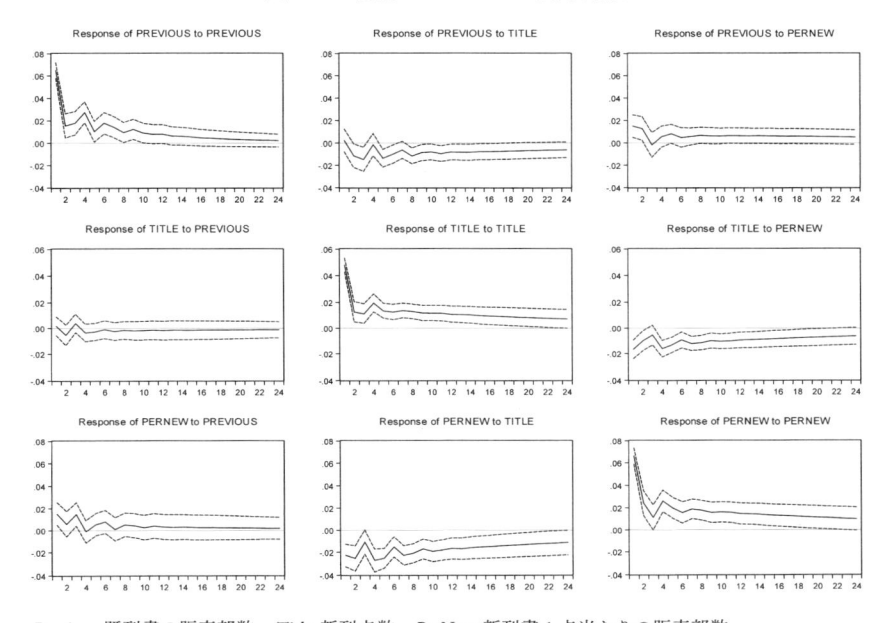

Previous: 既刊書の販売部数　*Title*: 新刊点数　*PerNew*: 新刊書 1 点当たりの販売部数
1996 年 1 月から 2009 年 12 月までの自然対数値

たりの販売部数の反応を示し、全期間で負であり、その負の値は 22 期まで
有意である。新刊書の発行点数が増えることは、新刊書間の競合を激化させ、
1 点当たりの販売部数を減少させる。右の図は、新刊書 1 点当たりの販売部
数の自己の正の衝撃に対する反応であり、全期間にわたって正の値で 20 期
まで有意である。いったん新刊書の販売部数が増加すると、その影響は長期
にわたって持続することを示す。

　本節のテーマは、市場が縮小している中での新刊書発行の増加要因を考察
することであるが、図 3-3 のインパルス反応関数から、新刊書 1 点当たり
の販売部数の減少と既刊書の販売不振を新刊書の発行増加で対処しようとす
る行動が観察されるとともに、新刊点数を増加させる効果は、既刊書よりも
新刊書 1 点当たり販売状況の方が大きいことが示された。また、書籍特有

の流通システムも新刊書の発行を促していた可能性も示された。さらに、新刊点数の増加は新刊書 1 点当たりの販売部数の減少をもたらし、それが既刊書の販売部数の減少を招き、その既刊書市場の縮小や新刊書 1 点当たりの販売部数の減少が、新刊点数の増加をもたらすという負の関係が発生していたことが示唆された。

図 3-4 は、後期の一般化インパルス反応関数の結果である。図 3-3 では、衝撃に対する各変数の反応に持続性が観察されたのに対し、図 3-4 では、全体的に反応が短期間でゼロに収束する傾向が見られる。

1 行目の 3 つの図は、図 3-3 と同様、各変数のゼロ期の正の衝撃に対する既刊書の販売部数の反応を示す。左の図は既刊書の販売部数の自己の衝撃による反応であるが、全期間にわたって正で、2 期目を除く 9 期目まで有意である。中央の図は新刊点数の衝撃に対する既刊書の販売部数の反応であり、全期間で有意ではなく、2 期目を除いては負の値をとる。右の新刊書 1 点当たりの販売部数の衝撃に対する反応については、全期間にわたって正の値をとるが、有意であるのは 4 期目のみである。

2 行目は各変数の正の衝撃に対する新刊点数の反応である。左の図は既刊書の販売部数の衝撃に対する反応であり、全期間で有意ではなく、4 期目以降はゼロに近いところで推移している。既刊書の販売部数は、新刊点数に影響を与えていないようである。中央の新刊点数の自己の衝撃による反応は、1 期目のみ前期の図 3-3 とほぼ同水準の正の値をとり、4 期目はやや増加するが、その後はゼロに収束する。図 3-3 と異なり、有意な期間は 1 期目のみであり、書籍特有の流通システムが、新刊点数に与える影響は明確なものではない。右の新刊書 1 点当たりの販売部数の衝撃に対する新刊点数の反応も、1 期目のみ有意な負の値をとるが、それ以降はゼロに収束する。前期では新刊書 1 点当たりの販売部数の減少は、新刊点数の増加をもたらしたが、後期ではそのような状況は観察されない。

3 行目は各変数の正の衝撃に対する新刊書 1 点当たりの販売部数の反応を示す。左の既刊書の販売部数の衝撃に対する反応が有意であるのは 3 期目のみであるが、全期間で正の値をとり、既刊書の販売部数の増加は、前期と同様、新刊書の販売に好影響を与えることを示す。中央は新刊点数の衝撃に

図 3-4　後期のインパルス反応関数

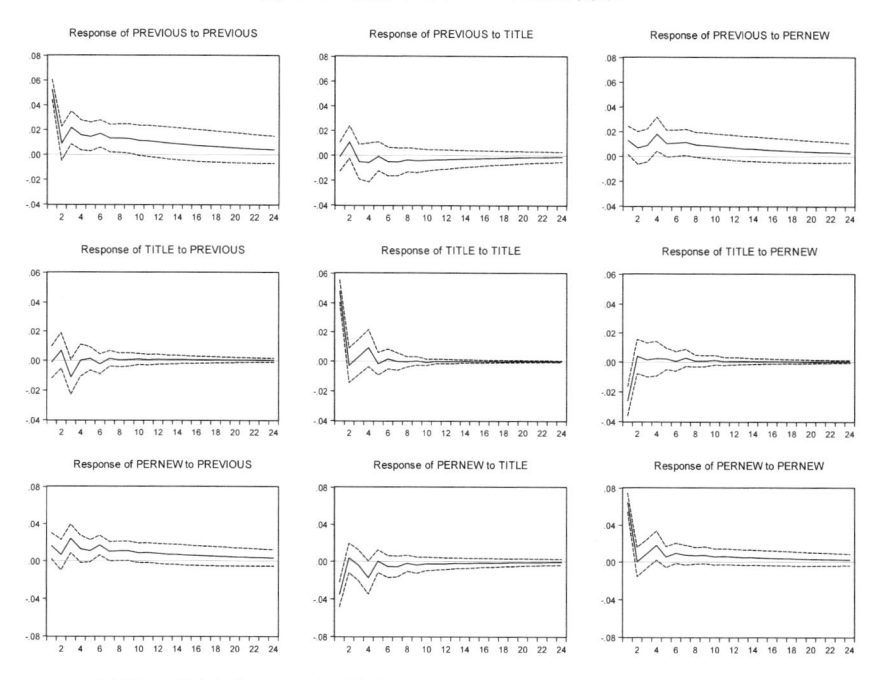

Previous: 既刊書の販売部数　*Title*: 新刊点数　*PerNew*: 新刊書 1 点当たりの販売部数
2010 年 1 月から 2016 年 9 月までの自然対数値

対する反応である。前期では新刊点数の増加が、新刊書 1 点当たりの販売
部数の減少をもたらしていたが、後期では 1 期目のみが有意な負であり、5
期目以降はゼロに近い値をとる。新刊書の発行点数の増加が、1 点当たりの
新刊書の販売部数の減少をもたらし続けるとはいえない。3 行目右の図は、
新刊書 1 点当たりの販売部数の衝撃に対する自己の反応である。すべてで
正の値をとるが、前期では 20 期まで有意な正の値であったのに対し、後期
で有意な正の値をとるのは 1 期目のみであり、5 期目以降はかなり小さい。
いったん新刊書 1 点当たりの販売部数が増加しても、その効果は短期間で
消滅し、書籍販売は長続きしないことを示している。なお、書籍販売の期間
と密接に関係するタイトル別の書籍の購入パターンについては、第 7 章で

取り扱う。

　後期では、新刊書と既刊書の双方に関して、販売部数の減少を新刊点数の増加で補う行動の証左はみられなかった。また、ゼロ期の新刊点数の増加は、4 期目の増加をもたらすが、その影響は有意ではなく、販売部数が減少する中で、書籍特有の流通システムが新刊書の発行を促進するという明確な現象も観察されなかった。

(7)　考察

　新刊書の発行点数が増加していた前期では、新刊書と既刊書の双方の販売不振に対応して、発行点数を増やす行動がとられていたことと、書籍の返却による精算代金の支払い前に新刊書の発行点数の一時的な増加が観察されたことから、市場規模が縮小する中で新刊点数が増加する 3 つの要因すべてが働いていたと推察される。これに対し、新刊書の発行点数が減少に転じた後期では、新刊書と既刊書の販売不振を新刊書の発行で補う行動や、書籍特有の流通システムによる新刊点数の一時的な増加は、明確には観察されなかった。前期では、制作費用の低下による多品種生産、一輪車操業、自転車操業が該当したが、後期では、いずれも当てはまるとはいえない結果となった。また、後期では新刊点数の増加が、2 期目以降に持続することはないという状況が推測された。

　新刊書の発行点数が多くなればなるほど、類似の書籍が発行される確率が高まり、新刊書間の競合も激しくなることが予想される。2010 年以降では新刊点数が減少傾向にあるとはいえ、年間の新刊点数が 7 万点を超えたのは 2002 年以降であり、ピーク時の 2009 年の新刊点数 78,555 点に対し、2010 年以降でも新刊点数は年間で 74,714 点から 78,349 点の範囲内にある。新刊点数の平均値は後期の方が高く、減少に転じたものの、2010 年以降も多数の新刊書が発行されていることに変わりはない。そのような状況で、後期において新刊書の発行増加による新刊書 1 点当たりの販売部数に顕著な減少が表れていない背景の候補として、出版社が企画を吟味したうえで、タイトル別に積極的な販売活動を行っている、あるいはあらかじめ細分化された消費者層をターゲットとする出版企画や編集を行っている、もしくは書籍

販売が短期間に集中することにより、類似の書籍がほぼ同時期に販売が開始されない限り、競合が顕在化しない可能性が考えられる。

　対象となる消費者層を限定した出版企画を行うほど、他の書籍への代替が起こる可能性は低くなるが、その書籍に大量の販売部数を望むことはできない。一方、書籍販売が発売当初に集中することは、類似の書籍が数か月後に販売されても、先に発売された書籍の需要がほぼ消滅しているため、新刊書販売の競合は低くなるが、既刊書市場の拡大は望めない。図3-4の後期では、新刊書1点当たりの販売部数の増加が続く期間が大幅に縮小しており、最近の新刊書の販売は短期間に終了し、あたかも月刊誌の販売形態に近づいていることを表しているのかもしれない。後期の新刊点数が増加しても、新刊書1点当たりの販売部数が減少しないことの主たる要因が、書籍販売の短命化によるものならば、後期で新刊点数と1点当たりの販売部数に負の関係が観察されないことを理由に、書籍市場が改善に向かっているとは判断できないことになる。

　図3-3と図3-4のインパルス反応関数では、既刊書の販売部数の正の衝撃が、新刊書1点当たりの販売部数に正の影響を与えており、好調な既刊書販売が、新たな書籍の販売状況を好転させることを示唆している。新刊書の発行点数を減らすことは、消費者の選択肢を縮小させるが、総費用の中で固定費用が一定の比率を占める市場では、少ないタイトル数で重版につながる多くの需要を獲得する書籍を発行することが、出版社にとっては望ましい。発行費用と選択肢とのバランスから、出版社と消費者の双方にとって最適な新刊点数を探ることになる。この問題に関連して、出版科学研究所（2017）は、新潮社が出版企画を厳選し、新潮文庫の新刊点数を減少させたが、1点当たりの制作や販売により時間をかけたことで、総発行部数や重版点数は減少しなかったと述べ（pp.120-121）、出版科学研究所（2018）は、新刊点数を減らした新潮社のきめ細かなマーケティングを紹介している（p.119）。インパルス反応関数の分析結果や新潮社の取り組みを考慮すると、出版社にとって最適な新刊点数を検討する時期に来ていると思われる。

　前期のインパルス反応関数が示す発行点数と販売部数の負の関係が発生していた状況では、新刊書の発行を抑制することが適切であったであろう。こ

れに対し、新刊点数が減少に転じた後期では、負の関係は観察されなかったとはいえ、新刊書の販売部数の増加の衝撃が短期間で収束しており、あたかも月刊誌の販売形態を想起させる。後期のインパルス反応関数の結果は、書籍と雑誌のすみわけという新たな問題を惹起しているのかもしれない。

4 小括

本章では最初に書籍の販売部数と新刊点数の構造変化のタイミングを特定化した。その結果、販売部数に関しては、インターネットが普及する以前の1983年に構造変化が起きていた一方、新刊点数の構造変化は1996年であり、両者の構造変化時期にはタイムラグがあること、市場が縮小している中で、新刊点数の増加が続いていたことが示された。

また、新刊点数に構造変化が起きていた1996年以降のデータを対象に、書籍市場が縮小している中で新刊書の発行が増加していた要因を、新刊書と既刊書に販売部数を分けた上で、一般化インパルス反応関数で考察した。その結果、新刊点数が増加していた前期では、新刊書と既刊書の販売部数の減少に対して、新刊点数の増加で対処する行動がとられていたこと、書籍特有の流通システムも、新刊書の発行を一時的に増加させていたことが示された。しかし、新刊書の発行点数の増加は、新刊書1点当たりの販売部数を減少させ、これが既刊書市場の縮小につながり、新刊書の発行を増やすという負の関係を発生させていた。新刊書の発行点数が減少に転じた2010年以降では、負の関係は観察されなかったが、販売期間の短縮が顕著になり、書籍の短命化、あるいは書籍と雑誌のすみわけを問う結果ともなった。

しかし、本章の分析は、データの制約の下で行われたことに留意する必要がある。書籍特有の流通システムが新刊書の発行に影響を及ぼすのは、資金繰りが厳しい出版社であろうが、そのような出版社に特化したデータは入手不可であることから、今回は市場全体の集計値で分析を行わざるを得なかった。また、新刊点数と販売との関係は、書籍のカテゴリーによっても異なるであろうが、月次のカテゴリー別返品率データが公表されていないことから、今回は集計した値での分析にとどめている。

現時点では電子書籍の販売額の書籍市場全体に占める比率が低く、インプ

レス総合研究所のデータによると、その8割は電子コミックが占めるという特異な構造と、電子書籍の月次データが得られないことから、今回の書籍市場の分析は紙媒体に限定し、電子書籍の影響は考慮していない。しかし、電子書籍が今後、コミック以外の分野に拡大するならば、多数の販売部数が望めない書籍は、紙媒体での発行ではなく、電子書籍のみでの発行とする選択肢もあり得るだろう。電子的媒体のみで発行される場合、紙媒体書籍としての新刊点数は着実に減少することとなり、電子書籍の進展が、紙媒体の新刊書の発行に影響を与えることになる。そのような場合、今回行ったインパルス反応関数分析において、電子書籍の販売状況も変数として加えることが必要となろう。

　書籍データを公表している出版科学研究所は、複数の項目に関して集計方法に変更を加えているため、時系列で比較可能なデータの入手は制限を受ける。書籍関係者の多くは、低迷を続ける紙媒体の書籍市場に危機感を持っているだろうが、エビデンスに基づく議論は少ない。書籍市場が抱える問題を明確にする上でも、電子書籍を含むデータ整備の重要性の認識を高めるところから始める必要があろう。

1　例えば、『出版指標年報　2011年版』では、2010年の出版市場の落ち込みの要因として、景気低迷、新古書店の普及、公共図書館の利便性の向上のほか、インターネットの普及による情報源として出版物の役割の低下を挙げている（p.27）。

2　これ以外に市場規模の縮小をもたらす要因として、データの捕捉率の問題がある。出版科学研究所のデータは、取次を介して取引される出版物を対象に集計されている。Amazonが提唱する出版社との直接取引によって、取次を介さない取引が増える場合、出版科学研究所が捕捉するデータの範囲が縮小し、市場縮小の方向にバイアスが働くことになる。しかし、取次を介さない取引の実態は把握が困難であることから、本書では集計データについては、出版科学研究所のデータを使用する。

3　出版科学研究所は、書籍の新刊点数の集計方法を1995年に変更した。図3-1の数値は時系列データの連続性を維持するため、1995年以前の集計方法による数値である。また、現時点では、2017年までのデータが入手可能であるが、2015年までのデータに基づく構造変化の結果を踏まえ、次章の公共図書館の分析を行っていること、2017年までのデータで推定した構造変化に関する結果は、2015年までの推定結果とほぼ同じであることから、ここでは2015年までのデータの分析結果を示す。

4 各国の GDP の構造変化を検証した Ben-David and Papell（1995, 1998）も、分散不均一性に対応するため、GDP に対数をとった。

5 ここでの負の影響とは、電子書籍が紙媒体の書籍を代替した部分から、電子書籍の配信でその書籍の存在を知るようになり、同じタイトルの書籍あるいは関連した書籍の紙媒体の販売が増加したという正の部分を差し引いたものを指す。

6 サンプル数は少ないが、Andrews（1993）が提案したテストにより、構造変化の有無を検証した結果においても、構造変化がないとする帰無仮説は 10％水準で棄却されなかった。

7 日本書籍出版協会（2010）の実態調査によると、著者から提出された原稿のうち、70％以上がデジタル・データであると回答した出版社は、1993 年の調査では 7.4％であったが、2001 年の調査では 64％、2005 年調査で 76％、2009 年調査では 82％に達した。

8 日本書籍出版協会（2010）が 2009 年に実施した出版社の実態調査では、2000 年から 2008 年の間で印刷費用が減少したと回答した出版社数は、上昇したと回答した出版社数の 2 倍以上にあたる。

9 蔡（2012）によると、出版社と取次間の契約は、出版社の規模などによって異なるが、約 300 社の出版社には、納品の翌月に取次から書籍代金の支払いが行われるとある。日本出版学会編（2010）は、その支払金額は、書籍金額の 3 割から全額であり、この比率は取次と出版社の契約によって異なる（p.40）。

10 実務上の精算は、直近に発行された書籍に対する取次から出版社の支払いと、返品分の出版社から取次への返金を相殺して行われる。

11 返品率は、以前は金額ベースと部数ベースの双方が公表されていたが、現在は金額ベースのみの公表であるため、金額ベースの返品率を使用した。本章の分析では、部数ベースの返品率の方が適している。

12 出版マーケティング研究会編（1991）によると、一般に用いられる単行本の価格設定は、初版の販売部数で原価を回収するコストプラス方式であるとされる。

13 それぞれの検定方法で異なる結論が得られた場合、どれを選択するかの明確な基準はない。

第**4**章

公共図書館の貸出の
書籍販売への影響

1　はじめに

　本章では、外部プレイヤーである公共図書館による貸出の書籍販売に与える影響を考察する。公共図書館の個人向け貸出冊数は、近年まで増加傾向にあり、2010 年以降では貸出冊数が書籍の販売部数を上回るようになった。このような状況を背景に、一部の出版社や著者は、公共図書館による新刊書の貸出が書籍販売に悪影響を与えているとして、新刊書の貸出開始に一定の猶予期間を設けることを要請した[1]。消費者が公共図書館から書籍を借りた後に同じタイトルの書籍を購入することは、一般には想定されないことから、この点では貸出と購入は代替関係にあると考えられる。前章で示したとおり、取次を介して流通する書籍の年間販売部数は 1988 年、年間販売額を消費者物価指数の「書籍」で実質化した実質販売額は 1989 年がピークで、その後の販売部数と販売額は減少傾向にある。書籍市場が縮小している状況下で、公共図書館の活動に目が向けられるようになったが、公共図書館から書籍を借りることで、関連する作品に出合い、これが新たな書籍購入につながる可能性や、長期的視点にたてば、公共図書館の利用を通じて読書が習慣化することで、書籍市場の拡大に結び付くことも考えられる。また、現在、日本には 3,000 を超える公共図書館がある。貸出に先立って、公共図書館による書籍購入が行われていることから、公共図書館は大口需要者としての側面を持つ。このように公共図書館の貸出の販売部数への影響には、プラス面とマイ

ナス面の双方があり、どちらが大きいかは自明ではない。これまで両者の関係については、地域を限定した分析や小規模なアンケートが実施されてきたが、全国レベルでの分析は少ない。

公共図書館による貸出の書籍販売への影響については、2000年頃から議論されており、今に始まった問題ではない。図書館の専門誌である『図書館界』が、1993年、2002年、2010年に特集号として、ほぼ10年間の公共図書館をめぐる包括的な論点整理を行っており、1990年代における貸出問題は脇坂（2001）、2000年代前半における議論は、嶋田（2010）や田井（2010）で遡ることができる。公共図書館に関しては、ベストセラーの複数冊の購入を含む書籍の選定、指定管理者制度に基づく公共図書館の運営の民間委託など、複数の論点で議論がなされているが、本章では、公共図書館の貸出が書籍販売を妨げているのか、否かの問題に焦点を絞る。また、図書館の貸出に関しては、2003年に文化庁文化審議会の著作権分科会が、貸出により失われた利益を補てんするための補償金制度の導入について言及したことがある。現時点では具体的議論は行われていないが、この問題は著作権法の改正にも結び付く。

公共図書館の貸出については過去の経緯もあることから、第2節では、これまで行われてきた貸出と販売との関係の議論を整理する。第3節は公共図書館の活動状況をデータで示す。第4節は全国レベルの集計データを使った時系列分析とその結果に基づく考察、第5節は本章の小括である。

2　両者の関係の議論

図書館の貸出に関する議論においては、「図書館は無料貸本屋」、あるいは「図書館は新刊貸本屋」という表現がしばしば使われている。昼間（1986）は、公共図書館の年間貸出冊数が、それぞれの図書館を評価する際の指標として重要視され、その結果、公共図書館が貸出冊数を増加させるため、人気の高い新刊書を選定する傾向があるとして、公共図書館の書籍選定の姿勢に警鐘を鳴らした。昼間（1986）は、貸本屋という言葉を使って、公共図書館の役割を問い直しているのである。また、津野（1998）は、今売れる書籍を優先する出版社の風潮と貸出を重視する公共図書館の姿勢の双方に疑問

を投げかけるとともに、一つの解決策として情報の電子化を提案している。すでに 1980 年代には貸出業務と公共図書館の書籍選定に関し、問題提起がなされていたが、安井（2008）は、公共図書館の貸出の書籍販売への影響に関する議論が活発になったのは、2000 年から 2003 年にかけてであったとしている。

　安井（2008）が指摘する 2000 年代前半では、作家の林望（2000）や佐野（2001）が、公共図書館が人気の高い書籍を複数冊購入し、住民に貸し出すことを無料貸本屋と称し、公共図書館の貸出は、創作活動にマイナスの影響を与えていると主張した。このような著作権者の主張を受け、日本ペンクラブ（2001）は、新古書店や漫画喫茶の事業運営、ならびに公共図書館の貸出競争による同一タイトルの大量購入は、著作者の権利を侵害する行為であるとする声明文を発表した。また、図書館の貸出については、文化庁文化審議会でも議論され、2003 年に著作権分科会は、著作権法の改正による補償金制度の導入について言及した。しかし、審議会の分科会は、制度について詳細に検討したいという関係者の意向を尊重し、その検討結果を見守る方針を表明し、これ以上の議論は行わなかった。

　公共図書館による人気の高い書籍の貸出への批判が出され、審議会が補償金制度を取り上げる中で、公共図書館と出版社は、建設的な議論を行うには公共図書館が保有するベストセラーの冊数や貸出実態を把握する必要があるという認識にたち、2003 年に共同で公共図書館の話題作の所蔵状況と貸出の実態調査を行った。その調査結果は、日本図書館協会・日本書籍出版協会（2004）に取りまとめられている。調査では 427 の自治体の 679 の公共図書館を対象に、1999 年と 2002 年のベストセラーと著名な文学賞受賞作品の保有冊数ならびに貸出回数が集計された。日本図書館協会・日本書籍出版協会（2004）では、ベストセラー作品の 1 館当たりの平均所蔵冊数は 2.01 冊、直木賞受賞作品は 1.73 冊、芥川賞受賞作品は 1.20 冊で、一部の著作権者が主張するような大量購入という実態はないことが示された。また、2002 年のベストセラーと著名な文学賞の受賞作品の 1 タイトル当たりの貸出回数は、679 館合計で 9,324 回であったのに対し、1999 年のベストセラーと文学賞の受賞作品の 1 タイトル当たりの貸出回数は 24,263 回で、消費者の購入は発

売当初の短期間に集中するのに対し、貸出は販売がおおむね終了した後も続くことが示された。この報告書以外では、田井（2002）が、勤務していた岡山市立図書館の 2000 年度の一般書の貸出上位 20 の貸出冊数合計は、全貸出の 0.45％ にすぎず、公共図書館の貸出は、ベストセラーに偏ったものではないと主張している。

　日本図書館協会・日本書籍出版協会（2004）から、公共図書館が貸出需要に応じるため、同一タイトルの書籍を大量に保有している実態は見られないこと、貸出全体に占めるベストセラーの比率が低いことが判明し、公共図書館の貸出に対する当時の批判は、概ね沈静化した。日本ペンクラブ（2005）は、日本文藝家協会をはじめ他の 3 つの文芸団体とともに、「図書館の今後についての共同声明」と題した意見書を発表した。この意見書では、公共図書館の予算増額、専門知識を持つ図書館司書の増員、著作権者への補償金制度の確立を求めており、公共図書館による同一タイトルの書籍の複数購入の批判から、ヨーロッパで導入されている貸出から補償金を徴収することに要望を変化させた[2]。

　日本図書館協会・日本書籍出版協会（2004）は、公共図書館による同一書籍の大量購入の批判に応えるものであり、田井（2002）は、公共図書館の貸出がベストセラーに偏重したものではないことをデータで示したが、これらの調査からは、貸出と販売部数との関係は依然として不明である。両者の関係を扱ったものに、常世田（2002）、松岡（2010）と根本（2004）がある。常世田（2002）は、住民一人当たりの公共図書館の貸出冊数が全国 1 位の浦安市では、商業統計表による市内の書店の 1997 年の総売上高が 32 億 8,600 万円で、同規模の自治体の書店売上を 3 億円以上上回っていたこと、貸出冊数上位の成田市でも、同様の傾向が観察されることを提示した。常世田（2002）は、浦安市や成田市の事例から、公共図書館の貸出が書籍販売を妨げるのではなく、公共図書館が書籍の購買意欲を掘り起こしていると結論付けている。しかし、分析対象区域外の住民が対象区域の書店から書籍を購入することも考えられ、公共図書館と書店のカバーする地理的範囲が一致するとは限らない。これに加え、常世田（2002）の分析は、浦安市と成田市の 2 ケースのみであることから、この事例から一般的な結論を導くこと

は適切ではない。

　常世田（2002）は、書店の売上高の比較のほか、浦安市立図書館で実施した利用者アンケートの結果も報告している。この利用者アンケートでは、もし貸出がなかったならば、図書館から借りた本を購入するか、否かを尋ねている。この質問に対し、購入するという回答は16.8％で、貸出と書籍購入の代替の程度は低いと結論付けている。ここにはアンケートの母数が掲載されていないため、回答比率の信頼区間は不明であるが、消費者が購入と借入を使い分けている可能性を示唆している。

　松岡（2010）は、常世田（2002）の商業統計表による分析を拡張し、住民一人当たりの貸出冊数で上位35に入る市を対象に、1994年と2004年の商業統計表の行政区域内の書店数と書店販売額を、それぞれの全国平均値と比較した。1994年から2004年では、全国で書店数と書店販売額は減少しているが、公共図書館の貸出が多い35市では、全国レベルよりも、書店数と書店販売額の双方で減少率が小さいことが報告されている。松岡（2010）では、調査対象の行政区域が、常世田（2002）の2から35に増加しているが、調査対象の35市の減少率が、全国平均の減少率と有意な差であるのか否かは不明である。この分析でも常世田（2002）と同様に、公共図書館の利用者と書店からの購入者の一致性の問題があるが、さらに近年ではAmazonなどのオンライン企業も生活に浸透しており、物理的店舗を持つ書店のみを対象とすることの問題は無視できないものとなろう。

　また、根本（2004）は、2002年に出版11社の会の事務局が収集した公共図書館のタイトル別貸出冊数データを使った分析を行っている。2001年の貸出上位100タイトルの調査から、貸出にはフィクションが多く、その中でも特定の作家に貸出が集中していること、貸出上位100とベストセラー・リストでは一致する作品が少ないことを指摘している。常世田（2002）と根本（2004）の調査手法は異なるが、両者から消費者が書籍の購入と借入を使い分けている可能性がうかがえる。

　両者の関係に関して統計手法を使った分析として、貫名（2017a,b）を挙げることができる。貫名（2017a）は、1970年から2015年の書籍販売額を貸出冊数で回帰し、図書館の貸出が書籍販売に有意な影響を与えているとは

いえないという結果を提示した。また、貫名（2017b）は、都道府県別の図書館の貸出冊数と一人当たりの書籍購入額との相関係数を算出し、両者の間には相関が認められない、あるいは正の相関関係が存在し、図書館の貸出が書籍購入の妨げにはなっていないと結論づけた。

　海外における公共図書館の貸出と書籍販売との関係についての分析事例は、極めて少ない。日本では前章で示したとおり、1980年代後半から販売部数と実質販売額の双方が減少しているが、諸外国では最近まで堅調に市場が拡大していたこと、公共図書館の貸出に対し、既に著作権者への補償金制度を適用している国があることが影響しているのかもしれない。図書館の影響について言及した Appelman and Canoy（2002）は、図書館の貸出は消費者の書籍購入を代替するが、図書館が読書習慣を身につけることに貢献し、これが書籍需要を増加させる可能性があることを指摘している。また、Appelman and van den Broek（2002）は、1977年から1994年のオランダの集計データを使い、最小二乗法で書籍販売部数を実質可処分所得、書籍価格と図書館の貸出冊数の3変数で回帰し、それぞれの弾力性を計測した。所得弾力性は、推定した4ケースのすべてにおいて、ゼロに近い値であり、10％水準で有意ではない一方、価格弾力性は1％水準で有意な値で、絶対値で表現すると、0.88から0.89の範囲内であった。図書館の貸出冊数に対する書籍販売部数の弾力性を示す推定値は、－0.30から－0.26の間にあり、図書館の貸出は販売部数を減少させる方向に作用するが、4ケースすべてで、この弾力性がゼロに等しいという帰無仮説は10％水準で棄却されなかった。集計データを使った Appelman and van den Broek（2002）は、この推定結果から、図書館の貸出は、書籍販売に明確な影響を与えていないと結論付けている。

　また、Albanese（2011）は、*Library Journal* のエグゼクティブ・エディターである Miller が、2,000人以上の個人を対象に行った調査結果の概要を *Publishers Weekly* で紹介している。その調査結果によると、米国の図書館利用者の50％以上は、図書館で初めて知った著者の書籍を購入しており、公共図書館は、出版社に損失を与えているのではなく、読書習慣を培養する点で、出版産業のパートナーであるという Miller の主張が掲載されている。

3 公共図書館の活動

公共図書館の館数や個人への貸出冊数のデータは、日本図書館協会が毎年、調査を行っており、その結果は『日本の図書館　統計と名簿』で公表されている。本来はタイトル別データによる分析が望ましいが、図書館の活動を示す統計データの公表は、日本図書館協会が担当し、ここで公表される貸出データは、各図書館の年間貸出冊数である。データにはかなり制約があるが、以下では、『日本の図書館　統計と名簿』の各年版に掲載された公共図書館の集計データを用いた分析を行う。

公共図書館の活動の書籍販売に与える影響として、これまで貸出の販売への影響、すなわち販売と貸出の関係が議論されてきた。しかし、公共図書館がその年の新刊書を必ず購入するわけではないが、全国の公共図書館が、あるタイトルの書籍を 1 冊ずつ購入するならば、公共図書館の購入冊数で一般的な単行本の初版の発行部数といわれる 3,000 部に達する[3]。公共図書館が大口需要者であることに加え、公共図書館が保有する書籍が増えれば増えるほど、図書館としての利便性が増し、図書館の利用者と貸出冊数が増加することが予想される。このため、今回注目する貸出冊数と販売部数の関係のほかに、図書館の購入冊数が貸出冊数に影響を与える可能性を考慮し、販売部数、公共図書館の個人向け貸出冊数ならびに購入冊数という 3 変数の関係を考えていきたい。

1960 年代前半の個人向け貸出冊数は、公共図書館全体で 1,000 万冊以下であったが、販売部数が 1980 年代後半に減少に転じたのに対し、貸出冊数は 2010 年にピークに達するまで、増加の一途をたどっていた。その背景には、1980 年の公共図書館数が 1,320 館であったのに対し、2000 年には 2,639 館、2010 年には 3,188 館と、公共図書館数が増加し、これに伴い蔵書数が増加したことや、情報技術の進展に伴う検索や貸出予約などの公共図書館のサービス向上が挙げられよう。

時系列分析の手法で販売部数の構造変化のタイミングを分析した第 3 章では、販売部数がピークに達した 1988 年以前から対前年伸び率が低下しており、1983 年に販売部数に構造変化が生じていたことが示されている。この結果を踏まえ、本章では販売部数の構造変化以降の時期を推定対象とする。

図 4-1 は、1984 年から 2014 年までの出版科学研究所が集計した販売部数と、その間の日本図書館協会による公共図書館の購入冊数と個人向け貸出冊数を図示したものである。1990 年代では公共図書館全体で毎年 1,500 万冊から 1,600 万冊が購入されていたが、2011 年以降は、1,300 万冊から 1,400 万冊に減少している。これに対し、公共図書館の貸出冊数は、2000 年代まで順調に増加し、2010 年の貸出冊数は、その年の販売部数を上回ったが、その後、貸出冊数も減少に転じている。貸出冊数の減少が一時的なものであるのか、縮小が続くのか、今後の動向に注視する必要がある。

　今回の分析対象外であるが、データが入手可能な 1960 年から、前章で示された販売部数の構造変化前の 1982 年までと、構造変化後の 1984 年から 2014 年までの 2 期に分けて、販売部数と貸出冊数の相関係数を算出すると、1960 年から 1982 年までの相関係数は 0.906 で強い正の相関、1984 年から

図 4-1　販売部数と貸出冊数の推移

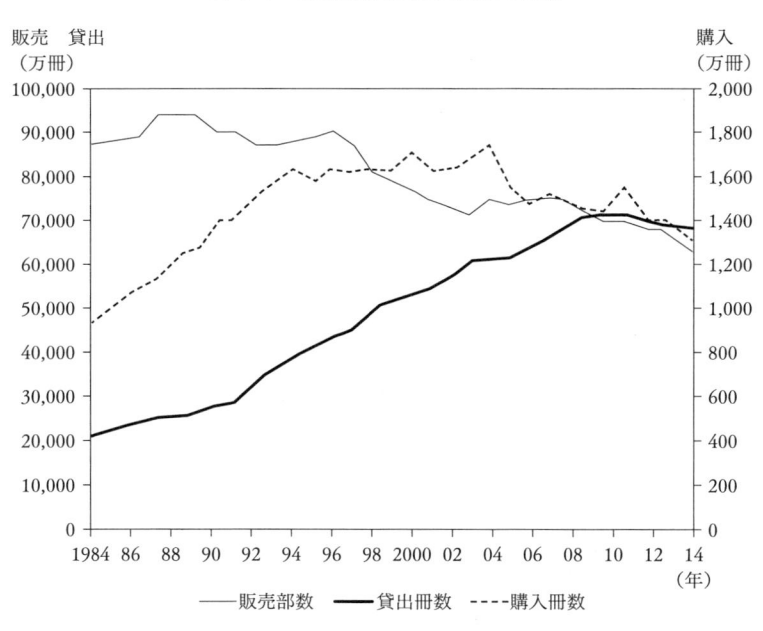

出所　日本図書館協会（1963–2016）出版科学研究所（2016）のデータより作成

2014 年までの相関係数は − 0.899 で強い負の相関関係がみられ、対象とする期間によって両者の関係は逆転する。出版社や著作権者の公共図書館の貸出に対する懸念は、販売部数と貸出冊数の負の相関関係から生じているのかもしれないが、相関係数は因果関係を示すものではなく、相関係数から直ちに両者の影響を論じることはできない。

4　データと推定結果

本節の（1）項はデータの説明、（2）項で時系列分析に先立って行った単位根検定の結果を報告する。（3）項は 3 変数に関するインパルス反応関数と分散分解の結果、（4）項は考察である。

（1）　データ

使用する変数は、前節で挙げた書籍販売部数（*Sale*）、図書館の購入冊数（*Purchase*）、個人向け貸出冊数（*Lending*）である。公共図書館のデータはいずれも年次データであり、図書館によるタイトル別購入冊数や貸出冊数のデータが公表されていないことから、3 変数はいずれも年間の集計されたデータである。推定期間は、図 4-1 と同様、販売部数の構造変化後の 1984 年から、図書館の貸出冊数の最新データが入手可能な 2014 年までである。表 4-1 は、1984 年から 2014 年までの 3 変数の基本統計量を示す。販売部数の変動係数は 11.5％と小さく、データのばらつきが小さい一方、貸出冊数の最大値は最小値の 3 倍を超え、貸出冊数の伸びが大きいことが、ここからもうかがえる。

表 4-2 は、この 3 変数とタイムトレンドの相関係数を示す。書籍の販売部数とタイムトレンド（*Trend*）の相関係数が − 0.935 で強い負の相関、貸出冊数とタイムトレンドは 0.985 で強い正の相関で逆方向の動きをする結果、販売部数と貸出冊数は強い負の相関関係となる。書籍販売部数と図書館の購入冊数の相関係数は − 0.364、貸出冊数と図書館の購入冊数の相関係数は 0.529 であり、購入冊数を潜伏変数とする販売部数と貸出冊数の偏相関係数を算出すると − 0.942 で、ここでも強い負の相関関係であることに変わりはない。

表 4-1　3 変数の基本統計量

	Sale	Lending	Purchase
平均値	81,021	48,879	1,474
最大値	94,379	71,618	1,748
最小値	64,461	21,714	968
標準偏差	9,312	17,789	202
変動係数（%）	11.5	36.4	13.7

平均値、最大値、最小値の単位は万冊

表 4-2　相関係数

	Sale	Lending	Purchase	Trend
Sale	1.000			
Lending	−0.937	1.000		
Purchase	−0.364	0.529	1.000	
Trend	−0.935	0.985	0.477	1.000

（2）　単位根検定

　ベクトル自己回帰モデルの 3 変数は、既存研究に倣い、いずれも自然対数値である。ベクトル自己回帰モデルの推定に先立ち、年間の集計値である 3 変数について、前章と同様、複数の方式による単位根検定を行った。本章では、単位根検定として利用頻度が高く、単位根が存在することを帰無仮説とする ADF テストと、単位根がなく定常であることを帰無仮説とする KPSS テストを併用した。

　販売部数のレベル・データの単位根検定では、ADF テストと KPSS テストの双方により 10% 水準で定常であること、購入冊数では ADF テストで 10% 水準、KPSS テストでは 1% 水準で定常であることが確認された。貸出冊数については、ADF テストで単位根が存在するという帰無仮説は棄却されなかったが、KPSS テストでは 1% 水準で定常であることが確認され、貸出冊数については、結論が分かれる結果となった。

　ここでは 3 変数について、少なくとも 1 つの単位根検定で定常性が確認

されていることから、まずレベル・データでベクトル自己回帰モデルの推定を行い、前章と同じ方法で、推定結果に関して定常性を確認する。この段階で定常性が確認できた場合は、レベル・データの推定結果を採用し、確認できない場合は、3変数の1回の階差データには単位根が存在しないこと、Johansen テストにより共和分関係がないことが確認されていることから、1回の階差データによる分析を行うことになる。結果的には、レベル・データを用いた推定結果からも定常性が確認されたため、レベル・データのモデルを採用した。

（3）　推定

　因果関係のテストでは、5％水準で貸出冊数から販売部数へのグレンジャーの意味での因果関係、1％水準で貸出冊数から図書館の購入冊数への因果関係、10％水準で購入冊数から貸出冊数への因果関係が確認された。販売部数から図書館の購入冊数の因果関係も5％水準で認められるが、その逆では有意な関係は確認されなかった。このように3変数間で双方向、あるいは一方向でグレンジャーの意味での因果関係が認められた。このテスト結果を踏まえ、モデルの変数の順番は、外生性が高いと思われる貸出冊数、販売部数、購入冊数の順番とした。もっとも、インパルス反応関数においてしばしば用いられるコレスキー分解は、変数の順番が結果に影響を与えるのに対し、本章では、前章と同様、変数の並べ方が推定結果に影響を与えない一般化インパルス反応関数（Generalized Impulse Responses Function）を採用した。また、今回注目するのは図書館の貸出冊数と販売部数との関係であるが、ブロック外生性テストから、公共図書館の購入冊数を含めた3変数での推定が支持された。

　ベクトル自己回帰モデルにおける最適なラグの次数は、赤池の情報量基準（Akaike Information Criteria: AIC）とシュバルツ（Schwarz）の情報量基準により2期とし、情報量基準から定数項を含めないモデルとした[4]。

　図4-2は、ベクトル自己回帰モデルの推定結果に基づき、10期までの各期の一般化インパルス反応関数を示したものである。図4-2の実線は、ゼロ期の攪乱項に1標準偏差の衝撃を与えたときの10期までの各変数の反応

を示し、点線は 95% の信頼区間を示す。各期において下の点線がゼロよりも上に位置すれば、インパルス反応は有意な正、上の点線がゼロより下に位置すれば、インパルス反応は有意な負と判断される。

　1 行目左の図は図書館の貸出冊数の正の衝撃に対する貸出冊数の反応、2 行目中央は販売部数の正の衝撃に対する販売部数の反応を示し、全期間で有意な正の値をとる。3 行目右の図は図書館の購入冊数の正の衝撃に対する購入冊数の反応であり、7 期目までは有意な正の値であり、3 変数とも自己の衝撃からの正の反応は継続する。一方、各変数の正の衝撃に対する他の変数の反応は、3 行目中央の図で 8 期目以降の販売部数の衝撃に対する公共図書館の購入冊数の反応が有意であること以外は、ゼロであることは棄却されない。

　2 行目左の図が示す貸出冊数の正の衝撃に対する販売部数の反応は、すべての期で負の値をとり、貸出冊数の増加によって販売部数が減少することを示すが、その値はゼロに近く、有意ではない。一方、1 行目中央の販売部数の正の衝撃に対する貸出冊数の反応も、有意ではないが、負の値であり、この負の反応の方が、貸出冊数から販売部数への負の反応よりも大きい。また、1 行目右の購入冊数の正の衝撃に対する貸出冊数の反応は、有意ではないが、3 期目以降は正の値をとる。公共図書館の所蔵冊数の増加は、利用者の効用を高め、貸出冊数の増加をもたらすと解釈される。これに対し、3 行目左の貸出冊数の正の衝撃に対する購入冊数の反応については、1 期目が負の値で、2 期目はやや大きい正の値となり、8 期目には再度、負に転じる。貸出冊数の増加は、2 期目以降の図書購入予算の増加をもたらすが、その効果は次第にゼロに収束する。2 行目右の公共図書館の購入冊数に対する販売部数のインパルス反応関数は、ゼロに近いところで推移する。

　コレスキー分解では、3 変数で 6 通りの並べ方がある。6 ケースすべてにおいて、貸出冊数の衝撃に対する販売部数の反応と、販売部数の衝撃に対する貸出冊数の反応は有意ではなく、後者の方が反応は大きい。

　表 4-3 は、変数を貸出冊数、販売部数、購入冊数の順番で並べたときの 10 期目の分散分解の結果である。左の欄の各変数の予測誤差の何パーセントが、右の列の 3 つの変数の正の衝撃によってもたらされたのかを示す。上

図 4-2　各期のインパルス反応関数

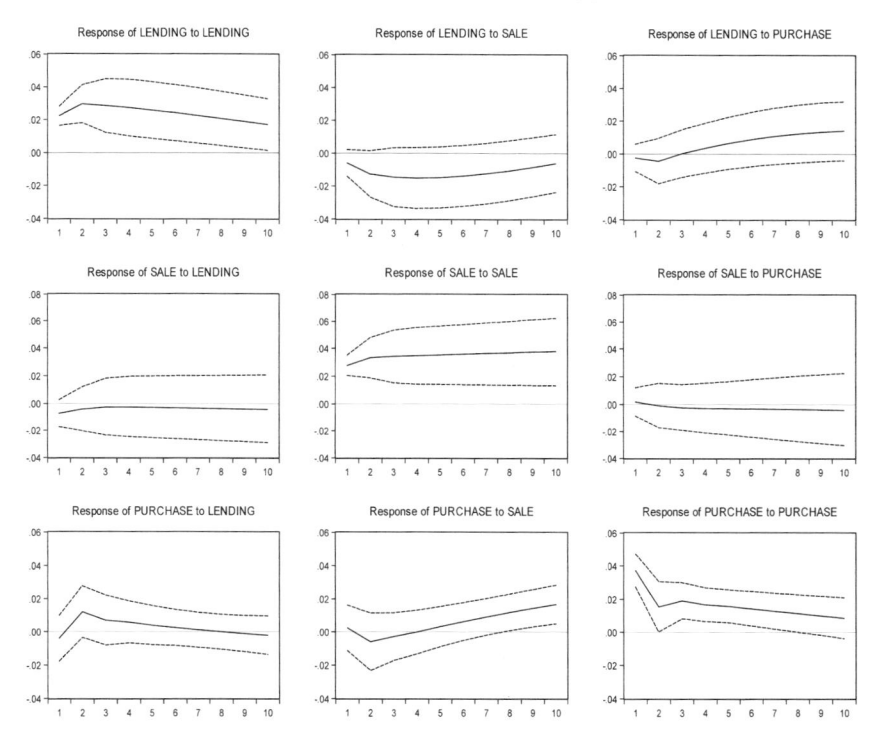

Lending: 公共図書館の貸出冊数　*Sale*: 書籍の販売部数　*Purchase*: 公共図書館の購入冊数

段の貸出冊数の変動の79%は自己の衝撃、変動の16%は購入冊数の衝撃から生じており、販売部数の衝撃による比率は5%以下である。中段の販売部数の変動の97%は、自らの衝撃により生じ、公共図書館の貸出や購入の影響は極めて低い。下段の購入冊数の変動が自己の衝撃から生じる比率は75%、販売部数の衝撃から生じる比率は19%であり、貸出冊数の比率6%を上回る。本章のテーマである販売部数に着目すると、変数を並べ替えた6ケースにおいて、販売部数の変動の96%から98%は自己の衝撃から生じており、公共図書館の購入や貸出が販売に与える影響は非常に小さいと判断できる。

表 4-3　10 期目の分散分解の結果

	各変数の寄与度（%）		
	Lending	Sale	Purchase
Lending	78.965	4.758	16.277
Sale	1.270	97.061	1.669
Purchase	6.305	18.974	74.720

（4）　考察

　図 4-2 の 1 行目左の貸出冊数の自己の正の衝撃からの反応は正で大きく、その効果は減退するものの、10 期目も有意であった。このことは、いったん貸出が増加すると、その効果は長期にわたって存続することを示す。公共図書館から書籍を借りた利用者は、返却のために図書館を再訪し、そこで新たな書籍を借りることもあるだろう。国立国会図書館（2015）は、1 年以内に公共図書館を利用した者の 47％が、月に数回以上の頻度で図書館を再利用しているという実態を報告しており、いったん公共図書館を利用すると、その利用は継続される傾向があることを示している。書籍販売についても、自己の正の衝撃は書籍販売の増加をもたらし、その効果は長期にわたって続く。書籍購入も、公共図書館からの借入と同様、繰り返される行動であることが示唆される。

　一般化インパルス反応関数から、貸出から販売への負の影響よりも、販売から貸出への負の影響の方が大きく、分散分解からも、販売部数の変動の大部分は、販売部数の衝撃から生じ、図書館の活動の影響は非常に小さいことが示された。インパルス反応関数と分散分解の結果から、公共図書館は、書籍販売に大きな影響を与えるプレイヤーではないと判断される。

　もっとも、一般化インパルス反応関数の結果は、公共図書館の貸出は、ごく小規模で有意ではないが、販売部数を減少させるというものであった。オランダにおける図書館の貸出冊数に対する販売部数の弾力性を計測した Appelman and van den Broek（2002）では、弾力性は負の値であるが、有意ではなく、貸出が書籍販売に与える明確な関係はないと結論づけられていた。

今回のベクトル自己回帰モデルの結果も、負の影響が有意ではないという点で、Appelman and van den Broek（2002）と同じである。公共図書館から借りた書籍と同じタイトルの書籍を購入することは一般には想定されず、公共図書館の貸出は、その書籍の購入を減らす方向に作用する。しかし、Appelman and Canoy（2002）が指摘するように、読書習慣が身につくことが、将来の書籍需要を増加させる効果や、公共図書館から書籍を借りたことで、関連した書籍の購入に結び付く可能性もある。図書館の貸出の販売への影響が有意ではないことは、図書館の貸出の販売部数に対する正と負の効果が相殺された結果なのかもしれない。

　今回のベクトル自己回帰モデルの推定結果から、公共図書館の貸出の書籍販売への影響は非常に限定的なものであることが示されたが、留意しなければならない点は、今回の分析は、大きなデータの制約の下で行われたことである。本章では、公共図書館のタイトル別貸出冊数のデータがないため、集計値を使わざるを得ず、タイトル別の購入と借入の選択については分析していない。音楽 CD の販売とレンタルの関係をタイトル別データで分析した浅井（2013）では、非常に高い販売実績を有するアーティストの作品では、販売枚数もレンタル回数も多いが、過去の実績が低いアーティストの楽曲には、購入よりもレンタルが選択される傾向が示されている。このことは、好きなアーティストの作品が収録された CD は購入するが、知名度が低く、馴染みの薄いアーティストの楽曲は、低価格のレンタルを利用し、消費者が購入とレンタルを使い分けていることを示唆する。また、ファイル共有ソフトのアルバム販売への影響をサバイバル・モデルで分析した Bhattacharjee et al.（2007）は、非常に人気の高いアーティストのアルバムは、ファイル交換ソフトから大きな影響を受けていないが、人気の度合いが低いアーティストのアルバムは、ファイル交換ソフトの登場で、販売部数を減少させていることを示した。両者から、支払意思額の高い CD は購入され、支払意思額が低い CD には、レンタルやファイル交換ソフトが選択される傾向が見いだせる。書籍に関しても、音楽 CD と同様に、消費者が書籍の特性によって、購入と公共図書館の借入を使い分けている可能性は否定できない。消費者が音楽 CD と同様の使い分けを書籍に関して行っているならば、貸出で負の

影響を被るのは、ベストセラーの上位には入らない、あるいは知名度の低い著者の書籍である可能性が高い。この点を明らかにするには、データは公表されていないが、タイトル別の分析を行う必要がある。

　また、公共図書館の貸出の書籍販売への影響は、発売当初の購入の集中の程度や、公共図書館の貸出開始時期によっても異なるであろう。フィクションの購入パターンをタイトル別に普及モデルで分析した第8章では、1年間の販売部数に占める最初の5週間の販売部数の比率は、0.38から0.91の範囲内で、高い知名度の作家の作品には発売当初に需要が集中する傾向がみられた。利用者が公共図書館で書籍の貸出が可能となるには、公共図書館の購入から貸出準備までの手続きの関係から、一定の時間を必要とするだろう。既に高い知名度を持つ著者の作品は、発売当初の需要の集中から、公共図書館の貸出開始前に、相当数の販売が行われていることが予想される。一方、知名度の低い著者の作品の販売部数がピークに達するには、一定の時間を要する傾向があり、これらの書籍は、公共図書館の貸出の影響を受ける可能性が考えられる。

5　小括

　一部の出版社や著者から公共図書館に対し、貸出開始に猶予期間を設ける要望が出されている。しかし、集計データで分析する限り、公共図書館の貸出が、書籍販売に明確な負の影響を与えていることは見いだせなかった。第8章では新刊書の購入パターンがタイトルによって異なることを提示するが、購入パターンが異なる以上、新刊書の貸出に関して一律の猶予期間を求めた場合の販売への効果も相違することが予想される。書籍の特性を考慮しない一律の猶予期間の設定は、消費者の利便性を損なう可能性がある。

　これまでの関係者の議論は、十分なデータに基づくものとは言い難く、また、公共図書館から開示されるデータの多くは年ベースのものであり、2014年の公共図書館の貸出データが入手可能になるのは、2016年3月に『日本の図書館』が発行されるまで待たなければならなかった。これに対し、タイトル別の消費者への書籍の販売部数は、民間企業により週単位で集計され、随時、発表されている。公共図書館においてもシステム化が進み、大き

な追加的費用をかけずに詳細なデータを迅速に集計することは技術的には可能だろう[5]。以前から出版関係者から公共図書館の貸出に対し批判的意見や要望が出されるのは、公共図書館側の情報公開が十分ではないことも要因の一つであろう。文化的創造物の制作関係者と利用者の双方が納得できるシステムを設計するには、公共図書館の貸出の詳細なデータの公開とエビデンスに基づく調査結果の公表が不可欠である。

---

1 竹島（2011）によると、2011 年に発行された『雑司ヶ谷 R.I.P』（樋口毅宏、新潮社）の巻末には、公共図書館に貸出猶予を求める要請文が掲載され、また、2015 年の全国図書館大会で新潮社社長は、新刊書の貸出に一定の猶予期間を求める発言を行った。
2 諸外国における補償金制度については、南（2002）がとりまとめている。制度の対象となる図書館の範囲、算定基準、支払い義務を負うものは、国によってさまざまである。
3 日本エディタースクール（1995）では、一般書の最初の発行部数として、3,000 部前後の数値が挙げられている（pp.48-49）。
4 誤差項の同時点間の影響を考慮する構造型ベクトル自己回帰モデルは、マクロ経済モデルにおいてしばしば利用される。マクロ経済モデルでは、理論から変数に制約を課すことが可能であるが、今回の対象では制約が先験的に決まっているものではない。このため、複数のケースの短期制約を課した上でインパルス反応関数を算出したが、その形状は図 4-2 で示す無制約ベクトル自己回帰モデルから導出されるインパルス反応関数の形状と変わりはなかった。本章では無制約ベクトル自己回帰モデルから得られたインパルス反応関数の結果を提示した。
5 実際に西東京市図書館は、web 上で前月までのタイトル別貸出ランキングを公開している。西東京市図書館「貸出ランキング」https://www.library.city.nishitokyo.lg.jp/bestreader;jsessionid=B74B2650E4B7A4B5797956D5CC773107?0（2016 年 9 月 7 日閲覧）。

第5章

書籍の需要と価格の決定要因

1 はじめに

　本章では、単行本と文庫本で発行されたフィクション、ならびに研究者が執筆した新書の需要と価格の決定要因についての実証分析を行う。出版科学研究所は、書籍を一般書、児童書、学習参考書に大分類し、さらに一般書を日本図書コードに基づき 10 に中分類した上で、発行部数や新刊点数のデータを公表している。『出版指標年報　2015 年版』によると、10 分類の一つである「文学」の発行部数が、2014 年で書籍全体の 37.2％と最も高く、その比率は毎年ほぼ一定であるが、書籍は専門的な内容から娯楽性の高いものまで広範囲に及び、それぞれのカテゴリーによって、需要の決定要因は異なることが想定される。このため、本書では書籍需要を分析するにあたり、市場全体に占める比率が最も高いフィクションと、これとは対照的な性質を有する研究者が執筆した新書を分析対象とする。研究者が執筆した書籍として単行本ではなく、新書を選択した理由は、単行本として発行された専門書の販売部数が少なく、オリコン・リサーチのデータベースに収録されていないことが多いのに対し、新書では、一般的に数千部の発行部数が得られ、需要関数の推定に必要な販売部数のデータが入手可能であることによる。なお、単行本での専門書は、大学図書館の購入に限定した上で、第 7 章で取り扱う。

　海外で販売される書籍価格の割引については次章で扱うが、再販売価格維持制度を廃止した英国や、制度を適用したことがない米国では、人気の高い

フィクションを中心に大幅な価格割引が行われている。価格引き下げが出版社や書店にとって合理的であるのは、その書籍需要が価格に対し感応的な場合である。本章の第1の目的は、フィクションの需要関数の推定を通じて需要の価格弾力性を計測し、部分再販や時限再販の導入の合理性を検証することにある。

また、日本では部分再販や時限再販はほとんど行われていないことから、出版社が設定した価格水準が、書籍のマーケティングの重要な要素となる。単行本で発売されたフィクションの多くは、2、3年後にほぼ半額の水準の文庫本として発売され、電子書籍には紙媒体書籍よりも1、2割程度、低い価格が設定されることが一般的である。つまり、最初に発売が開始される単行本の価格が、事実上、文庫本や電子書籍の価格水準を規定することになる。

書籍の費用は、印刷・製本費用などの可変費用と、編集作業などで発生する固定費用に分けられる。固定費用は費用の中で相当程度の割合を占める一方、限界費用は小さく、かつ販売部数に対し、ほぼ一定と見込まれることから、書籍の販売部数が多くなるほど、平均費用は低下する。このため、多くの販売部数が見込まれる書籍については、平均費用の低下に伴い、低めの価格を設定することが可能となる。あるいは、人気の高い書籍に対する消費者の支払意思額は高いことから、費用水準に比して高めの価格が設定されるかもしれない。学術雑誌では、Petersen（1992）、Dewatripont et al.（2007）やAsai（2018）が、引用回数が多い学術雑誌は、支払意思額の高さから、高めの価格が設定されていることを示しており、需要要因も価格の決定要因の一つとされる。多くの販売部数が見込まれる書籍に低めの価格が設定されるのか、高めの価格が設定されるのかは現段階では明らかではないが、書籍需要の予測値を踏まえて設定した価格が、実際の需要量に影響を与える構図となる。本章の第2の目的は、需要関数と価格関数を連立で推定することで、発売前に想定された需要量が、事前の価格水準の設定に考慮されているのか否か、価格の決定要因を分析することにある。

単行本は、その作品の最初のフォーマットであり、販売部数を予測する材料に乏しく、需要の不確実性が高い。これに対し、単行本の後に発行された文庫本の需要は、同じタイトルの単行本の販売部数で、ある程度、推測する

ことができる。しかし、最近では、「いきなり文庫」と称して、単行本なし
で文庫本を発売するケースが増えており、文庫本の需要は、単行本の発行の
有無にも左右される。また、現在の方式の電子書籍が開始されて間がない
2010年代前半では、文庫本の発売開始から1、2年程度経過後に電子書籍の
配信が開始されることが一般的であった。そのようなケースでは、文庫本の
発売開始時には単行本の需要が、ほとんど消滅しているため、電子書籍は文
庫本の販売部数に影響を与える可能性はあるが、単行本に大きな影響を与え
ることはない。これに対し、最近では、単行本の発売から多くの時間を経過
しない時点、あるいは、単行本の発行とほぼ同時に電子書籍の配信を開始す
るケースも増えており、配信のタイミングで、紙媒体の書籍販売に与える影
響は異なる。本章の第3の目的は、単行本と文庫本のフィクションの需要
関数をそれぞれ推定することで、フォーマット別に電子書籍の影響を含めた
紙媒体書籍の需要の決定要因を比較分析することにある。フォーマット間で
需要の決定要因が異なる場合、消費者は書籍というコンテンツの購入にあた
って、フォーマットを使い分けていると解釈できる。

　本書の第4の目的は、フィクションと新書という特性が異なる書籍の需
要関数と価格関数を推定することで、カテゴリー間における需要と価格の決
定要因の相違を明らかにすることである。高価な専門書の購入者は、主に大
学図書館や研究者に限定され、一般の消費者が書店で購入した販売部数を収
集したデータベースは、専門書の分析には適さない。一方、新書には啓蒙書
や実用書も多数発行されているが、研究者が執筆した書籍も含まれる。これ
らは、専門的な内容を含むものがあるが、文庫本と同等程度の水準の価格が
設定され、タイトル当たり数千冊が販売されている。定量的な分析が難しい
専門書に代わるものとして、本章では研究者が執筆し、かつ専門的内容の新
書の発行元としての伝統を持つ岩波書店と中央公論新社の新書、すなわち岩
波新書と中公新書を対象とし、需要と価格の決定要因を明らかにするととも
に、フィクションとの比較を行う。

　以下、第2節は、書籍の需要と価格の決定要因に関する先行研究の概要
を整理する。第3節は、離散選択モデルで単行本の需要関数と価格関数を
連立で推定した結果、第4節は文庫本の需要関数と価格関数を連立で推定

した結果を報告する。第5節は、研究者が執筆した新書の需要と価格の決定要因についての分析結果を提示する。第6節は本章の小括である。なお、第3節は2014年の販売上位の単行本、第4節は2013年の販売上位の文庫本を分析対象とするが、それ以降で電子書籍の配信のタイミングが変化している。補論1では、2015年の販売上位の単行本と文庫本を対象に電子書籍の提供状況、ならびに電子書籍が提供されている作品と提供されていない作品の特性の違いを明らかにし、日本でコミック以外の電子書籍の普及が十分ではないことの要因を探る。また、電子書籍の市場規模を推定しているインプレス総合研究所の調査では、学術情報の電子化は対象に含まれていない。補論2では、電子化が進んでいる学術雑誌を対象に、電子化の状況、ならびに紙媒体と電子媒体の価格差について整理する。

2 既存研究の概要

書籍市場の実証研究事例は少ないが、最初に需要の価格弾力性の計測事例、次に書籍需要と価格の決定要因についての既存研究を概観する。書籍需要の価格弾力性の計測事例は、表5-1に要約される。弾力性を比較する便宜上、既存研究のサーベイや本章の計測結果においては、需要の価格弾力性は絶対値をとり、正の値として表記する。

Bittlingmayer（1992）は、需要関数の推定ではなく、ラーナーの独占度から需要の価格弾力性を計測した。ドイツにおける1980年代半ばの書籍市場を対象に分析した結果では、需要の価格弾力性は、1.5から3の間にあることが報告されている。Clerides（2002）は、イェール大学出版会から発行された書籍を対象に、ハードカバーとペーパーバックの同時発売のケースと、ハードカバーを先行して発売したケースに分けて、フォーマットごとの需要の価格弾力性を計測した。AmazonとBarnes and Nobleから販売された書籍需要の価格弾力性を計測したChevalier and Goolsbee（2003）は、2社から販売された書籍の価格弾力性の違いから、利用者のオンライン企業の選択には、webサイトの利便性などの非価格競争の要素が働いていることを示した。また、Reimers and Waldfogel（2014）は、Amazonから販売される書籍需要の価格弾力性は、年次データで1.07から1.23という数値を報告している。

表 5-1　書籍需要の価格弾力性に関する既存研究

論文	主な内容	
Bittlingmayer（1992）	1984 年-1986 年　ドイツ	1.5 ～ 3.0
Clerides（2002）	1970 年-1995 年　米国	
	ハードカバー（ペーパーバックと同時発売）	− 0.94[1]
	ペーパーバック（ハードカバーと同時発売）	3.91
	ハードカバー（ペーパーバックより先行発売）	0.44
	ペーパーバック（ハードカバー後の発売）	2.95
Chevalier and Goolsbee（2003）	2001 年　米国 Amazon の販売	0.6
	米国 Barnes and Noble の販売	3.5
Ghose et al.（2006）	2002 年 9 月-2003 年 3 月　2004 年 4 月-7 月	
	米国の Amazon の販売	1.17
Reimers and Waldfogel（2014）	2012 年-2013 年　米国 Amazon の販売	1.07 ～ 1.23
Burmester et al.（2016）	2011 年　ドイツ　ペーパーバック	3.0
Asai（2016）	2010 年 -2013 年　日本　文庫本	0.42
Asai（2017a）	2015 年　日本　単行本	2.22
	2015 年　日本　文庫本	1.03

1)　Clerides（2002）のペーパーバックと同時発売されたハードカバーの需要の価格弾力性は、符号条件を満たしていない。

Amazon から販売される新品書籍と中古書籍との関係を分析した Ghose et al.（2006）は、中古書籍の価格に対する新品書籍の需要の交差価格弾力性がゼロに近いことから、中古書籍が新品の書籍市場を侵食する度合いは小さいと判断している。価格の内生性を考慮して需要関数を推定した Barrot et al.（2015）では、ドイツにおけるフィクションのハードカバーの需要の価格弾力性は 3.72、ペーパーバックでは 4.31、ドイツの消費者の調査データによる Burmester et al.（2016）の推定では、ペーパーバックの需要の価格弾力性の値は 3.0 と報告されている。書籍需要の価格弾力性の計測事例は少ないうえ、フォーマットを区別していないものもあるが、書籍需要は価格に対し弾力的という結果が多いようである。

　日本の書籍市場の事例では、Asai（2016）が、2010 年から 2013 年の販売部数が 9 万部を超える売れ行きがかなり良好な文庫本を対象に、販売部数を被説明変数とする需要関数と価格関数を連立で推定することで、需要の価

格弾力性 0.42 という値を報告している。Asai（2016）が販売部数上位の文庫本に限定していたのに対し、Asai（2017a）では、より少ない販売部数まで対象範囲を拡大したうえで、消費者のフォーマットの選択を考慮し、フィクションの単行本と文庫本の需要を同時推定することにより、単行本の需要の価格弾力性は 2.23、文庫本では 1.03 という値を報告している。

　需要の決定要因を分析するための需要関数の推定では、Clement et al.（2007）が、ジャンル、ページ数、価格、続編、翻訳書、映画化、出版社、文学賞を示す変数を説明変数、書籍販売の順位を被説明変数として推定を行った。Shehu et al.（2013）は、ドイツのフィクションを対象に広告効果の把握を目的に、価格や広告の程度を示す変数に加えて、ジャンル、表紙のデザインの魅力度、著者の実績や知名度、出版社、続編、翻訳書を示す変数で需要関数を推定し、広告は知名度があまり高くない著者の作品の販売促進に効果的であることを示した。また、Ashworth et al.（2010）は、2003 年から 2005 年までのオランダのフィクションを対象に、文学賞の受賞やノミネートの有無を示す変数を用いて需要関数を推定し、受賞は販売に大きな正の影響を与えるが、ノミネートの効果は明確ではないと結論付けた。Schmidt-Stölting et al.（2011）は、ドイツでハードカバーとペーパーバックの双方のフォーマットで提供されているフィクションを対象に、Clement et al.（2007）と同様の変数を使って、2 つのフォーマットの需要関数を連立で推定した。Schmidt-Stölting et al.（2011）では、ペーパーバックの需要関数に、ハードカバーの発行からの経過週数を変数に加えており、両者の発行までのタイムラグが長いことが、ペーパーバックの需要を抑制することを示した。Barrot et al.（2015）のハードカバーとペーパーバックのフィクションの需要関数の推定でも、Clement et al.（2007）で使われた変数に加え、ハードカバーとペーパーバックの発行のタイムラグが変数として加えられている。ここでのタイムラグの推定値は、ゼロに近い負の値で、Barrot et al.（2015）は、ドイツにおける 2 つのフォーマットの 70.8 週のタイムラグは、妥当な水準であると結論付けている。需要関数の推定目的は、それぞれの研究で異なるが、複数の研究事例で価格、著者の実績や知名度、ページ数、続編、翻訳書、文学賞、映像化、出版社、表紙やタイトルの魅力度が、説明変数として使わ

れている。

　書籍の需要関数の推定では、一般に価格は外生変数として取り扱われているが、Barrot et al.（2015）は、価格を内生変数として操作変数法で需要関数を推定し、知名度のある著者のハードカバーには低めの価格が設定される一方、著者の知名度は、ペーパーバックの価格に影響を与えていないことを示した。Clerides（2002）は、需要関数と価格関数を連立で推定することで、需要と価格の決定要因を分析し、ハードカバーとペーパーバックという2つのフォーマットの発行のタイミングが、それぞれの需要に大きな影響を与えること、4つのケースのうち3ケースにおいて、これまでに実績のある著者の書籍には、高めの価格が設定されるものの、2つのケースにおいて10%水準で有意ではなく、書籍の価格決定は、需要要因よりもページ数などの費用要因に依存する部分が大きいと結論付けている。また、Laband and Hudson（2003）は、1985年と2000年の *Journal of Economic Literature* に掲載された書籍を対象に、価格関数を最小2乗法で推定することで価格の決定要因を分析した。その結果、価格は基本的には限界費用に基づいて設定されるが、ハードカバーとペーパーバックが同時発売されたときのペーパーバックの価格は、ハードカバーの発行がないペーパーバックの価格より低く、価格差別化が行われている可能性を指摘している。

3　単行本の需要関数と価格関数の推定

　本節では、単行本のフィクションの需要関数と価格関数を連立で推定し、それぞれの決定要因を明らかにする。まず、（1）項で分析に使用した Berry（1994）のモデルを説明し、（2）項で推定式とその変数の説明、（3）項でデータの概要、（4）項で推定結果を示す。（5）項は単行本の推定結果からの考察である。

（1）　モデル

　タイトルによって書籍内容が異なることから、書籍市場は製品差別化が進んだ市場といえる。このような差別化された財の需要関数を推定して需要の価格弾力性を求めるには、一般に複数の需要関数の推定が必要であるが、

Berry（1994）が提案したモデルでは、1本の推定式でそれぞれの財の需要の自己価格弾力性と交差価格弾力性の計測が可能である。このような利便性から、Berry（1994）のモデルは、広範な分野の需要分析に用いられている。

このモデルでは、消費者が財を購入しないという選択（アウトサイド・オプション）を含め、選択肢から最も高い効用が得られる財を選択する状況を想定する。推定する需要関数は、Berry（1994）にしたがい、（1）式で定式化される。

$$\ln S_j - ln S_0 = \alpha + \beta P_j + \sum_k \gamma_k X_{jk} + \omega_j \tag{1}$$

ここでの被説明変数 S_j は、書籍のタイトル j の購入比率、S_0 は、アウトサイド・オプションを選択した比率で、$1 - \sum S_j$ である。P は価格、X は観察可能な書籍の特性、ω は観察されない書籍の特性、α、β、γ は推定すべきパラメータである。

また、（1）式における需要の自己価格弾力性と交差価格弾力性は、それぞれ（2）式、（3）式で求めることができる。

$$e_j = \beta P_j (1 - S_j) \tag{2}$$

$$e_{jl} = \beta P_l S_j \qquad j \neq l \tag{3}$$

書籍の平均費用は、固定費用の存在により発行部数に応じて変化し、出版社が初版の発行部数ではなく、重版を含めた最終的な販売部数の予測値に基づき概算した平均費用に即して価格を設定する、あるいは製品差別化を意識し、人気作家の作品には、高いマークアップを付すならば、出版社のタイトル別需要予測や著者の特性が価格水準の決定要素となる。出版社の想定が価格に与える影響の符号は、事前には明らかではないが、想定に基づき設定された価格が、実際の書籍の販売部数に影響を与えることになる。このような構造の可能性を考慮し、書籍の需要と価格は同時決定ではないが、次項で述べる2つの関数を連立で推定する。

（2）　変数の説明

　本節ではタイトル別の需要関数の推定であることから、オリコン・リサーチのデータを使用する。分析対象は、新書版の大きさの書籍を除く、2014年の単行本のフィクションの販売部数上位200である[1]。なお、ここでのフィクションとは、日本の小説と海外の小説であり、携帯電話のwebサイトから配信されたものを冊子にとりまとめたケータイ小説、ドラマを文章化したノベライズや、イラストを多く含むライトノベルは含まれない[2]。

　連立で推定する具体的な需要関数と価格関数は、（4）式と（5）式である。

$$lnS_j - lnS_0 = \alpha_1 + \beta Price + \gamma_1 Author + \gamma_2 Author^2 + \gamma_3 Foreign + \gamma_4 Prize + \gamma_5 Sequel + \gamma_6 Publisher + \gamma_7 Page \tag{4}$$

$$Price = \alpha_2 + \delta_1 Author + \delta_2 Page + \delta_3 Page^2 + \delta_4 Foreign + \delta_5 Sequel + \delta_6 Publisher \tag{5}$$

　（4）式と（5）式の $Price$ は、消費税8％を含む書籍の定価、$Author$ は、著者のこれまでの実績や知名度を示す変数であり、具体的には、過去2年間（2012年と2013年）における、その著者の単行本と文庫本の年間販売部数の合計の多い方の値である[3]。$Foreign$ は、その書籍が外国語で出版され、日本語に翻訳された翻訳書を1、当初から日本語で書かれた書籍をゼロとする変数である。$Prize$ は、その書籍が直木賞または芥川賞の受賞作、あるいはメディアで注目される本屋大賞で3位までに入った作品のいずれかに該当する場合に1、それ以外にゼロの変数である。$Sequel$ は、その作品が続編である場合に1、続編ではない場合にゼロの変数、$Publisher$ は、大手出版社は大規模な広告が可能であることと、著名な作家と契約しやすいことを考慮して加えたもので、オリコン・リサーチの集計で単行本販売部数上位5社の講談社、集英社、新潮社、KADOKAWA、小学館から出版された作品に1、これ以外はゼロの変数である。（4）式における $Price$ の推定値は負の値、$Author$ の1次項、$Prize$ と $Publisher$ の推定値については、正の値が予想される。$Foreign$、$Sequel$、$Author$ の2次項の推定値の符号は事前には不明である。

需要関数の被説明変数 S_j は、書籍のタイトル j の購入比率である。アウトサイド・オプションの選択を含む消費者の総数を M、タイトル j の販売部数を q_j とするとき、$S_j = q_j / M$ である。ここでの M は、総務省統計局の「人口推計」で、2014 年における 10 歳以上、80 歳以下の人口とした。アウトサイド・オプションを選択した比率 S_0 は、前述のとおり、$1 - \Sigma S_j$ である[4]。

　（5）式の価格関数の説明変数として、出版社が単行本の販売以前に販売部数を予測するにあたって、その著者のこれまでの販売実績を考慮することを想定し、価格の推定式にも *Author* を使用した。需要の価格弾力性が弾力的であれば、出版社は実績のある著者の書籍には低めの価格、需要の価格弾力性が非弾力であれば、高いマークアップを設定するだろう。このように *Author* の推定値の符号の合理性は、需要の価格弾力性の値と関係する。*Page* は、その書籍のページ数であり、国立国会図書館の書誌データから入手した。書籍のページ数が多いほど、印刷費用などの可変費用は増加するが、書籍の制作には編集時に発生した固定費用が存在することを考慮し、*Page* に関して非線形の関係を含めるため、1 次項と 2 次項を変数として採用した。1 次項は正の値、2 次項は負の値が想定される。価格関数における *Foreign*、*Sequel* と *Publisher* は、需要関数の推定で用いた変数と同じである。翻訳書は、海外の出版社との契約業務、翻訳者への翻訳料の支払いを必要とすることから、正の値が予想される。一方、翻訳書の場合、世界同時発売ではない限り、出版社は日本での翻訳書の制作決定に先立ち、海外における洋書の販売状況が把握可能である。販売が好調な洋書を翻訳し、日本で販売するということであれば、翻訳料を追加しても、期待される販売部数の多さから平均費用は逓減し、低価格を設定することも可能だろう。あるいは、販売部数が期待できる書籍に高いマークアップを付けるという点では、価格設定に需要要因が関係する可能性がある。続編は、出版社と著者間、出版社と装丁を担当するデザイナー間の取引費用を低下させる。この効果が大きい場合は、*Sequel* の推定値は負となる。一方、継続して続編を購入する消費者は、その作家の熱心なファンであり、マークアップを付した高価格であっても、購入するかもしれない。その場合、正の推定値が考えられ、どちらの効果が大きいかで、*Sequel* の推定値の符号が決まる。

（3） データの概要

　今回の分析対象は、オリコン・リサーチの集計で、2014年の単行本とし
て発行されたフィクションの販売部数上位 200 であり、200 タイトルの販売
部数の合計は、614 万冊である。図 5-1 は、販売部数が多い作品を左から右
に並べ、実線は各タイトルの販売部数、点線は 614 万冊に対する累積販売
部数の比率（%）を示したものである。2014 年ではミリオンセラーと呼ば
れる 100 万冊を超えた作品はなく、最大値は 47 万冊であるが、それでも上
位 9 タイトルで、200 タイトルの合計販売部数 614 万冊の 40%、上位 16 タ
イトルで販売部数 614 万冊の 50% を占める。上位 100 タイトルの累積販売
部数は 200 タイトルの販売部数合計の 88% に相当し、残り 100 タイトルで
200 タイトルの販売部数のほぼ 1 割をカバーする。図 5-1 から、単行本のフ
ィクションの需要が、特定の作品に集中していることが読み取れる。

図 5-1　2014 年上位 200 タイトルの分布

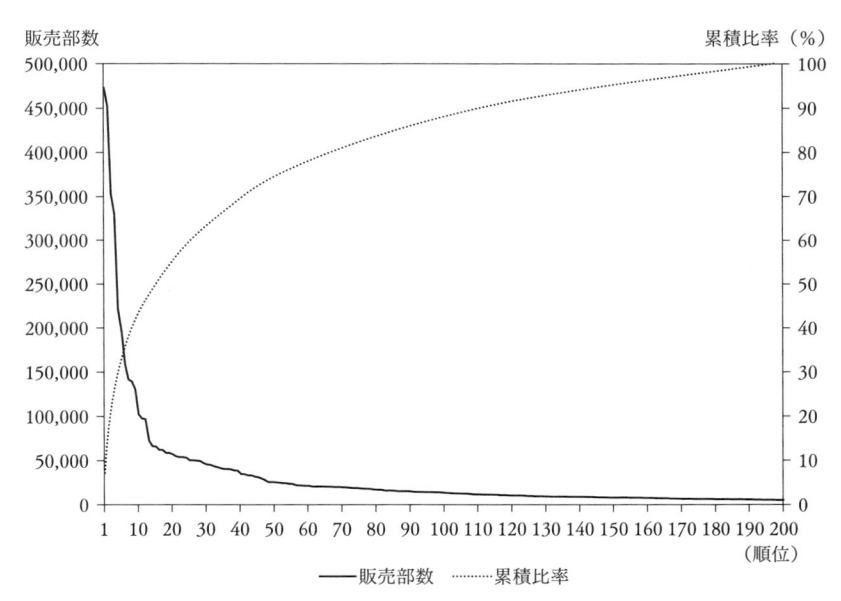

出所　オリコン・リサーチの集計データより作成

表5-2　主要データの基本統計量

	販売部数	価格	過去の実績	ページ数
平均値	30,712	1,630	546,537	325
最大値	473,552	3,024	5,623,099	746
最小値	4,022	864	0	141
変動係数(%)	202.8	16.0	214.1	30.6

表5-3　主要データの相関係数量

	販売部数	価格	過去の実績	ページ数
販売部数	1.000			
価格	0.062	1.000		
過去の実績	0.429	0.077	1.000	
ページ数	0.159	0.580	0.177	1.000

　表5-2の最上位の販売部数は200位の販売部数の100倍以上である。日本エディタースクール（1995）によると、初版の最小発行部数は3,000程度とある。今回の最小値は4,022冊であることから、初版の最小発行部数を少し上回る程度の書籍までカバーしていることになる。表5-2では算術平均の値を示しているが、販売部数の中位数は、12,485冊であり、算術平均とは大きく異なる。変数間のデータのばらつきを比較するため、変動係数を表示しているが、販売部数と過去の実績の値は200%を超え、ばらつきが大きいことがわかる。

　表5-2は販売部数と価格、ならびにダミー変数を除く説明変数（*Author*,*Page*）の基本統計量、表5-3はこれら変数の相関係数を示す。この2つの表に含まれない変数*Foreign*で1に該当する翻訳書は14タイトル（7%）で、販売部数が多いフィクションの大部分は、当初から日本語で書かれた作品である。受賞作品である*Prize*で1の値をとるのは12タイトル（6%）、続編を示す*Sequel*の1は32タイトル（16%）、大手出版社からの刊行を示す*Publisher*で1に該当するのは93タイトル（46.5%）である。

表5-3の相関係数では、販売部数と著者の過去の実績が0.429、価格とページ数が0.580と比較的高いが、販売部数と価格、著者の過去の実績と価格の相関係数は、それぞれ0.062と0.077で、ゼロであることは棄却されない。

（4）　推定結果
　（4）式と（5）式を一致性と漸近的正規性を持つ一般化積率法（Generalized Method of Moments: GMM）を用い、すべての外生変数を操作変数として連立で推定した。推定値の大きさを考慮して、価格は100円単位、著者の過去の実績は10万冊単位、ページ数は10ページ単位である。表5-4は推定結果を示す。J統計量から10%水準で過剰識別制約条件を満たす。
　（4）式の需要関数における $Price$ の推定値は、5%水準で有意な負の値である。著者の過去の実績（$Author$）の1次項は有意な正の値、2次項は小さな負の値で、2次項については10%水準で推定値がゼロに等しいという帰無仮説を棄却できないが、全体の当てはまりの観点から、推定式に2次項を含めた。$Author$ の2つの推定値と過去の販売部数の平均値で評価した著者の実績の販売部数への効果は、Wald検定より1%水準で有意な正の値であり、既に実績のある著者の作品には一定の需要が見込まれることを示す。芥川賞、直木賞や本屋大賞の受賞作品は、メディアで大きく取り上げられるが、$Prize$ の推定値は1%水準で有意な正で、かつ大きな値である。大手出版社から発行された作品も、これ以外の出版社から発行された作品と比べ、多くの販売部数を期待することができる。続編は、10%水準で有意な負の値である。続編を買い続けるのは、その作品のファンであるが、ファンの数は限られるということであろう。ページ数は5%水準で正の値であり、単行本の購入には、ある程度、大作の方が好まれるようである。
　（5）式の価格関数では、ページ数（$Page$）の推定値が想定とおり1次項は有意な正の値、2次項は有意な負の値である。単行本の制作にあたって、編集費用が固定費用に相当すること、可変費用はページ数に比例することを反映した結果といえるだろう。ページ数の1次項と2次項の推定値、ならびにページ数の平均値を使って、ページ数の価格への影響を計算した結果は、Wald検定により1%水準で有意な正の値となる。翻訳書は5%水準で有意な

表 5-4　推定結果

需要関数（4）式		価格関数（5）式	
α_1（Constant）	-7.0890　（1.1596）***	α_2（Constant）	8.3797　（1.0810）***
β　（Price）	-0.2002　（0.0976）**	δ_1（Author）	-0.0046　（0.0056）
γ_1（Author）	0.0615　（0.0209）***	δ_2（Page）	0.3128　（0.0577）***
γ_2（Author^2）	-0.0006　（0.0004）	δ_3（Page^2）	-0.0022　（0.0006）***
γ_3（Foreign）	0.6976　（0.3834）*	δ_4（Foreign）	1.8945　（0.9317）**
γ_4（Prize）	1.2436　（0.2618）***	δ_5（Sequel）	-1.2195　（0.4355）***
γ_5（Sequel）	-0.3385　（0.1955）*	δ_6（Publisher）	0.7548　（0.2639）***
γ_6（Publisher）	0.3330　（0.1722）*		
γ_7（Page）	0.0321　（0.0144）**		
（4）式修正済 R^2	0.2297	（5）式修正済 R^2	0.4124
（4）式標準誤差	0.8842	（5）式標準誤差	2.0034

Price は 100 円単位　*Author* は 10 万部単位　*Page* は 10 ページ単位の値で計測
（　）内の数値は標準誤差　***1%　**5%　*10%

正の値、続編は 1%水準で有意な負の値である。著者の過去の実績について
は、ゼロに近い負の値で、10%水準で帰無仮説は棄却されない。

　（2）式に基づき需要の自己価格弾力性を計測した結果、弾力性の平均値
は 3.26 で、書籍需要は価格に対し弾力的であることを示す。最小値は 1.73、
最大値は 6.05 と幅が大きいが、200 タイトルの 83%は価格弾力性が 3.5 未
満である。需要の交差価格弾力性は平均で 0.0009 と非常に小さく、消費者
はあらかじめ購入する書籍を決めており、価格水準で他の書籍に移るという
ことはほとんどないと解釈される。計測された弾力性の値はやや高いが、今
回のサンプルは、個人が書店から購入した単行本のフィクションであり、図
書館が購入した書籍は、対象に含まれていない。日本図書館協会のデータに
よると、全国に 3,000 以上ある公共図書館は、毎年 1,700 万冊以上の書籍を
受け入れている。図書館は保存性を重視し、文庫本よりも単行本を選択する
傾向がある。公共図書館が購入したフィクションの冊数は公開されていない
が、図書館が購入した書籍に占めるフィクションの比率が、文学に分類され
た書籍の発行部数全体に占める比率に等しいと仮定し、出版科学研究所の
2014 年の文学書の比率 37.2%を使って計算すると[5]、公共図書館は 1 年間に

630万冊以上の文学書を受け入れたことになる。図書館の書籍購入は、Bailey（1970）が指摘するように、価格に対し感応的とは思われないことから、図書館の購入を含む書籍需要の価格弾力性は、今回の弾力性より低下することになるだろう。

（5）　考察

　単行本によるフィクションは、その作品の最初のフォーマットであるため、販売部数を予測する材料に乏しいが、推定結果から、これまでの著者の実績が、販売部数を予測するうえで有効な指標となることが示された。また、著名な文学賞の受賞は、発売開始後の出来事であることが多いが[6]、受賞は変数 *Prize* の推定値から販売促進に有効であることが示される。

　タイトルの95％を占める単行本の需要の価格弾力性は、2から3であり、すべての作品において需要は価格に対し弾力的であった。書籍は独占禁止法が禁止する再販売価格維持制度の適用除外であり、また、適用除外が認められている音楽 CD とは異なり、部分再販や時限再販はほとんど行われていないが、年間販売部数で測った人気の高いフィクションの需要が、価格に対し弾力的であるという今回の結果は、書籍市場においても時限再販が販売促進策の一つであることを示唆する。

　出版科学研究所の集計によると、1990年代後半以降、書籍の販売部数と販売額の双方は減少傾向にあるが、中古の書籍を定価の2割から半額程度で販売する、いわゆる新古書店は2000年代に急成長し[7]、中古書籍を取引する Amazon のマーケット・プレイスのサービスも生活に浸透するようになった。第2章でみたように、出版社による価格拘束を認めている諸外国でも、拘束期間終了後の価格引き下げの実態は不明であるが、一般に予め拘束期間を2年以内に規定している。新品に近い中古書籍の販売事業が消費者に広く受け入れられた背景には、日本の書籍価格の硬直性があるといえるだろう。

　一方、欧米でみられるような大幅な価格割引を実施した場合、出版社から書店へのリベートの発生や、第6章で扱う米国市場でみられるベストセラーには低価格が設定される反面、専門書には高いマークアップを付す価格差別化が顕著になるなど、日本市場において、これまでにみられなかった状況

変化が起きるかもしれない。また、価格拘束に関して、書籍市場より柔軟な運用を行っている音楽 CD 市場においても、1990 年代後半以降、売上は減少傾向にあり、多様な価格設定が書籍市場の起爆剤になると期待することはできない。さらに、自分の出版物が値引きされることに抵抗感を覚える著者も多いと思われるが、消費者のニーズと需要の価格弾力性を考えると、部分再販や時限再販の範囲の拡張と、メリットとデメリットの検討を行う意義はあるだろう[8]。

　また、出版社が著者の過去の実績から多数の販売部数を予測し、これに基づき平均費用に即して価格を設定するならば、著者の過去の実績を示す *Author* の推定値は負となる。需要が価格に対し弾力的な状態では、多くの販売部数が見込まれる作品に対する価格引き下げは、収入の増加をもたらす。一方、実績のある著者の作品に高めのマークアップをつけるならば、*Author* の推定値は正になる。今回の *Author* の推定結果は、ゼロに近い負の値であり、10%水準で帰無仮説は棄却されなかった。出版社が設定する価格は、ページ数などの費用要因によって規定され、著者の実績に十分な考慮はなされていないとみることができる。

　翻訳書の制作費用に関しては、日本エディタースクール（1995）によると、定価の 6%から 8%程度の著作権料に加え、6%程度の翻訳料が必要とされる。翻訳書の場合、海外の出版社の契約や翻訳の必要性から制作費用が増加し、これが日本語で執筆された書籍よりも価格を引き上げる要素になる。価格関数の *Foreign* の正の推定値は、翻訳書に特有の費用が反映された結果と考えられる。価格関数における続編の推定値が負であることについては、制作段階における取引費用が、続編以外の書籍よりも低く、これが価格に反映された結果と解釈されよう。

　今回の推定では、価格設定は費用要因によって規定され、著者の過去の実績に基づくマークアップは付されていないと結論付けられるが、*Author* の推定値が有意ではないことに関して、出版社の行動から次のような解釈が可能かもしれない。出版社は印刷技術の進展によって、印刷開始から書店への配送までの作業をこれまでよりも短期間で行うことができるようになった。需要の不確実性に直面する出版社は、初版の印刷部数を抑制し、販売状況を見

ながら重版を繰り返すことで、在庫リスクを回避することができる。しかし、出版する書籍が重版されるか否かは、発売開始時では不明であるため、出版社は、初版で固定費用をすべて回収する価格を設定するだろう[9]。そこで重版が行われる場合、重版に係る費用は可変費用のみとなるが、価格が不変であるため[10]、結果的に重版で販売された書籍からは、確実に利潤を得ることができる。非常に人気が高く、相当程度の販売部数が見込まれる作品では、将来の重版の部数も含めて平均費用を算出した結果、低価格を設定できるかもしれない。逆に、人気の高さから、マークアップを付けた価格設定も可能かもしれない。しかし、不確実な需要の予測やマークアップの付加を行わずとも、初版の段階で固定費用を回収し、少なくとも初版時点で収支相償が実現できれば、重版からの利潤は、他の作品から生じた赤字補てんの原資として使用することが可能となる。もっとも、このようなリスク回避を重視した価格設定は、一定程度の書籍が重版されることを前提とする。日本書籍出版協会（2010）が、出版社 105 社に対して行った新刊点数と重版点数に関する調査では、重版点数は 2006 年で新刊点数の 2.04 倍であったのに対し、2011 年では 1.47 倍に低下したことが示されている[11]。また、第 3 章でみたように既刊書市場は縮小を続けている。長期にわたって購入される書籍の出現が期待できない状況では、既刊書に依存することは現実的ではない。書籍の価格設定にあたって、需要の価格弾力性を考慮した価格差別化の発想も必要になってくるだろう。

4 文庫本の需要関数と価格関数の推定

　文庫本需要の分析に使用するモデルは、前節の単行本と共通であることから、本節では Berry（1994）のモデルの説明は省略し、（1）項で推定式とその変数の説明、（2）項でデータの概要、（3）項で推定結果を示す。（4）項は文庫本の推定結果からの考察である。

（1）　変数の説明
　本節の分析対象は、2013 年の文庫本販売部数上位 500 からライトノベルを除いたフィクション 309 タイトルである。オリコン・リサーチが作成し

ている文庫本のベストセラー・リストには、複数のイラストが含まれ、表紙に著者名のほか、イラストレーターの名前が併記されているライトノベルが、4割近くを占める。しかし、ライトノベルと、文章のみから構成される一般の小説とでは、書籍の制作費用や読者層が異なると考えられることから、ライトノベルは対象から除外した。なお、オリコン・リサーチが作成した2013年のベストセラーの販売部数の集計対象期間は、2012年11月19日から2013年11月17日である。

　文庫本に関しても、前節と同様、需要関数（6）式と価格関数（7）式を連立で推定する。

$$
lnS_j - lnS_0 = \alpha_1 + \beta\,Price + \gamma_1 Author + \gamma_2 Author^2 + \gamma_3 Movie\,sale + \gamma_4 MovieTV
$$
$$
+ \gamma_5 Prize + \gamma_6 Sequel + \gamma_7 Lag + \gamma_8 Publisher + \gamma_9 Page + \gamma_{10} Hardcover
$$
$$
+ \gamma_{11} Ebook \tag{6}
$$

$$
Price = \alpha_2 + \delta_1 Author + \delta_2 Page + \delta_3 Sequel + \delta_4 Hardcover + \delta_5 Foreign + \delta_6 Lag +
$$
$$
\delta_7 Publisher \tag{7}
$$

　文庫本の需要関数における著者の過去の実績（Author）は、単行本と同様、著者の知名度やこれまでの読者の獲得状況を示す変数であり、具体的には、過去2年間（2011年と2012年）における、その著者の単行本と文庫本の年間販売部数の合計の多い方の値である。著者の実績と販売部数の非線形の関係の可能性を考慮し、（6）式では Author の2次項も変数に加えた。書籍価格（Price）は、当時の消費税5%を含む文庫本の価格である。書籍が発行されてから、その書籍を原本として製作された映画が上映されるまでには、一定の時間を要する。前節の単行本の分析では、販売ランキングに登場した単行本の作品をもとに映画が製作されたものはなかったが、文庫本に関しては、文庫本の発売前後に上映が開始されたものがある。説明変数の Movie sale は、販売部数の集計期間までに、その作品を原作とする映画が上映された場合の映画の興行収入を示す。興行収入は、日本映画製作者連盟が毎年集計し、webサイト上で公開しているデータ、ならびにキネマ旬報社が『キネマ旬報

2 月下旬決算特別号』で発表しているデータによる。*MovieTV* は、販売部数の集計期間までに、その作品に基づき映画、あるいはテレビ・ドラマが放映された場合に 1、これ以外はゼロの変数である。*Prize* は、著名な賞の受賞によって販売部数が増えることを考慮し、芥川賞または直木賞を受賞した作品、あるいはメディアで注目される本屋大賞 1 位の作品を 1、これ以外をゼロとする変数である。*Sequel* は続編を持つ作品の 2 作目以降に 1、これ以外はゼロである。単行本の発行から文庫本の発行までのタイムラグ（*Lag*）は、両者の発行年月から計算した月数である。出版社（*Publisher*）は、2012 年のオリコン・リサーチの出版社別の集計で、文庫本の販売部数が上位 5 社の出版社（新潮社、講談社、KADOKAWA、文藝春秋、集英社）から発売された書籍に 1、これ以外はゼロの変数とした。*Publisher* は、出版社の実績や知名度を示す変数であることから、前年の販売部数で作成した。説明変数のページ数（*Page*）は、Amazon の web サイトに記載された書籍のページ数である。変数 *Foreign* も、単行本と同様、当初、外国語で執筆され、これが日本語に翻訳された文庫本に 1、最初から日本語で執筆された書籍をゼロとする変数である。今回のサンプル 309 タイトルのうち、上・下の 2 分冊を 1 作品と数えると、作品数は 280 である。このうち翻訳書は 11 タイトル、7 作品に限られ、今回のベストセラーに入った大部分の作品は、最初から日本語で執筆された作品である。第 2 節の既存研究の概要で示したように、書籍の需要関数の推定には、翻訳書を識別する変数を加えることが一般的であるが、今回の文庫本では、翻訳書の作品全体に占める比率が 2.5％と非常に低く、情報量基準で測った当てはまりの観点から、翻訳書の変数は価格関数のみの適用とした。

　変数 *Hardcover* は、文庫本の発売以前に単行本が販売されていた作品を 1、単行本なしで文庫本が刊行された作品をゼロとする変数である[12]。本節の推定では、電子書籍の配信による文庫本の販売部数への影響を分析するため、電子書籍の提供の有無を示す変数を加えた。変数 *Ebook* は、今回の文庫本の販売部数の集計期間までに電子書籍が提供されているタイトルに 1、電子書籍が配信されていない、あるいは集計期間終了時の 2013 年 12 月以降に配信が開始された電子書籍をゼロとする変数である。電子書籍の提供の有無は、

日本で最も提供タイトル数が多いといわれる Amazon の Kindle Store から電子書籍が配信されているか否かで判断した[13]。変数 *Movie sale* と *MovieTV* が、文庫本需要と映像メディアとの関係、*Hardcover* と *Ebook* が、文庫本需要と他のフォーマットとの関係を示す。

（6）式の需要関数の被説明変数 S_j は、書籍タイトル j の購入比率である。アウトサイド・オプションの選択を含む消費者の総数を M、タイトル j の販売部数を q_j とするとき、$S_j = q_j / M$ である。ここでの M は、総務省統計局の「人口推計」で、2013 年における 10 歳以上、80 歳以下の人口であり、出版科学研究所（2014）の文庫本の発行部数より、1 人が 1 年間に文庫本を 2 冊購入することを想定し、S_j を算出した。アウトサイド・オプションを選択した比率 S_0 は、$1 - \Sigma S_j$ である。

（2）　データの概要

表 5-5 はダミー変数を除く説明変数の基本統計量である。販売部数と著者の過去の実績の単位は部数、価格は円単位、興行収入は億円単位の表示である。文庫本のフィクション 309 タイトルのうち、単行本が発行されていたのは、全体のほぼ 2/3 にあたる 210 タイトル、販売部数の集計期間までに電子書籍の提供が開始されていた文庫本のタイトル数は 148 である[14]。11 タイトルが芥川賞、直木賞、本屋大賞 1 位を受賞しており、受賞はいずれも文庫本の発売開始より 1 年以上前の出来事である。

単行本と文庫本の双方が発売された 210 タイトルにおいて、2 つのフォー

表 5-5　主要変数の基本統計量

	販売部数	価格	過去の実績	ページ数	興行収入	タイムラグ
平均値	122,410	662	1,060,339	376	2,166	35
最大値	1,880,401	1,050	6,696,865	672	85	192
最小値	38,401	420	0	158	0	12
標準偏差	170,195	101.1	1,517,344	91.0	8.1	17.4
変動係数（%）	139.0	15.3	143.1	24.2	373.9	49.3

販売部数、過去の実績：冊数　価格：円　興行収入：億円　タイムラグ：月数

表 5-6　主要データの相関係数

	販売部数	価格	過去の実績	ページ数	興行収入	タイムラグ
販売部数	1.000					
価格	0.112	1.000				
過去の実績	0.181	0.042	1.000			
ページ数	0.126	0.841	0.102	1.000		
興行収入	0.471	0.017	0.158	0.032	1.000	
タイムラグ	0.020	−0.012	0.177	0.151	0.077	1.000

マット間のタイムラグは平均で 35 か月である。このうち 3 タイトルは、既に文庫本が発行されており、2013 年の文庫本の販売上位リストに登場したのは、新装版として 2 回目に刊行された文庫本である。2 回目の文庫本の発行である 3 タイトルを除いた 207 タイトルのタイムラグの平均でも 34 か月であり、消費者は安価な文庫本を購入するためには、単行本の発売から 3 年近くを待たなければならないことを示す。Barrot et al.（2015）のドイツにおけるタイムラグは平均で 16 か月であり、日本のフィクションのタイムラグは、平均でドイツの 2 倍以上である。大手出版社 5 社のいずれかから出版された文庫本は、309 タイトルの 63%に相当する 196 タイトルである。表5-5 では、販売部数と著者の過去の販売実績の変動係数は 100%を超えるが、長編作品はページ数をある程度そろえたうえで分冊として提供されており、ページ数と価格の変動係数は 25%以下で、かなり小さい。

　表 5-6 は、ダミー変数を除く主要変数の相関係数を示す。文庫本の販売部数と映画の興行収入の相関係数は 0.471 であり、ヒットした映画の原作にあたる文庫本には、良好な販売が期待できることを示す。価格とページ数の相関係数は 0.841 で、高い正の相関関係がある。

（3）　推定結果
　表 5-7 は、単行本の分析と同様、（6）式と（7）式を一般化積率法で推定した結果である。使用した操作変数は、（6）式と（7）式のすべての外生変数に加え、2013 年に各出版社が刊行した新刊点数である[15]。J統計量から

10％有意水準で、過剰識別制約条件を満たしている。

　需要関数において、価格の推定値は1％水準で有意な負の値、著者の過去の実績の1次項は有意な正の値、2次項は有意な負の値である。著者の過去の実績の平均値と、この2つの推定値で、著者の実績の販売部数への影響を計算すると、1％水準で有意な正の値となり、実績のある著者の文庫本は販売部数が期待できる。作品が映画あるいはテレビ・ドラマとして映像化されたことを示す *MovieTV* と興行収入 *Movie sale* の推定値は、いずれも有意な正の値であり、映像メディアによる露出は、文庫本の販売を促進すると解釈される。著名な文学賞や本屋大賞の受賞を示す *Prize* の推定値は、10％水準で有意な負の値である。文庫本の発売開始は、受賞から1年以上経過後であり、著名な文学賞の受賞作品は、既に単行本として購入されていることがうかがえる。続編であることを示す *Sequel* の推定値は正であるが、有意ではなく、続編の需要に対する効果は明確ではない。大手出版社から発売された文庫本であることを示す *Publisher* の推定値は、有意な負の値であり、文庫本の販売において大手出版社からの発行は必ずしも販売に優位とはならない。また、ページ数を示す *Page* の推定値は、1％水準で有意な正の値で、ページ数が多い作品の方が好まれるようである。単行本の発行の有無を示す *Hardcover* の推定値は有意ではない正の値、電子書籍の配信を示す *Ebook* の推定値は有意ではない負の値で、とりわけ電子書籍の推定値はゼロに近く、電子書籍の配信は、2013年の文庫本の販売にはほとんど影響を与えていないと解釈される。単行本と文庫本の発行までのタイムラグを示す *Lag* の推定値は、10％水準で有意な負の値をとり、タイムラグが長いほど、2番目のフォーマットである文庫本の販売にはマイナスに作用する。

　価格関数については、ページ数の推定値が1％水準で有意な正の値であるが、続編の推定値がゼロであるとする帰無仮説は10％水準で棄却されない。翻訳書は11タイトルとサンプル数が少ないが、1％水準で有意な正の値である。既に単行本が発行されていることを示す *Hardcover* の推定値は、1％水準で有意な負の値、大手出版社を示す *Publisher* の推定値も、1％水準で有意な負の値であり、大手出版社5社は、それ以外の出版社よりも低廉な価格を設定していることになる。価格関数である（7）式における *Lag* の推定

表 5-7　推定結果

需要関数（6）式			価格関数（7）式		
α_1（Constant）	-6.6734	(0.5085)***	α_2（Constant）	337.917	(11.002)***
β（Price）	-0.0037	(0.0013)***	δ_1（Author）	-0.0456	(0.1267)
γ_1（Author）	0.0286	(0.0064)***	δ_2（Page）	0.9683	(0.0281)***
γ_2（Author^2）	-0.0003	(0.0001)***	δ_3（Sequel）	4.4420	(8.7314)
γ_3（Movie sale）	0.0206	(0.0066)***	δ_4（Hardcover）	-37.476	(10.314)***
γ_4（MovieTV）	0.2016	(0.0816)**	δ_5（Foreign）	100.133	(27.082)***
γ_5（Prize）	-0.4159	(0.2381)*	δ_6（Lag）	0.2065	(0.2556)
γ_6（Sequel）	0.0213	(0.1098)	δ_7（Publisher）	-36.586	(5.3074)***
γ_7（Lag）	-0.0056	(0.0032)*			
γ_8（Publisher）	-0.2429	(0.0975)**			
γ_9（Page）	0.0038	(0.0014)***			
γ_{10}（Hardcover）	0.0908	(0.1614)			
γ_{11}（Ebook）	-0.0049	(0.0783)			
標準誤差	0.6744		標準誤差	44.6051	
J統計量			6.069		

ここでの *Author* は 10 万部単位
（ ）内の数値は標準誤差　***1%　**5%　*10%

値は有意ではないが、正の値をとり、タイムラグが長いほど文庫本の価格は高いことを示す。著者の過去の実績を示す *Author* の推定値は、ゼロに近い負の値であり、10%水準でも帰無仮説は棄却されず、価格設定に対して有意な影響は与えていないと解釈される。

　（2）式より計算された文庫本の需要の価格弾力性の平均値は 2.45、最小値は 1.55、最大値は 3.88 で、309 タイトルすべてで需要は価格に対し弾力的である。需要の交差価格弾力性は、平均で 0.0014 と非常に小さく、他のタイトルの文庫本価格が、購入しようとするタイトルの選択に影響を与えることはほとんどないことが示される。

（4）　考察
　今回の推定では、309 タイトルすべてにおいて、文庫本の需要は価格に対し弾力的であった。次章では、書店が出版社から返品なしで書籍を買い取る

ことが一般的な米国では、フィクションはハードカバーとペーパーバックの双方で発売開始時、あるいは発売から一定期間経過後に値下げが行われることが示されている。今回の需要の価格弾力性の推定結果が、欧米でも当てはまるならば、海外の出版社や書店は、合理的行動をとっていると判断される。一方、日本では、いったん出版社が設定した価格が変更されることは極めて稀であり、需給を調整する価格メカニズムは作用しない。本節では販売部数上位 500 に入るライトノベルを除く文庫本が推定対象であるが、販売部数がより少ない作品においても、需要が価格に対し感応的であれば、一定期間経過後の値下げ、いわゆる時限再販は、需要喚起の方策として挙げられよう[16]。この結論については、前節の単行本の分析結果と同じである。

　また、映像メディアとのタイアップは、文庫本の販売促進に効果的であることが、今回の推定結果から確認された。日本では 2000 年頃から映画製作にあたって、製作委員会方式が採用されることが多くなった。製作委員会は一般的に映画製作や配給に携わる映画会社、原作の書籍を出版した出版社、映画に含まれる音楽を収録したレコード会社、映画の元になるテレビ・ドラマを放映した放送局、あるいは映画上映後にテレビでその映画を放映予定の放送局が、映画の製作資金を拠出し、映画の興行や二次使用から得られる収入を分配する組織である。作品を映像化することで、文庫本の販売促進に貢献するという今回の結果は、製作委員会で利潤が内部化されていることを意味する。今回のサンプルのうち、映画あるいはテレビ・ドラマが製作された作品は、ほぼ 4 割に相当する 125 タイトルである。膨大な数の新刊書が毎年、発行され続ける現在、映像化は消費者に作品を認知させる上で有効なマーケティング方法といえよう。別の見方をすると、著名な文学賞を受賞せず、映像化されない作品は、次々に発行される新刊書の中に埋もれ、出版社に返却されているのかもしれない。

　需要関数における *Hardcover* と *Ebook* の推定値は、いずれもゼロに近い小さな値であり、帰無仮説は 10％水準で棄却されなかった。単行本が販売されている作品は、単行本の販売開始時点で広告が行われ、消費者の間で話題になったであろう。そのような知名度や話題性は、文庫本の販売にもプラスに作用するが、その作品の需要の一部は、既に単行本で充足されているため、

文庫本の販売にはマイナス要因となる。*Hardcover* の推定値が有意ではない理由として、相反する 2 つの影響が相殺している可能性が考えられる。

さらに、電子書籍の推定値は、ゼロに近い負の値であった。インプレス総合研究所（2014）によると、今回の文庫本の刊行当時の 2013 年の電子書籍の市場規模は、936 億円と推定されているが、その約 8 割は電子コミックの売上であり、日本ではフィクションの電子版が普及しているとはいいがたい。2013 年の文庫本で判断する限り、電子書籍が紙媒体のフィクションを代替する程度は低いと解釈される。

ペーパーバックの需要関数にハードカバーとのタイムラグの変数を加えた Schmidt-Stölting et al.（2011）と Barrot et al.（2015）では、タイムラグの推定値は負の値が報告されており、今回の結果は既存研究と一致する。Barrot et al.（2015）は、タイムラグに対するペーパーバックの販売部数の弾力性が小さいことから、ドイツにおけるタイムラグは、おおむね妥当な水準と判断しているが、出版社が単行本と文庫本の 2 つのフォーマットを発売する場合、2 つのフォーマットの合計利潤が最大になるようにタイムラグを決定することが合理的である。最適タイムラグは今回の分析の対象外であるが[17]、需要関数におけるタイムラグの推定値が負になることの理由として、単行本の発行から時間が経過するほど、単行本で需要が賄われることと、その作品に対する消費者の記憶が薄れ、文庫本の購買につながらないことが挙げられる。今回の分析では、それぞれの影響の程度は不明であるが、単行本の需要が存続する期間と文庫本の発行が単行本を代替する程度を考慮した最適なタイムラグの議論を行い、現実のタイムラグの適正性を検証することも必要であろう。

価格関数における著者の過去の販売部数の推定値は、ゼロに近い負の値で、10% 水準で帰無仮説は棄却されなかった。需要の価格弾力性が弾力的な状況で、著者の実績から販売部数が見込まれると判断された作品に低めの価格を設定することは合理的であるが、その程度は非常に小さい。有意ではない負の値は、ある程度の販売部数を見込むことで、1 冊当たりの費用が低下すること、すなわち規模の経済性を反映した結果とみることもできる。その場合、出版社は文庫本の価格設定にあたって、需要要因よりも、主に費用を積

み上げて算定し、著者の実績やこれに裏付けられた販売部数の見込みは重視していないということになる。価格関数の *Foreign* の推定値は大きな正の値で、1%水準で有意な値であった。その理由として、翻訳料という翻訳に特有の費用が追加された結果と考えることができるだろう。

　価格関数の *Hardcover* の推定値は有意な負の値であった。これには 2 つの解釈が可能である。第 1 は、単行本で発売した作品を 2、3 年後に文庫本として発行する場合、広告は単行本の発売開始時に行われ、出版社は単行本で編集費用をおおむね回収していると想定される。その結果、文庫本の費用は、主に可変費用にあたる印刷・製本費用となる。単行本で固定費用が回収される限り、単行本が既に発行されている作品の文庫本の費用は、単行本なしで文庫本を制作するよりも低くなり、これが低水準の価格設定を可能とする。第 2 は、2 つのフォーマット間の価格差別化である。Laband and Hudson（2003）は、ハードカバーの発行がないペーパーバックの価格は、ハードカバーとペーパーバックが同時発売されたときのペーパーバックの価格よりも高いことを示している。単行本が発行されている作品の文庫本は、単行本との価格差を広げるため、単行本なしの作品よりも、他の条件が同じならば、文庫本に対し、より低い水準の価格を設定することも考えられる。もっとも、Laband and Hudson（2003）の事例は、ハードカバーとペーパーバックの同時発行と、ペーパーバックのみの発行との比較である。日本では単行本の発行から文庫本の発行まで、3 年近いタイムラグがあり、文庫本の発売開始時には、単行本の需要がほぼなくなっていることを踏まえると、価格差別化の影響よりも、コンテンツの再利用による費用低下の結果と解釈することが自然だろう。

5　新書の需要関数と価格関数の推定

（1）　分析対象

　第 3 節と第 4 節では、フィクションの需要と価格の決定要因を扱ってきた。表 5-1 に記した書籍需要を扱った既存研究においても、大学出版会が発行した書籍を分析対象とした Clerides（2002）を除いては、書籍全体あるいは書籍の中でウエイトが高いフィクションの需要の価格弾力性が計測されてい

た。一般にフィクションは書店で販売され、1 タイトル当たりの販売部数が多いため、オリコン・リサーチのような小売店の販売データを使って、需要関数を推定することができる。これに対し、主たる購入者が大学図書館や研究者である専門書では、出版科学研究所の集計データで計算された 2016 年の 1 タイトル当たりの平均発行部数は 566 冊と非常に少ない。また、専門書の大口需要者である大学図書館の購入は、オリコン・リサーチが集計対象とする書店の店頭販売ルートを介したものではないため、これまで利用してきたオリコン・リサーチのデータベースは、専門書の分析には適さない。大学図書館が購入する専門書については、第 7 章で取り扱うこととし、本節では研究者が、より広い読者層を想定して執筆し、概ね 1,000 円未満の価格水準から、1 タイトル当たり数千冊、あるいは 1 万冊を超える販売部数が得られ、かつ、一般の書店で販売されることが多い新書を対象に、フィクションと同じ手法で、需要と価格の決定要因を考察する。本節では、小売データによる分析が難しい単行本の専門書に代わる書籍として、研究者が執筆した新書を分析対象とする。

　新書という呼び方は、岩波書店が現代人の教養を目的に、1938 年に刊行した岩波新書から始まったものであるが[18]、川井（2012）は、新書をその内容から、ノン・フィクションとライトノベルなどのフィクションに大別し、さらに、ノン・フィクションを教養と実用に分けている。新書部門において販売部数の上位に並ぶのは、ライトノベル、啓蒙書や実用書が多い。しかし、本節では、小売データの把握が難しい専門書に代わる書籍の分析であることから、教養を目的とする新書として伝統のある岩波書店と中央公論新社が、2014 年または 2015 年に発行した岩波新書と中公新書のうち、非常勤講師や特任教員を含む大学の研究者あるいは、現在は退職しているが、大学に勤務経験のある研究者、ならびに研究所の研究員が執筆した新書を対象とした。さらに、価格の決定要因を分析するため、制作費用に影響を与えるカラー版の新書は対象から除外した。

(2)　変数の説明
　本節ではタイトル別の需要関数の推定であること、新書では販売部数が 1

タイトル当たり数千冊の水準であることから、書店の販売部数を集計したオリコン・リサーチのデータを使用する。サンプルは、前述の条件に合致した135タイトルである。需要関数の推定式は、フィクションと同様、Berry（1994）の集計データを使った離散選択型モデルである。連立で推定する具体的な需要関数と価格関数は、（8）式と（9）式である。

$$lnS_j - lnS_0 = \alpha_1 + \beta Price + \gamma_1 AuthorBook + \gamma_2 Comment + \gamma_3 Page + \gamma_4 Media +$$
$$\gamma_5 Reprint + \gamma_6 History + \gamma_7 Natural \qquad (8)$$

$$Price = \alpha_2 + \delta_1 AuthorSale + \delta_2 Page + \delta_3 Page^2 + \delta_4 Reprint \qquad (9)$$

需要関数の被説明変数 S_j は、書籍タイトル j の購入比率である。アウトサイド・オプションの選択を含む消費者の総数を M、タイトル j の販売部数を q_j とするとき、$S_j = q_j / M$ である。ここでの M は、総務省統計局による世帯数とした。アウトサイド・オプションを選択した比率 S_0 は、$1 - \Sigma S_j$ である。（9）式の被説明変数であり、（8）式の説明変数の一つである $Price$ は、新書の税抜き価格である。

AuthorBook は、著者の実績や知名度を示す変数である。フィクションと異なり、1人の著者が複数のタイトルの新書を発行しているケースは多くないことから、著者の過去の販売部数を変数にすることはできない。ここでは、分析対象の新書の発行以前に、その著者の単著あるいは、その著者が筆頭著者または編著者として執筆した書籍タイトル数とした。*AuthorSale* は、*AuthorBook* の対象書籍のうち、需要の大きさを示すため、直近3タイトルの大学図書館の所蔵館数の平均値である。書籍の所蔵館数は、書籍タイトル間で差が大きいため、3タイトルの平均値とし、著者がこれまで刊行した書籍タイトル数が2タイトルの場合は、2タイトルの大学所蔵館数の平均値、1タイトルの場合は、その書籍の所蔵館数の値とした。Anderson（2014）は、専門書の販売部数のほぼ半分が、大学図書館の購入分であるという調査結果を報告している。Anderson（2014）に対応する日本国内の調査結果は見当たらないが、大学図書館が専門書の大口需要者であることは、日本も同じだろ

う。専門書の個人による購入冊数は把握が難しいが、大学図書館の所蔵状況は、国立情報学研究所の CiNii で検索が可能であり、大学図書館の購入冊数が、その著者の過去の販売実績の多寡を反映していると推測できる。(8) 式の需要関数には、その著者が筆頭著者または編著者として執筆した書籍タイトル数を示す *AuthorBook*、(9) 式の価格関数には、大学図書館の所蔵館数の平均値を示す *AuthorSale* を使用した[19]。需要関数と価格関数で著者の実績を示す変数を使い分けた理由は、(8) 式の需要関数は、個人が書店で購入した新書の販売部数で測った需要であることによる。個人は、その新書の著者が、どのような書籍をどのくらい発行しているのか、ある程度の認識はあるだろう。一方、フィクションのベストセラーとなるような書籍では、販売部数が話題になることはあるが、新書を含め、専門書で販売部数が公表されることはほとんどなく、消費者が新書の著者のこれまでの販売部数に基づいて、新書の購入の有無を決定しているとは考えにくい。これに対し、(9) 式の価格関数では、出版社が新書の価格や発行部数を決定するにあたって、関連する書籍の販売状況や、その著者の過去の実績を考慮するだろう。国立情報学研究所の CiNii は、広く知られており、誰でもが検索可能である。また、出版社であれば、取次や大手書店が提供する書籍販売の POS データを利用することもできる。このように出版社は、個人よりも詳細な情報を収集し、意思決定を行うことから、価格関数においては、著者が刊行した書籍タイトル数よりも、販売実績を示す変数の方が適切と考えた。

Comment は、その新書に対して新聞や雑誌に掲載された書評の数である。書評情報は、岩波書店と中央公論新社の web サイトに掲載されているものを使用した。書評が掲載された媒体が、全国紙や地方紙、あるいは雑誌では、影響力に差があるだろうが、影響力の差を定量的に把握することは難しいため、ここでは媒体の差にかかわらず、掲載された件数とした。*Media* は、その新書の著者が、テレビ番組で頻繁にコメンテータを務めている場合、あるいは新書が受賞対象となった場合、もしくは新書と同名のタイトルの映画が上映された場合に 1、それ以外をゼロとする変数である。性格が異なるものが *Media* に含まれるが、この変数が 1 に該当するのは、3 タイトルにとどまるため、一つの変数に集約した。*Reprint* は、その新書が以前発行された新

書の増補改訂版である場合に 1、それ以外をゼロとするダミー変数である。*Page* は、出版社がその web 上で記載している新書のページ数である。

　C コードは、出版社が書籍を販売対象、発行形態と内容で分類し、書籍の裏表紙に印刷された 4 桁の数字で、下 2 桁で書籍内容を示す。下 2 桁の 10 番台で哲学・心理・宗教、20 番台で歴史・伝記・地理、30 番台で社会科学（政治・経済・経営・社会・教育・民族）、40 番台で自然科学（数学・物理学・化学・天文・生物・医学）、50 番台で工学（土木・建築・機械・電気・電子通信）、60 番台で産業、70 番台で芸術、80 番台で語学、90 番台で文学であることを示す。分析対象の新書 135 タイトルのうち、28% に当たる 38 タイトルが、C コード 20 番台の中の細分類項目である日本歴史（21）または外国歴史（22）に該当する。分析対象の新書では、歴史の比重が高いことから、C コードの下 2 桁が 21 または 22 にあたる新書は、*History* として 1、これ以外の書籍にはゼロとする変数で、書籍内容を識別することとした。さらに、C コード下 2 桁が 40 番台の自然科学の新書は、全体のタイトル数の 10% と数は少ないが、歴史書とは対照的なものとして、*Natural* という変数で新書を区分した。残りの多くは、10 番台の人文系または 30 番台の社会科学系である。

（3）　データの概要
　表 5-8 は、新書 135 タイトルの概要である。販売部数の最大値は 43,507 冊、最小値は 946 冊で、変動係数は 93.56% である。価格の平均値は 823.5 円、最大値は 1,000 円、最小値は 720 円で、全体の 40% が 800 円以上、850 円未満の範囲に入っており、価格の変動係数は 6.74% と非常に低い。フィクションの単行本価格の変動係数が 16%、文庫本価格の変動係数が 15% であったことから、教養系の新書の方が、価格の分散はより小さいということになるが、新書の出版社を岩波書店と中央公論新社に限定したことが影響しているのかもしれない。また、岩波新書では、タイトル数の 30% にあたる 19 タイトルが、大学を退職した研究者によって執筆されているのに対し、中公新書では、その比率は 15% でタイトル数は 11 である。今回の対象となった岩波新書は、研究歴が長い研究者によって執筆された傾向があり、この

表 5-8　教養系新書の概要

	全体	岩波新書	中公新書
タイトル数	135	63	72
日本歴史・外国歴史（C コード　21、22）	38	12	26
自然科学（C コード　41 ～ 47）	14	8	6
平均販売冊数	6,864	7,445	6,354
平均価格	823.5	796.8	846.9
平均ページ数	264.9	248.6	279.2
1 ページ当たりの平均価格	3.153	3.241	3.076
書評数平均	5.148	4.444	5.764
大学図書館の平均所蔵館数	378.5	477.9	291.5
著者の過去の平均発行タイトル数	16.02	18.57	13.79
直近 3 タイトル大学図書館の平均所蔵館数	125.7	135.9	116.7

　ことが、著者のこれまでの書籍発行タイトル数や大学図書館の所蔵館数の差につながっていると思われる。

　表 5-8 の大学図書館の平均所蔵館数とは、新書 135 タイトルの大学図書館の所蔵館数を示す。岩波新書の最大値は 565、最小値は 445 で差が小さいのに対し、中公新書では、最大値が 402、最小値が 206 で、ほぼ 2 倍の差が存在する。大学図書館は、岩波新書が発行されるたびに購入し、岩波新書をシリーズとして揃える傾向が強いのに対し、中公新書に関しては、書籍ごとに購入の有無を判断していることがうかがえる。2 つの出版社から発行された新書に対する大学図書館の行動の違いを裏付けるものとして、オリコン・リサーチによる岩波新書の販売部数と大学図書館の所蔵館数の相関係数が 0.225 であるのに対し、中公新書の相関係数は 0.416 と高く、中公新書の方が、小売市場における新書の販売状況と大学所蔵館数との正の関係が強い。このように岩波新書と中公新書で、販売部数と大学所蔵館数の相関係数に差はあるが、双方とも 1％水準で有意であり、小売市場で販売が好調な新書は、多くの大学図書館で所蔵されている。

　表 5-9 は、(8) 式と (9) 式のダミー変数を除いた説明変数と販売部数（*Sale*）の相関係数を示す。価格（*Price*）とページ数（*Page*）との相関係数は

表 5-9　主要な変数の相関係数

	Sale	Price	Page	AuthorBook	AuthorSale	Comment
Sale	1.000					
Price	0.091	1.000				
Page	0.212	0.890	1.000			
AuthorBook	0.008	0.024	0.009	1.000		
AuthorSale	0.088	0.143	0.172	− 0.239	1.000	
Comment	0.427	0.103	0.151	− 0.243	0.040	1.000

0.890 である。フィクションの単行本では 0.580、文庫本では 0.841 であったことから、この 3 つのカテゴリーの中では、最も強い正の相関関係を示す。販売部数（*Sale*）と著者がこれまでに発行した書籍タイトル数（*AuthorBook*）の相関係数は 0.008 と非常に小さく、この値は 10％の有意水準でゼロであることが棄却されない。同様に販売部数（*Sale*）と著者が発行した直近 3 タイトルの大学図書館の所蔵館数の平均値（*AuthorSale*）の相関係数も 0.088 と小さく、これも 10％の有意水準で帰無仮説は棄却されない。フィクションでは、販売部数と著者のこれまでの実績との間には、正の有意な関係が存在していたが、新書における相関係数では、両者に有意な関係は認められない。これに対し、販売部数（*Sale*）とその新書の書評数（*Comment*）の相関係数は 0.427 で、1％水準で帰無仮説は棄却される。

（4）　推定結果

　表 5-10 は、(8) 式と (9) 式を一般化積率法で推定した結果である。*J* 統計量から 10％有意水準で、過剰識別制約条件を満たしている。(8) 式の需要関数では、価格の推定値が 10％水準で有意ではないが、負の値をとる。ここでも需要の価格弾力性を正の値として表現すると、推定値から計算された需要の価格弾力性は、平均で 0.727、135 サンプルでは 0.636 から 0.883 の範囲内にあり、今回のすべての新書で需要の価格弾力性は非弾力であった。増補改訂版であることを示す *Reprint* の推定値は有意ではないが、負の値をとり、増補改訂版は需要を抑制する方向に作用する。*Media* の推定値は、1

表5-10　新書の需要関数と価格関数の推定結果

需要関数（8）式			価格関数（9）式		
α_1 (Constant)	−10.0788	(3.3889)***	α_2 (Constant)	258.055	(58.762)***
β (Price)	−0.0008	(0.0067)	δ_1 (AuthorSale)	−0.0292	(0.0303)
γ_1 (AuthorBook)	0.0056	(0.0028)**	δ_2 (Page)	3.0328	(0.4329)***
γ_2 (Comment)	0.0556	(0.0146)***	δ_3 (Page^2)	−0.0032	(0.0007)***
γ_3 (Page)	0.0039	(0.0084)	δ_4 (Reprint)	−9.7391	(9.8561)
γ_4 (Media)	1.2403	(0.1673)***			
γ_5 (Reprint)	−0.0840	(0.2361)			
γ_6 (History)	0.3749	(0.1319)***			
γ_7 (Natural)	0.1324	(0.1646)			
標準誤差	0.6547		標準誤差	23.174	
J統計量			6.372		

（ ）内の数値は標準誤差　***1%　**5%　*10%

%水準で有意な正の値をとり、受賞作や新書と同名の映画が上映されるなど、メディアで話題になることは、新書の販売部数を増加させる。また、書評の掲載回数を示す *Comment* の推定値も1%水準で有意な正の値をとり、書評として取り上げられほど、新書の販売部数は多いことが示される。また、*AuthorBook* の推定値は、5%水準で有意な正の値をとり、新書の執筆者が執筆した書籍タイトル数が多いほど、新書の販売部数は良好であることが示される。需要関数における価格、著者の実績、書評を含むメディアでの話題性を示す変数の推定値の符号は、いずれも予想されたとおりである。

　なお、書評は発行から間もないタイミングで掲載されることが多いが、書評として取り上げられることが、販売部数を増やす方向だけではなく、注目される新書が発行されたことで、書評としての掲載が決定するケースも考えられる。後者の場合、変数 *Comment* は需要関数において内生変数となるが、変数 *Comment* の外生性を Hausman テストで検定したところ、書評が外生であるとする帰無仮説は、10%水準で棄却されなかったため、書評は外生変数として取り扱う。

　（9）式の価格関数では、ページ数の1次項の推定値が正の値、2次項が負

の値で、双方とも1%水準で有意な値をとる。ページ数の平均値で1次項と2次項の効果を計算すると、Wald検定により1%水準で有意な正の値であることが確認される。ページ数の増加は価格を引き上げるが、ページ数の増加ほどには価格は上昇しないという今回の推定結果は、新書の刊行に当たって、相当程度の固定費用が存在することを意味する。増補改訂版の制作は、出版社と著者との間で発生する取引費用を低下させる可能性が考えられる。変数 *Reprint* の推定値は想定とおり負であるが、10%水準で帰無仮説は棄却されない。また、著者の直近の書籍の大学図書館の所蔵館数を示す *AuthorSale* についても、負の値をとるが、10%水準で帰無仮説は棄却されず、価格設定に著者の実績は考慮されていないようである。

(5) 考察

　フィクションの単行本と文庫本では、需要の価格弾力性は弾力的であったが、新書に関しては、すべてのタイトルで非弾力であった。フィクションには、娯楽性の要素がある書籍が多いのに対し、今回の新書は、研究者が執筆した教養系の書籍である。このような書籍内容の差が、需要の価格弾力性に反映されていると考えられる。

　新書の発行に大規模な広告を行うことは、一部を除き、一般的には想定されないが、今回の推定結果から、書評は出版社の費用を必要としない有効な広告媒体であることが示された。岩波書店や中央公論新社をはじめ多くの出版社が、そのweb上で、新聞などに掲載された書評情報を公表していることは合理的な行動である。また、*History* の推定値は1%水準で有意な正の値であり、歴史書は、新書の中でも販売部数が期待できる。日本の歴史と海外の歴史の2項目で、タイトル全体の28%を占めることは、出版社が販売実績から歴史書の発行に積極的であることを示している。

　価格関数における著者のこれまでの実績を示す変数の推定値は、フィクションの単行本と文庫本と同様に、10%水準で帰無仮説が棄却されない負の値であった。書籍はタイトルごとに差別化された財であり、出版社が設定した小売価格が維持される。出版社は、これまでの著者の実績と需要の価格弾力性が非弾力であることから、販売部数が期待される新書には限界費用を大

きく上回る価格を設定することも想定されるが、推定結果からは、このような戦略は採用されていないと推察される。新書の販売部数と1ページ当たりの価格の相関係数は−0.251、直近の著者の書籍3タイトルの大学図書館の所蔵館数と1ページ当たりの価格の相関係数は−0.205であり、販売部数が多い新書のページ当たりの価格が低いことは、制作において規模の経済性が働いていること、また、そのような費用構造に基づく価格設定が行われていることを示唆する。新書の価格は、フィクションの単行本や文庫本と同様、需要要因よりも、ページ数や規模の経済性という費用要因によって決定されると考えることができよう。

6　小括

　本章では単行本と文庫本のフィクション、ならびに研究者が執筆した新書の需要関数と価格関数を連立で推定することで、需要と価格の決定要因を分析した。需要分析において、単行本と文庫本という2つのフォーマットに共通する点は、高い実績を有する著者の作品には多くの販売部数が見込まれることである。一方、著名な文学賞の受賞の効果は、単行本と文庫本では逆の結果となった。芥川賞、直木賞や本屋大賞は、メディアで大きく取り上げられ、出版社からみれば、無料の広告塔である。話題性の高さによる購買意欲と、安価な文庫本の発行まで待つことから生じる不効用から、消費者は高価格であっても、保存性があり、すぐに入手できる単行本を選択し、需要が単行本に集中することで、文庫本の需要は小さくなる。換言すれば、消費者は書籍への支払意思額と安価な書籍の購入まで待つことの不効用のバランスを考慮し、単行本と文庫本を使い分けていることが推測できる。また、文庫本の需要関数の分析では、単行本と文庫本の発行までのタイムラグが平均で3年近くあり、消費者は安価な書籍を入手するには、かなりの時間を待たなければならず、発売時期が消費者の行動に影響を与えていることが示唆された。

　需要の価格弾力性に関しては、フィクションと新書で結果が異なる。フィクションでは、すべての単行本と文庫本で需要の価格弾力性は弾力的であったが、研究者が執筆した新書では、非弾力であった。文庫本と新書では、価

格は概ね同等水準であるが、娯楽の要素が強い書籍と、教養を目的とする書籍では、価格に対する感応度は異なる。一方、カテゴリー間で需要の価格弾力性は異なるが、価格関数の推定では、フィクションの単行本と文庫本、ならびに新書に共通して、出版社は印刷費用などの実際に要した費用に基づき価格を設定し、需要要因には十分な考慮を行っていないことも示された。

　今回の分析結果から、いくつかのインプリケーションが指摘できる。第1は、価格拘束に対する再検討である。日本では、一定期間中の売れ残りの書籍は、価格メカニズムではなく、返却で解消される。しかし、今回のフィクションに関する推定では、販売部数が上位にある書籍に限定しているが、価格引き下げによって収入増加の可能性があることを示すものであった。日本の書籍の流通システムは、長年にわたって築き上げられてきたが、書籍市場が縮小している現在、返品制度を含めた流通システム全体の視点から、価格拘束の問題を議論する必要があろう。

　もっとも、今回の需要の価格弾力性は、限定された年次と特定のカテゴリー、さらには少ないサンプル数で推定された需要関数によって計測されたものであることは指摘しておかなければならない。本章の分析では、タイトル間の代替性を考慮し、タイトル別の弾力性が計測できる Berry のモデルを採用したが、非常に販売部数の多い文庫本に対象を限定し、集計されたデータで需要関数を推定した Asai（2016）では、需要の価格弾力性は非弾力の領域であった。さらに、使用したオリコン・リサーチのデータは全数調査ではない。出版社が保有する複数年次のデータで需要関数を推定するなど、結論を出すには研究事例の蓄積が必要である。また、実務面では、時限再販や部分再販の事例を増やし、その効果の検証を積み重ねることが望まれる。

　第2に、利潤を増加させる価格設定についてである。重版が繰り返された時代では、初版で固定費用を回収するビジネス・モデルは、リスクを回避しつつ、重版で利潤を得る優れた方法であった。しかし、第3章でみたように既刊書市場は縮小しており、これに依存することは期待できない。一方、文庫本の需要分析では、映画化された作品には多くの販売部数が期待でき、映像メディアとのタイアップは有効である。もっとも、原本となる作品が世に出されたのちに、映画の製作決定、実際の製作への着手というプロセスか

ら、単行本の発売直後に映画の興行が始まるケースはほとんどない。このような状況から、映画とのタイアップは、文庫本のマーケティングには利用できるが、単行本の販売促進策として適用されるケースは限られる。これに加え、映像化に適した作品もあれば、なじまない作品もあるだろう。タイアップは、書籍全般に適用できる手法ではない。

これに対し、価格設定能力を持つ企業は、需要の価格弾力性に反比例するように価格を設定することで、利潤を最大にすることができる。利潤を最大にする価格水準の設定は、重版や他のメディアとのタイアップとは異なり、すべての書籍に対し適用可能である。出版不況といわれて久しいが、日本の出版産業は、マーケティングの重要な要素である価格水準とその設定方式、さらに単行本と文庫本の発行のタイミングに手を付けずにきたともいえる。

次章では、日本市場への示唆を得るため、フィクション、ビジネス書などのフィクション以外の単行本、専門書を対象に、価格拘束の歴史がない米国の価格設定とフォーマット間のタイムラグの実態をデータで示し、日本との比較を行うことにしよう。

なお、本章の需要分析では、電子書籍は紙媒体の文庫本の販売に明確な影響を与えていないことが示された。しかし、専用端末やスマートフォンで購読する形態の電子書籍の開始は最近のことであり、電子書籍の配信開始の時期も変化している。補論 1 では 2015 年の販売上位のフィクションを対象に電子書籍の販売状況を把握し、補論 2 では、電子化が進んでいる学術雑誌を対象に、電子化された価格と紙媒体の価格を比較する。

フィクションの電子化

なぜ、フィクションは電子書籍の主要なカテゴリーではないのか

1 問題の所在

電子書籍の市場規模を推定しているインプレス総合研究所によると、2010 年度の電子書籍の市場規模は 650 億円であったのに対し、2017 年度には 2,241 億円に達した。これに伴い、出版科学研究所が集計する紙媒体書籍と電子書籍の販売額の合計に対する電子書籍の販売額の比率は、2010 年の 7.3％から、2015 年の 17.6％、2017 年には 23.9％に上昇した[20]。現在では、電子書籍を含めない書籍市場の推定は、市場規模を過少に評価することになる。一方、インプレス総合研究所は、電子書籍の販売額のほぼ 8 割がコミックから得られたものであり、その比率は、フィーチャーフォンの時代から、ほぼ一定であることも報告している。欧米ではコミック自体が一般的ではないことから、電子書籍におけるコミックの比率は低く、第 1 章で述べたように、日本の電子書籍は欧米とは異なる特徴を持って発展してきた。見方を変えると、日本ではコミック以外のカテゴリーの電子書籍は、数値ほどには普及していないといえる。

Amazon が日本で電子書籍を開始したのは 2012 年であり、当初のフィクションの電子書籍は、文庫本が刊行された後に配信開始となるケースが多かった。つまり、電子書籍の配信開始は、単行本の発売開始から数年経過後であり、配信開始時では単行本の需要はほとんど消滅していたといえる。しかし、最近では単行本の発売と合わせて電子書籍を配信し、文庫本の発行時には、文庫本の価格水準と同等、あるいは文庫本価格よりも低くなるように電子書籍の価格を引き下げることが一般化している。このように日本の電子書籍の配信のタイミングは、次章で示す米国の電子書籍の提供状況に類似する

ものに数年間で変化した。この補論 1 では、2015 年時点のフィクションの電子書籍の配信のタイミングを整理するとともに、電子化されたフィクションと電子化されていないフィクションの特徴を明らかにすることによって、コミックと比較してフィクションの電子書籍が十分に発展していない要因を探る[21]。

2　データ

　調査対象は、2015 年のオリコン・リサーチの集計で単行本のフィクション販売上位 205 タイトルと、ライトノベルを除く文庫本 205 タイトルである。2015 年の単行本の 205 番目の販売部数は、一般的な初版の最小発行部数 3,000 冊とほぼ等しい 3,044 冊であったことから、205 番目までを調査対象とした。文庫本の 205 番目の販売部数は、その 10 倍以上の 36,330 冊であるが、文庫本も単行本と同数の 205 タイトルとした。

　図 5-2 は 2015 年の販売部数上位 205 タイトルの単行本と文庫本、ならびにその電子書籍の提供状況を示したものである。単行本 205 タイトルのうち、調査を行った 2016 年 10 月時点では、同じ内容の文庫本は発行されていなかった。電子書籍が配信されていたのは、67% にあたる 137 タイトルである。電子書籍が提供されている 137 タイトルの単行本の発売と電子書籍の配信開始のタイムラグは、平均で 1.7 か月であり、137 タイトルのうち 52 タイトルでは、単行本の発売開始と同じ月に配信が開始されていた。2015 年時点では、数年前と比較して、単行本の発売に合わせて電子書籍も配信されるように変化していた。

　2015 年の文庫本の販売上位 205 タイトルでは、126 タイトルが平均で 31.4 か月前に発行された単行本を持ち、39% にあたる 79 タイトルは、文庫本が最初のフォーマットとして刊行されている。フィクションでは、単行本が発売され、その後、同じ内容が安価な文庫本として販売されるという一連の流れがあったが、近年では消費者の軽量かつ安価な書籍志向が高まっていることを反映し、単行本の刊行を経ないフィクションの出版形態も増えつつある。また、単行本が発行されていた文庫本 126 タイトルのうち 72 タイトル、単行本の発行がない 79 タイトルのうち 51 タイトルの合計 123 タイト

図 5-2　フィクションのフォーマット別提供状況

(a)　2015 年の単行本上位 205 タイトル

単行本：205 タイトル ｜ 電子書籍：137 タイトル
　　　　　　　　　　　 ｜ 電子書籍なし：68 タイトル

2016 年時点では、2015 年に発行された単行本は、
文庫本としては発行されていない

(b)　2015 年の文庫本上位 205 タイトル

単行本→文庫本　　 ｜ 電子書籍：72 タイトル
126 タイトル　　　 ｜ 電子書籍なし：54 タイトル
文庫本　　　　　　 ｜ 電子書籍：51 タイトル
79 タイトル　　　　｜ 電子書籍なし：28 タイトル

ルで電子書籍が提供され、205 タイトルの 40％にあたる 82 タイトルでは、2016 年 10 月時点で電子書籍の提供は行われていなかった。

　電子書籍の価格設定は、第 1 章で述べたとおり、出版社が電子書籍の価格を設定する代理店モデルと、電子書籍の販売者が設定する卸売モデルの 2 つがある。出版社が電子書籍の価格を設定した場合、日本の Amazon の web サイト上では、出版社による価格設定である旨の記載があり、その記載の有無から価格設定者を識別することができる。単行本で電子書籍が提供されている 137 タイトルの中で出版社が価格を設定したケースでは、電子書籍の価格は平均で単行本価格の 82.9％、Amazon が設定したケースの電子書籍の価格は、単行本価格の 83.4％の水準に相当する。米国で Amazon が電子書籍の提供を開始した際には、紙媒体書籍の価格を大幅に下回る水準に設定し、Apple が、その低水準に懸念を抱いた出版社と協議し、卸売モデルから代理店モデルに電子書籍の価格設定方式を変更したことがあった。そのような経緯を踏まえると、出版社が電子書籍を設定するケースでは、紙媒体書籍に対する割引率は小さくなることが類推されるが、平均値で判断する限り、日本では価格設定者による価格水準の差はない。

　また、文庫本で電子書籍が配信されている 123 タイトルのうち、出版社が価格を設定したケースでは、電子書籍の価格は文庫本の 96.1％、Amazon

が設定したケースでは文庫本の94.2％に相当する水準であり、文庫本に関しても、設定者による電子書籍の価格水準の差は小さかった。単行本は文庫本の2倍以上の価格水準であり、電子書籍は、最初は単行本の83％程度の価格が設定され、文庫本の発行に合わせて、文庫本価格をわずかに下回る水準に再設定されている。

　日本の電子書籍はコミックが8割を占めるが、コミックは週刊誌や月刊誌に連載されたものが、数回分まとめて単行本として販売され、その単行本の販売に合わせて電子書籍も配信が開始される。単行本のコミックの大半は電子化されているのに対し、フィクションの単行本と文庫本の各205タイトルでは、電子書籍として提供される比率は60％台にとどまる。電子書籍として入手可能なタイトル数が限られることが、コミックほどフィクションの電子書籍が伸びていない要因の一つであろう。

　しかし、当初の電子書籍は、単行本の発行から3年程度経過した文庫本の発売後に配信が開始され、消費者が電子書籍を入手するには、単行本の発行から数年間待たなければならなかったが、現在では単行本の発売と合わせて配信が開始される書籍も増え、短期間でタイムラグは大幅に縮小した。電子化されていない書籍は依然として存在するが、電子書籍が紙媒体とほぼ同時期に、紙媒体よりも安価で入手可能になっていることから、フィクションが電子書籍の主要なカテゴリーとならない要因は、ある程度、解消されたことになる。端末上での文章の読みやすさなどの技術的な問題や、紙に対する読者の慣れを除き、残された課題は、どのようなフィクションが、電子書籍として提供されているのか、あるいは提供されていないのかということである。

　第3節と第4節の紙媒体の書籍需要の決定要因では、その書籍の発売以前に知名度や実績を獲得している著者の作品には販売部数が多い傾向が確認されていた。この補論では、分析対象の単行本と文庫本の発売前の過去3年間のうち、その著者の単行本と文庫本の販売部数の年間合計の大きい方の値を著者の実績とする変数を作成した[22]。表5-11は、単行本205タイトルを電子書籍の提供の有無で分け、それぞれの書籍の販売部数の平均値と著者の過去の実績としての販売部数の平均値を示したものである。電子書籍が提供

表 5-11　電子書籍の提供別の単行本の販売状況

（単位　冊）

	販売部数	著者の過去の実績
電子書籍あり：137 タイトル	49,848	286,309
電子書籍なし：68 タイトル	34,275	886,166

表 5-12　電子書籍の提供別の文庫本の販売状況

（単位　冊）

	販売部数	著者の過去の実績
単行本あり・電子書籍あり：72 タイトル	144,481	535,026
単行本あり・電子書籍なし：54 タイトル	338,883	1,742,887
単行本なし・電子書籍あり：51 タイトル	128,729	309,002
単行本なし・電子書籍なし：28 タイトル	168,571	1,825,037

されている 137 タイトルの単行本の方が、電子書籍が提供されていない 68 タイトルよりも、書籍の販売部数は多いが、その平均値が等しいとする帰無仮説は 10％水準で棄却されない。一方、単行本発行前の過去 3 年間の著者の実績では、電子書籍の提供がない単行本の著者の販売部数の方が、電子書籍が提供されている単行本の著者の販売部数を大きく上回り、平均値が等しいという帰無仮説は 1％水準で棄却される。既に高い実績を持つ著者は、電子書籍の提供にあまり積極的ではないようである。

　表 5-12 は、文庫本 205 タイトルを単行本の発行の有無と電子書籍の配信の有無で分類し、その文庫本の販売部数と著者の過去の販売部数を集計したものである。単行本の有無にかかわらず、電子書籍が提供されていない文庫本の著者の方が、電子書籍を提供している著者よりも平均して高い実績を有している。単行本の有無にかかわらず、電子書籍が配信されている文庫本と電子書籍が配信されていない文庫本の著者の過去の実績が等しいという帰無仮説は、1％水準で棄却される。オリコン・リサーチが集計する作家別販売部数のランキングでは、複数年で東野圭吾や佐伯泰英の名前が上位に挙がっているが、彼らは国内を対象とする電子書籍の提供を行っていない[23]。人気

の高い著者の中には電子書籍を提供していない事例があることが、読者にとって、電子書籍の魅力を減じるものとなっているのだろう。

本章とは別の手法で、2010年から2013年の文庫本販売上位の需要関数と価格関数を推定したAsai（2016）では、2014年1月時点で電子書籍が提供されていた文庫本のフィクションは35％にすぎなかった。これと比較すると、図5-2が示す2015年では63％が電子書籍として提供され、電子化の比率は格段に上昇したが、Asai（2016）で確認されていた過去に実績のある著者は、電子書籍の提供に消極的な傾向があることは、2015年時点でも当てはまる。電子書籍の読みやすさは技術で解決できる問題であるが、著者の電子化の許諾は人的な問題にほかならない。電子化を推進しようとするならば、著作権者ごとに電子化を躊躇する理由を拾い出していくことも必要だろう。

3　結論

単行本として発行される人気のコミックの多くは、紙媒体の発売と合わせて、電子書籍の配信が開始される。日本では電子コミックが若年層を中心に受け入れられており、電子コミックへのアクセス数が多いことが、電子書籍として提供されるタイトル数を増加させ、提供されるタイトル数が多いことが、アクセス数を増加させるという正の循環が働いている。これに対し、フィクションの初期段階では電子書籍として提供されたタイトル数が少なく、紙媒体の最初の発行から数年後に配信が開始されることが多かったが、わずか数年でタイトル数が増加し、発行までのタイムラグは大幅に縮小した。しかし、実績を有する著者の作品の中には、電子化されていないものがあり、このことは、電子書籍の発展にはマイナス要因として働いているのだろう。

電子書籍は、情報通信技術の進歩の賜である。しかし、電子書籍として提供するには、著者の許諾が必要であり、許諾の有無は、著者の電子書籍あるいは書籍全般に対する考え方にかかわる問題である。消費者にとっては、負担すべき費用の増加につながらない限り、単行本、文庫本、電子書籍というフォーマットの選択肢は多い方が望ましい。また、端末でコンテンツを読むことへの抵抗感はあるかもしれないが、文字の大きさを簡単に替えられる点で、高齢者に便利な機能を含んでいる。さらに、本章の電子書籍の対象では

ないが、広義の電子書籍であるオーディオ・ブックは、米国で普及しており、視覚障害者が容易に書籍に接する手段でもある。このように電子書籍の利用には、端末の用意や電子書籍を閲覧するためのソフトウェアのダウンロードに加え、端末で書籍を読むことの慣れも必要となるが、利用者にはフレンドリーなサービスであるという一面もある。電子書籍向けのタイトルの充実は、著作権者が電子化を拒否する理由を精査しながら、じっくり取り組むべき問題なのかもしれない。

学術雑誌の電子化とその価格

　補論 1 では 2015 年に発行されたフィクションに関して、以前よりも電子化されたタイトル数が増加していたことが示されたが、それでも調査時点で電子書籍の発行が確認されたのは、全体の 60％であった。しかし、カテゴリーによって電子化の進捗状況は異なる。電子化が進んでいる分野として、事典や辞書が挙げられる。最近の事典や辞書は、紙媒体から、電子辞書端末としての販売形態に移行しているほか、広告収入を得ることで、インターネット上でのコンテンツの無料提供も一般的になった。2012 年 3 月にブリタニカが、電子版での『ブリタニカ百科事典』の制作と提供は継続するが、紙媒体の発行終了を発表したことは、紙媒体から電子媒体への移行を象徴する出来事であった。

　事典や辞書と同様に電子化が進んでいるカテゴリーとして、海外の出版社が発行する学術雑誌がある。補論 2 では大手学術出版社による学術雑誌の紙媒体と電子媒体での発行状況、ならびに大手出版社が発行する学術雑誌の紙媒体と電子媒体の価格情報を提示する。以下、第 1 項で媒体別の発行状況と価格差の概要を示す。第 2 項は、本章のフィクションの電子化との比較を含めた考察である。

1　媒体別発行状況と価格差

（1）　媒体別発行状況

　Elsevier、Springer、Wiley などの大手学術出版社が発行する雑誌は、インターネットの普及以前では紙媒体のみで提供されていたが、現在では紙媒体に加え、電子媒体でも提供されている。さらに、デジタル化以前の数十年前

に紙媒体で発行されたものも、現在ではインターネットを通じてダウンロードが可能となっている。具体的な調査データはないが、多くの研究者は、実際には論文を紙媒体ではなく、電子媒体で入手しているものと推察される。以下では、媒体別の発行情報を公表している Springer の 2017 年の価格リストから、媒体別の学術雑誌の発行状況を整理しよう。

海外の大手学術出版社は、定期刊行物としての学術雑誌の価格リストを web 上で公表している。Springer の 2017 年の価格リストには、人文系・社会科学系・自然科学系の 2,397 タイトルに関して、個人向けと大学図書館などの機関向けの媒体別価格が表示されている。2,397 タイトルを紙媒体のみの発行、電子媒体のみの発行、紙媒体と電子媒体の双方での発行の 3 つに分けると、紙媒体のみでの発行は 22 タイトル（0.92％）、電子媒体のみでの発行は 302 タイトル（12.60％）、紙媒体と電子媒体の双方での発行は 2,073 タイトル（86.48％）であり、大部分の雑誌は紙媒体と電子媒体の双方で提供され、電子媒体のみの発行が、紙媒体のみの発行を上回る。

電子媒体のみでの発行は、発行開始が最近で、自然科学系の毎月発行される雑誌が複数含まれている。このほか、以前は紙媒体でも提供されていたが、電子媒体のみに媒体が限定されるようになったものもある。Springer に限らず、大手出版社は複数の学術出版社を吸収合併し、タイトル数の増加と規模の拡大を図ってきた。紙媒体のみで発行される雑誌には、以前は中堅の学術出版社から紙媒体で発行されていたものが、合併に伴い、Springer から発行される雑誌に移行し、合併後も以前の発行形態が維持されているものが含まれる。

採択された論文が紙媒体の雑誌に掲載されるには、ページ数などの編集上の都合から、1 年以上経過した後となることは珍しいことではない。Springer から紙媒体と電子媒体の双方で提供されている 2,073 タイトルのうち、1,466 タイトル（70.72％）では、編集者が掲載を決定した論文が、紙媒体の雑誌の発行に先立って、電子媒体として web サイト上で公開されている。このような電子版が先行する 1,466 の雑誌では、論文の編集が完了次第、雑誌の掲載号数は付与されないものの、web 上から論文にアクセス、あるいはダウンロードすることが可能となる。本論で扱ったフィクションの電子版の

多くは、紙媒体の発行後に配信が開始されるが、論文が紙媒体の雑誌に先立って web 上で公開されることは、Springer 以外の大手学術出版社にも当てはまる。

（2）　紙媒体と電子媒体の価格差

　学術雑誌が、紙媒体と電子媒体の双方で提供されることが多いことは、大手出版社に共通であるが、価格設定方針は出版社によって差異がある。Elsevier が制作する学術情報データベース Scopus に掲載された雑誌を対象に[24]、出版社別の価格情報を整理しよう。対象は 2017 年時点で経済学分野に属し、英語で執筆され、過去 5 年間において少なくとも年 1 回は引用された論文を掲載し、かつ、価格情報が入手可能なオックスフォード大学出版会、Sage、Taylor、Wiley から刊行されている合計 123 タイトルである。学術雑誌の価格は、個人の購入、大学図書館の購入、企業などの購入など、購入者によって差別化された価格が設定されることが一般的であるが、主たる購入者である大学図書館向けの価格を採用した。Springer は、大学向けには紙媒体と電子媒体をバンドルし、紙媒体のみ、あるいは電子媒体のみの価格設定は行っていない。また、Elsevier などの出版社は、電子媒体の価格を契約者である大学の規模によって変化させており、電子媒体の価格を公表していない。ここでは価格リストに紙媒体と電子媒体の価格を公表している 4 つの出版社を対象に、媒体別の価格を調査する。

　表 5-13 は 2017 年の 4 社の紙媒体の価格に対する紙媒体と電子媒体をバンドルした価格の比率（＝バンドル価格／紙媒体価格）、電子媒体の価格に対するバンドル価格の比率（＝バンドル価格／電子媒体価格）、電子媒体の価格に対する紙媒体の価格の比率（＝紙媒体価格／電子媒体価格）を示したものである。Taylor は、電子媒体のみ、あるいは紙媒体と電子媒体を合わせて提供しており、紙媒体のみの提供は行っていないため、紙媒体の価格に関する欄は空欄となる。

　紙媒体と電子媒体については、Wiley が同一水準の価格を設定している。Sage とオックスフォード出版会は、紙媒体に電子媒体よりも高い価格を設定しているが、Sage が平均で 1.089 倍、オックスフォード出版会は 1.174 倍

<table>
<caption>表 5-13　学術雑誌の媒体別価格</caption>

出版社名	タイトル数	バンドル価格／紙媒体価格	バンドル価格／電子媒体価格	紙媒体価格／電子媒体価格
オックスフォード出版会	23	1.087	1.276	1.174
Sage	21	1.020	1.111	1.089
Taylor	25		1.143	
Wiley	54	1.200	1.200	1.000
</table>

である。紙媒体と電子媒体の双方を提供するときのバンドル価格は、紙媒体のみ、あるいは電子媒体のみの価格よりも高いが、価格は 1.020 倍から 1.276 倍の範囲内にあり、大きな差ではない。電子媒体では、web サイトやサーバーの維持管理費用が必要であるが、雑誌の印刷製本費用は不要である。このような費用差を反映しているのであろう。

2　考察

補論 1 の 2015 年に日本で発行されたフィクションでは、40％に相当するタイトルが、調査時点で電子書籍を提供していなかったが、Springer が発行する雑誌のうち、紙媒体のみでの発行は 0.92％にすぎず、大部分の雑誌は、紙媒体と電子媒体の双方で提供され、学術雑誌において電子化が浸透していることが示される。また、フィクションの電子化は、紙媒体の発行の後であることが一般的であるのに対し、学術雑誌では準備が整い次第、web 上で公開されており、電子媒体による公表が、紙媒体よりも先行している。

この補論の対象外であるが、学術論文の公表には、第 1 章で触れたように Elsevier や Springer のような出版社が発行し、有料の購読型雑誌に投稿する方法と、執筆者が対価を支払う、あるいはスポンサーから運営資金を確保することで、読者は無料で閲覧できるオープン・アクセス・ジャーナルに投稿する方法がある。オープン・アクセス・ジャーナルは、最近、急速に増えているが、これは web 上での公開であり、基本的には紙媒体での提供ではない。オープン・アクセス・ジャーナルが今後も成長を続けるならば、電子媒体で提供される学術情報の比率は、一層高まるものと考えられる。

フィクションの場合、読者は最初から最後までを順番通り読むのに対し、電子化が普及している事典、辞書、学術雑誌の読者は、関心のある事項や論文を拾い出し、その部分に目を通す。品質が同じであれば、掲載される情報量が多いほど、その出版物の価値が高まる。電子媒体では、大量の情報を掲載することができること、各項目あるいは論文が互いに独立であることが、電子化の親和性ということであろう。

　また、一部の出版社は、ビジネス書などに対し、紙媒体と電子媒体をバンドルして販売するケースがあるが[25]、紙媒体と電子媒体の双方が提供される書籍の大半は、それぞれに価格を設定し、別々に販売されている。これに対し、学術雑誌では、紙媒体と電子媒体の価格差は小さく、Taylor や Springer では、紙媒体のみの購入という選択肢は提供されていない。伝統のある学術雑誌は、当初は紙媒体のみで提供され、紙媒体の廃止には至らないものの、既に電子媒体を重視した発行形態に移行している。

　フィクションでは、紙媒体の販売状況を踏まえ、電子化の有無が検討されるケースが多い。これに対し、学術雑誌では、論文投稿の段階で論文ファイルが HTML や PDF、あるいはその双方のファイルに変換され、その状態で査読に回される。論文が採択された場合、執筆者は、PDF や HTML ファイルで校正を行い、そのファイルをもとに校正・編集された原稿が web 上で公開され、その後、紙媒体の学術雑誌として発行される。このように学術雑誌では、投稿から公開までの一連の制作プロセスは、デジタル情報として処理されている。一方、紙媒体の書籍では、多くの執筆者は電子ファイルで原稿を提出するものの、校正作業は紙媒体を通して行われ、最初に出版社に提出した電子ファイルと、紙媒体で発行された書籍の内容は完全には一致しない。電子化が浸透した海外の学術雑誌と、日本で制作される書籍では、制作工程における電子化の状況が異なる。

　事典や辞書、あるいは学術雑誌が、電子書籍と親和性が高いのに対し、フィクションには電子書籍を志向する誘因は欠けるかもしれない。しかし、フィクションにおいても、紙媒体のほかに電子書籍での提供を想定するならば、電子書籍を紙媒体よりも先行して販売する必要性はないが、制作に着手する段階で、少なくとも著作権者の許諾を得ておくなど、2 つの媒体を一連の制

作プロセスとしてとらえることで、工程の効率化を図る余地も残されている
だろう。

　また、投稿された論文の査読プロセスと編集作業は、web 上でのアクセス
数や印刷部数に依存しない固定費用であり、紙媒体と電子媒体の双方に発生
する共通費用である。一方、サーバーの管理費用は、電子書籍に特有の費用
であり、印刷・製本費用は、紙媒体に特有の費用である。費用の内訳は明ら
かではないが、共通費用が大きい一方、媒体に特有の費用の占める比率は小
さいだろう。表 5-13 の媒体別の価格差が小さいことは、紙媒体と電子媒体
の価格が、紙媒体と電子媒体の双方に発生する共通費用に、それぞれの媒体
に特有の費用を合計して算定されていること、バンドル価格は、共通費用に
2 つの媒体に特有の費用を合計して算定されていることがうかがえる。

1　2014 年のフィクション上位 50 タイトルは、『ORICON エンタメ・マーケット白書
　　2014』に収録され、それ以下は、オリコン・リサーチからの購入となる。ここでのタ
　　イトル数は、上・下の分冊も、それぞれ 1 タイトルと数えている。
2　オリコン・リサーチは単行本の文芸書のランキング・リストにおいて、フィクション
　　を日本の小説、海外の小説、ケータイ小説、ノベライズ、ライトノベルに細分類している。
　　ケータイ小説、ノベライズとライトノベルを対象から除外しているのは、通常の小説と
　　読者層や書籍の制作過程において相違があると考えたことによる。
3　著者名の認知度を示す *Author* は、その著者に関する情報の伝搬範囲を示す変数であ
　　るため、過去 2 年間の販売部数の合計や平均値ではなく、多い方の値とした。
4　S_0 の水準は、M の大きさに依存するが、この値は（4）式の定数項 α_0 に反映され、
　　他の変数の推定値に影響を及ぼさない。
5　文学書の 37.2% の値は、出版科学研究所（2015）の発行部数合計に対し、日本十進分
　　類に基づき「文学」として集計された発行部数の比率である。今回のサンプルは小説
　　であるが、日本十進分類の「文学」には、小説のほか、詩歌、評論や随筆等も含まれ
　　る。
6　本屋大賞は既に販売されている書籍から選出されるが、芥川賞は新聞や雑誌で発表さ
　　れた作品、直木賞は新聞や雑誌に発表された作品、あるいは単行本から選ばれる。今
　　回のサンプルでは、文学賞の受賞が単行本の発行前のケースが 3 タイトル、発行後の
　　ケースが 9 タイトルである。
7　ブックオフコーポレーションは、その web サイトが提供する企業情報によると、
　　1990 年より BOOKOFF の名称で中古書店を運営し、2015 年 4 月現在の店舗数は、
　　942 店である。

8 書籍価格の値下げを行う場合、返品の有無、あるいは返品時の書籍の当初価格に対する精算金額の比率などを議論する必要がある。

9 出版マーケティング研究会編（1991）によると、書籍の価格設定方式には、一定期間中（一般書は半年）の販売見込に基づき算定された初版の1冊あたりの費用に、出版社の利潤と流通マージンを加えるコストプラス方式と、重版の販売部数を見越して1冊あたりの費用を算定し、これに利潤とマージンを加えるコストプラス方式のバリエーションがある。後者の重版の部数を予想した価格設定は、①低価格で販売部数の増加が見込まれる書籍、②事典や辞書のように初期の制作費用が大きいが、長期にわたって販売が見込まれる書籍に適用される。コストプラス方式のバリエーションは、通常のコストプラス方式よりも予測に基づく部分が大きくなるが、費用を積み上げて算定することは共通である。

10 物価上昇率が高かった時代では、重版時に価格が引き上げられることがあった。

11 『出版年鑑　2015年版』によると、ドイツでも2003年と2013年の比較で、重版点数の比率が低下していることを示している（p.344）。

12 オリコン・リサーチが書籍の販売部数の調査を開始したのは2008年である。今回の309タイトルの中には、2008年以前に単行本が刊行されたものがある。それらについては単行本の販売部数を把握することができないため、今回の分析では単行本の販売部数は変数として加えず、単行本の発行の有無を示す変数にとどめた。また、単行本は文庫本に先立ち発行されていることから、著者の実績を示す変数 Author には、同じタイトルの単行本の販売部数が含まれているケースがある。

13 Amazonと楽天koboのwebサイトの2016年2月時点の情報によると、AmazonのKindle Storeで配信されている雑誌と洋書を除く電子書籍（Kindle本）のタイトル数が53万タイトルに対し、koboのこれに対応するタイトル数は36万であった。

14 電子書籍の提供の有無の調査は、2016年2月に行い、この時点で電子書籍として提供されているタイトル数は176タイトルである。このうち28タイトルが、今回の販売部数の集計後にあたる2013年12月以降の配信開始であり、推定対象となる電子書籍は148タイトルである。一方、電子化された書籍のうち4タイトルは、文庫本の発行以前に電子書籍の配信が開始され、その配信開始のタイミングは、文庫本の発行の2か月前から半年前の範囲内である。2013年の文庫本のベストセラー・リストに登場した作品の大部分は、文庫本の発行から数か月以内に電子化されている。

15 この場合の操作変数は、誤差項と相関せず、価格と相関する変数であることが必要であり、一般的には費用に関係する変数が用いられる。しかし、費用面から価格に影響を与える変数は、（5）式の変数として既に加えていることから、これ以外の操作変数の候補は限られる。毎年の新刊点数の増加（減少）を理由に編集者を雇用または解雇するとは想定されないことから、新刊点数の増加はタイトル当たりの固定費用の低下をもたらす。このような費用構造を想定し、各出版社の新刊書の発行点数を操作変数に加えた。この変数の有無による推定結果の差は小さいが、推定値の有意性から、新刊書の発行点数を含めたモデルを採用した。もっとも、操作変数の選定については課題を残す。

16 しかし、時限再販は消費者が値下げ実施まで買い控えをする誘因ともなり得る。消費

者が価格引き下げを考慮して行動するならば、需要喚起の効果は小さくなる。また、ここでの検討の対象外であるが、時限再販の実施には、書店や取次のマージンの設定などの実務的な問題もある。

17 Lehmann and Weinberg（2000）は、映画の興行とビデオレンタルの最適なタイムラグに関する実証分析を行っている。単行本の販売が続いている状況で文庫本の発売が開始されるならば、両者の販売部数の合計を最大にするタイムラグを求める方法が考えられるが、日本では大部分の単行本の需要が消滅した時点で文庫本の発売が開始されるため、Lehmann and Weinberg（2000）のモデルの応用は難しい。

18 岩波新書のあとがきには、1938 年に現代人の教養として、岩波新書の刊行を始めたとある。岩波新書の刊行動機については、岩波書店（1972）『急流の如く　―岩波新書の三十年』が詳しい。

19 (8) 式の需要関数において、*AuthorBook* に代えて、(9) 式の価格関数で用いた *AuthorSale* による推定も行った。推定結果の差は小さいが、*AuthorBook* の方が当てはまりは良い。

20 出版科学研究所のデータは暦年、インプレス総合研究所のデータは年度ベースであるが、比率の計算に当たっては、その違いは無視しており、この比率は概算である。

21 補論の内容は、Asai（2017a）の前半部分によるところが大きい。

22 本章の分析では、著者の実績として、それぞれの著者の単行本あるいは文庫本の発行の前年または一昨年の販売部数の多い方の値として変数を作成した。書籍の発行頻度を考慮すると、もう少し長い期間をとることが望ましいが、オリコン・リサーチが書籍データの集計を開始したのが 2008 年であったため、第 3 節、第 4 節の分析では、過去に遡る期間を 2 年間とした。補論では 2015 年の販売上位の書籍を対象にしていることから、過去の実績は 3 年間のうち、最も多い販売部数を著者の過去の実績を示す変数とした。

23 英訳された東野圭吾の作品は、海外の Amazon の Kindle Store から販売されている。

24 今回は Scopus に収録されている雑誌を対象に調査したため、タイトル数が少ないが、出版社の価格リストから分析を行い、より多くの雑誌で媒体別価格差を調査する方法も残されている。

25 一例をあげると、ディスカヴァー・トゥエンティワンは、紙媒体と電子媒体のほかに、紙媒体と電子媒体のセットを提供している。ここでは、紙媒体の書籍価格は電子書籍の 1.35 倍、紙媒体と電子媒体のセット価格は紙媒体の 1.37 倍、電子媒体の 1.85 倍の価格が設定されており、表 5-13 の学術雑誌よりも媒体別の価格差は大きい。書籍の方が学術雑誌よりも媒体別の価格差が大きいことは、Elsevier などが発行する専門書の紙媒体と電子媒体の書籍、さらにはこの 2 つのセット価格においてもみられる。

第 6 章

書籍価格の日米比較

1　はじめに

　日本では、部分再販あるいは時限再販として、出版社が決定した書籍価格が書店で変更されることはめったにないが、米国や NBA 廃止以降の英国では、ベストセラー・リストに入るような書籍を中心に、価格の大幅な引き下げが報告されている。本章では、米国で販売されている書籍価格を調査対象として、どの時点で価格引き下げが行われるかという値引きのタイミングと割引率の実態を明らかにする。Amazon は、書籍発行前から予約を受け付けており、出版社が設定した価格と、米国の Amazon の web サイト上に表示された発売前の予約価格、ならびに販売開始から数か月間の実売価格を追跡することで、価格引き下げのタイミングと割引率を把握することができる。その際、フィクション、専門書、ビジネス書や啓蒙書などのフィクション以外の書籍も調査対象にすることで、カテゴリー別に割引の有無とその程度に差異があるのか否かを検証することもできる。さらに、紙媒体書籍と合わせて、Kindle Store から配信されている電子書籍の価格調査を通じ、紙媒体書籍と電子書籍の価格を比較する。再販売価格維持制度がない米国の電子書籍を含む書籍価格の割引率と割引のタイミングを把握することが、本章の第 1 の目的である。

　企業が価格設定能力を持つならば、需要の価格弾力性に反比例するように価格を設定することで、利潤を最大にすることができる。書籍市場は、タイ

トルごとに独立性の高い差別化された市場であり、出版社あるいは書店は、それぞれの書籍特性を踏まえて価格を設定するだろう。その場合、多くの消費者が購入し、娯楽的要素が高いフィクションには、需要の価格弾力性の高さから低価格、主に図書館や研究者が購入し、需要の価格弾力性が低いであろう専門書には、相対的に高いマークアップを付した価格を設定することが予想される。日本と米国の書籍価格の設定方式を考察するにあたっては、同じ内容の書籍で比較する必要があり、ここでは洋書とその洋書の日本語への翻訳書を調査対象とする。本章の第 2 の目的は、洋書とその翻訳書の価格を調査することで、使用言語は異なるが、同一内容の書籍における日米間の価格水準を比較することにある。米国で販売される洋書と日本で販売されている翻訳書のカテゴリー間の価格比較にあたっては、為替レートの問題があることから、フィクションの 1 ページ当たりの価格に対する他のカテゴリーの 1 ページ当たりの価格比率を算出する。日本と米国のそれぞれで複数のカテゴリーの 1 ページ当たりの価格を比較することによって、日米の出版社あるいは書店の価格設定に対する考え方を推測することができる。

　翻訳書の発行には、海外の出版社や翻訳者との契約書の作成、ならびにこれら契約に基づく支払いを必要とするため、通常の書籍の制作費用に加え、翻訳書特有の費用が発生する。その結果、第 5 章のフィクションの単行本と文庫本に関する実証研究では、翻訳書には、当初から日本語で執筆された書籍よりも、高めの価格が設定される傾向が示された。さらに、英語で執筆された書籍は、世界中で販売されるが、日本語の翻訳書の販売先は、概ね日本国内に限定される。書籍制作において、印刷・製本費用は可変費用であるが、編集・校正費用や表紙のデザイン費用は固定費用にあたる。日米間で印刷・製本費用などの可変費用に大差がないならば、日本語への翻訳書の価格は、翻訳特有の費用と販売部数の関係から、洋書よりも割高になることが予想される。これに対し、日本語に翻訳された書籍に、洋書よりも大幅に低い価格が設定されているならば、米国で販売される洋書には日本の翻訳書よりも、高いマークアップが付されていると解釈できる。洋書と翻訳書のカテゴリー間の価格差は、基本的には 1 ページ当たりの価格比で判断されるが、同じタイトルの洋書価格が翻訳書価格を大きく上回るならば、価格設定に費用

以外の要因が働いているとみることができよう。

　以下では、第 2 節で、米国の Amazon の web サイトから、出版社が希望する小売価格と販売開始前の予約価格、ならびに発売開始後の実売価格の推移を調査し、米国で販売されている書籍価格の割引状況を把握する。第 3 節は、フィクション、専門書、これら以外のカテゴリーに関して、米国で販売されている洋書と、日本で販売されている翻訳書の価格水準との比較結果を示す。第 4 節は本章の小括である。

2　米国における書籍価格の割引状況

（1）　調査方法とその結果

　米国の大手書店は、一般に出版社と直接取引し、書籍を買い取ったうえで小売価格を設定する。本節では、米国の Amazon が書籍の刊行前に設定した予約価格から、発売後の価格を追跡することで、価格引き下げのタイミングを把握する。カテゴリー別に割引率に差異があるか否かを確認するため、複数のカテゴリーに属する書籍を調査対象にする。

　米国の Amazon では、発売前の書籍を内容によって、カテゴリー別に分類し、そのカテゴリーごとに予約部数の多い順に書籍タイトル名を表示した上で、予約を受け付けている。調査対象の書籍は表 6-1 のとおりであり、①フィクション（Fiction）、②フィクションに含まれるが、表紙に著者名に加え、イラストレーターの名前が表記されているグラフィック・ノベル（Graphic Novel）、フィクション以外の分野として、③ビジネス・マネー（Business & Money）、④政治・社会科学（Politics & Social Science）、⑤政治・社会科学を細分類した経済学（Economics）のカテゴリーから、2016 年 5 月時点で近刊の予約部数上位の書籍 20 タイトル抽出した[1]。これらのカテゴリーは、Amazon のカテゴリー別の書籍として提供されているタイトル数が多く、日本語への翻訳書が比較的多く発行されている分野でもある。また、カテゴリー間の価格水準を比較するため、制作費用に影響を与える可能性がある数式や図の使用が多い自然科学系の書籍は対象外とした。表 6-1 の 17 番目から 20 番目の書籍（政治・社会科学 1 タイトルと経済学 3 タイトル）は、著者が大学に所属する研究者である。専門書に明確な定義はないが、著者と

その内容から判断して専門書に分類できよう。今回は定期的に価格をチェックする必要性から、Amazon から販売される書籍を調査対象としており、中小の書店よりも高い割引率が適用されている可能性が高いことには留意する必要がある。

　調査開始は 2016 年 5 月 5 日であり、この時点では 20 タイトルすべてで紙媒体の発売が行われておらず、予約受付の段階であった。電子書籍については、1 タイトル（*The Business Blockchain*）で 10 日ほど前に配信が開始されていた以外は、電子書籍も予約段階であった。価格調査は、2016 年 5 月 5 日に続き、6 月 5 日、7 月 5 日、8 月 5 日、9 月 5 日も行ったが、6 月から 8 月の価格変化が小さいことと、表としての見やすさからから、5 月 5 日と 9 月 5 日時点の価格のみを提示した。さらに、2017 年 5 月 5 日時点の価格調査を行い、1 年後の価格の推移状況も把握し、表 6-1 に掲載した。

　表 6-1 の当初価格とは、Amazon の web サイト上で list price と表記されている価格であり、この価格水準は、調査対象の書籍を制作した出版社の web サイト上で表示されている価格である。もっとも、これは価格が拘束されている日本の書籍の定価とは意味合いが異なり、発売前に出版社が希望した小売価格であり、ここでは当初価格と表記した。次の実売価格とは、米国の Amazon の web サイト上に表示されていた調査時点の価格であり、発売開始前は Amazon が設定した予約価格、発売開始後はその時点での販売価格である[2]。次の右側の欄は、（調査時点の実売価格─当初価格）／当初価格× 100 で算定した割引率（％）である。表 6-1 の「当初と 9.5 割引率%」とは、（2016 年 9 月 5 日時点の実売価格─当初価格）／当初価格× 100 で計算された割引率である。「当初と 5.5 割引率%」も同様に、当初価格に対する 5 月 5 日時点の価格の割引率を示す。ページ当たりの価格とは、カテゴリー間の価格を比較するため、当初価格と 2016 年 9 月 5 日時点の価格を Amazon の web サイト上に表記されているページ数でそれぞれ除したものである。なお、Amazon では、紙媒体については当初価格と実売価格の双方が表示されているが、調査時点の電子書籍では、紙媒体とは異なる当初価格が電子書籍の digital list price として表示されているものがあれば、記載がないものもあった[3]。後者の場合、紙媒体と同一の当初価格で電子書籍が販売されている可

能性も考えられるが、電子書籍で digital list price の表示がないものについて
は、調査開始の 5 月 5 日時点で表示されていた電子書籍の価格を当初価格
とし、その当初価格とそれ以降の電子書籍の販売価格で割引率を計算した。
このため、電子書籍の 2016 年 5 月 5 日時点の割引率ゼロの数値は、電子書
籍としての当初価格の記載がない場合と、電子書籍の当初価格に対し割引が
行われず、当初価格のまま配信されている場合の双方が含まれる。

　表 6-1 では、専門書と考えられるハードカバー 4 タイトルで価格引き下
げが行われていなかったが、これ以外のハードカバーまたはペーパーバック
については、発売開始前の 5 月 5 日時点で、出版社が希望した価格を下回
る価格が表示されていた。1 タイトル（*We're All Damaged*）では、ハードカ
バーとペーパーバックの双方が発行され、それぞれを 1 タイトルと数えると、
発売開始前の 5 月時点の割引率は、10％台が 1 タイトル、20％台が 3 タイ
トル、30％台が 7 タイトル、40％台が 6 タイトルであった。出版から一定
期間経過後の価格引き下げを指す時限再販が、日本で実施されることは稀で
あるが、米国の Amazon では、一般に発売前の予約段階で値引きが行われて
いることが確認できる。なお、表 6-1 には含めていないが、米国の大手書
店である Barnes & Noble の web サイトで価格を調査すると、Barnes & Noble
においても予約時点から割引が行われ、その価格と Amazon の価格に大きな
差はなかった[4]。予約段階で値下げが行われていなかった 4 タイトルのうち、
Efficiency and Competitiveness of International Airlines では、8 月の調査時点まで
当初価格が維持され、9 月 5 日の調査で 9.5％の割引が行われていたが、そ
れ以外のハードカバー 3 タイトルでは 9 月時点でも当初価格の水準で販売
されていた。

　電子書籍については、2016 年 5 月 5 日の調査時点で配信、あるいは配信
が予定されていたのは 18 タイトルであった。このうち 1 タイトル（*The
Journey Within*）では、ハードカバーよりも 1 か月半遅れの配信開始であるが、
これ以外は紙媒体と同時、あるいは紙媒体よりも配信開始が先行する。18
タイトルのうち、9 月時点の 1 タイトル（*The Big Picture*）で割引が行われて
おらず、他の 1 タイトル（*Sentient Performativities of Embodiment*）では 0.09％
の価格上昇が見られたが[5]、残り 16 タイトルでは、電子書籍の価格も引き下

表 6-1　米国における価格割引の状況

(単位 ドル)

カテゴリー	基本情報			当初価格	2016年の価格変化						2017年
	タイトル	フォーマット	発売日		実売価格		当初と5.5割引率%	当初と9.5割引率%	ページ当たり価格		実売価格
					2016.5.5	2016.9.5			当初価格	2016.9.5	2017.5.5
Fiction	Time Heals no Wounds	ペーパーバック	2016.6.1	14.95	10.98	9.91	-26.56	-33.71	0.0427	0.0283	9.89
		Kindle	2016.6.1	5.62	5.62	4.24	0.00	-24.56			4.74
	A House for Happy Mothers	ペーパーバック	2016.6.1	14.95	8.56	6.99	-42.74	-53.24	0.0476	0.0223	8.36
		Kindle	2016.6.1	5.62	5.62	5.2	0.00	-7.47			4.24
	Enemy	ペーパーバック	2016.6.1	14.95	9	9.35	-39.80	-37.46	0.0431	0.0269	7.48
		Kindle	2016.6.1	5.62	5.62	4.39	0.00	-21.89			4.31
	We're all Damaged	ハードカバー	2016.6.1	24.95	14.95	11.99	-40.08	-51.94	0.0931	0.0447	14.5
		ペーパーバック	2016.6.1	14.95	10.12	6.99	-32.31	-53.24	0.0530	0.0248	8.44
		Kindle	2016.6.1	5.63	5.63	4.31	0.00	-23.45			4.35
	About the Night	ペーパーバック	2016.6.1	14.95	10.56	9.07	-29.36	-39.33	0.0379	0.0230	8.67
		Kindle	2016.6.1	5.63	5.63	4.39	0.00	-22.02			4.38
	Harry Potter and the Cursed Child	ハードカバー	2016.7.31	29.99	17.99	17.98	-40.01	-40.05	0.0937	0.0562	13.03
Graphic Novel	Saga Volume 6	ペーパーバック	2016.7.5	14.99	12.74	9.68	-15.01	-35.42	0.0986	0.0637	8.15
		Kindle	2016.6.29	13.53	13.53	12.51	0.00	-7.54			12.95
	The Walking Dead Coloring Book	ペーパーバック	2016.5.10	14.99	9.36	10.26	-37.56	-31.55	0.1561	0.1069	11.07

	Title	Format	Date							
Business & Money	The Inevitable	ハードカバー	2016.7.7	28	17.94	17.23	−35.93	−38.46	0.0833	18.88
		Kindle	2016.7.7	29.26	27.04	25.63	−7.59	−12.41	0.0513	26.03
	The Code of the Extraordinary Mind	ハードカバー	2016.5.10	26.99	16.18	15.51	−40.05	−42.53	0.0937	15.51
		Kindle	2016.5.10	24.26	24.26	15.4	0.00	−36.52	0.0539	16.57
	The Business Blockchain	ハードカバー	2016.5.9	27.95	20.79	17.89	−25.62	−35.99	0.1344	17.6
		Kindle	2016.5.10	27.98	27.98	13.36	0.00	−52.25	0.0860	30.19
	Blockchain Revolution	ハードカバー	2016.4.26	30	19.23	18.82	−35.90	−37.27	0.0815	16.32
		Kindle	2016.5.10	30.03	30.03	17.29	0.00	−42.42	0.0511	17.74
Politics & Social Science	The Journey Within	ハードカバー	2016.5.17	24.99	14.99	16.16	−40.02	−35.33	0.0781	13.59
		Kindle	2016.7.5	25.05	25.05	18.28	0.00	−27.03	0.0505	20.38
	The Big Picture	ハードカバー	2016.5.10	28	17.94	17.23	−35.93	−38.46	0.0583	18.94
		Kindle	2016.5.10	16.19	16.19	16.19	0.00	0.00	0.0359	20.38
	But What if We're Wrong?	ハードカバー	2016.6.7	26	16.82	12.86	−35.31	−50.54	0.0903	14.14
		Kindle	2016.6.7	27.23	27.23	23.8	0.00	−12.60	0.0447	16
	The Secret War	ハードカバー	2016.5.10	35	20.34	21.6	−41.89	−38.29	0.0547	22.53
		Kindle	2016.5.10	10.01	10.01	5.29	0.00	−47.15	0.0338	9.93
	Sentient Performativities of Embodiment	ハードカバー	2016.5.15	100	100	100	0.00	0.00	0.2874	100
		Kindle	2016.5.10	100.05	100.05	100.14	0.00	0.09	0.2874	99.64
	Comparisons in Economic Thought	ハードカバー	2016.6.23	160	160	160	0.00	0.00	0.8333	160
		Kindle	2016.5.15	159.02	138.45	122.31	−12.94	−23.09	0.8333	124.73
Economics	Late Neoclassical Economics	ハードカバー	2016.6.29	160	160	160	0.00	0.00	0.7339	115.59
		Kindle	2016.6.10	145.14	127.94	126.3	−11.85	−12.98	0.7339	117.93
	Efficiency and Competitiveness of International Airlines	ペーパーバック	2016.6.16	119	119	119	0.00	−9.50	0.6198	80.91
		Kindle	2016.5.18	119	119	110.39	0.00	−7.24	0.5609	108.66

げられていた。

　サンプル数が少なく一般化はできないが、ハードカバーの割引率は5月時点の平均で12.8%、その後4か月を経て、9月の割引率は15.3%となり、ハードカバーでは発売開始前から割引が行われ、その後の割引率の変化は小さい。ペーパーバックでは、5月時点の割引率の平均は31.9%であり、ハードカバーよりも価格が低いことに加え、予約時点から大幅な割引が行われていた。価格に対し感応的な消費者は、ペーパーバックを選択することを想定した行動であろう。その後、ペーパーバックでは、6月から8月までは35%台で推移し、9月の割引率は40.6%に達した。これに対し、電子書籍の平均割引率は、6月で11.9%であり、その後は徐々に割引が進み、9月時点で16.6%である。電子書籍は紙媒体よりも当初から低価格が設定されるものが多く、割引率は紙媒体よりも小さい傾向があるが、9月時点では割引率がゼロから、50%以上のものもあり、タイトル間で割引率の差は大きい[6]。

　2016年5月から9月までの紙媒体の書籍では、予約受付時点から数か月間に値引きが行われていると要約できるが、表6-1の最も右の欄の2017年5月の価格水準を比較すると、これまでとは異なる状況もみえてくる。専門書の2タイトルを含め、3タイトルでは、2016年9月と2017年5月の価格水準に変化はなかったが、これ以外のほぼ半数では、2017年5月の方が2016年9月よりも価格は上昇していた。価格変化の内訳は、紙媒体書籍の値上げが8タイトル、値下げが10タイトル、電子書籍では値上げが10タイトル、値下げが9タイトルである。Amazonは、膨大なタイトルの書籍を扱う中で、発売開始から約半年の間に低価格を設定するなど、期間を区切った販売に力を入れているということかもしれない。

　電子書籍の割引率や割引のタイミングは、紙媒体書籍とは異なる点があるが、電子書籍では紙媒体よりも販売の歴史が短く、現在は割引率やそのタイミングについて試行錯誤の段階かもしれない。さらに、米国のAmazonが提供する電子書籍の価格に関しては、考慮すべき点が2つある。第1は、電子書籍の価格設定者の問題である。米国における紙媒体書籍の価格設定者は、Amazonなどの書店である。これに対し、米国の電子書籍の価格設定については、第1章で述べたように、当初、Amazonの価格設定から出版社の価格

設定に移行し、その後、司法省との和解によって、価格設定権は Amazon に移行したが、和解で規定された 2 年が経過した 2015 年以降、一部の大手出版社は再度、電子書籍の価格設定権を取得するようになった。Amazon の紙媒体書籍の価格表示が統一されているのに対し、電子書籍ではタイトル間で表示方法の統一性が欠けていることや、紙媒体書籍と電子書籍で割引率に差異があることは、価格設定者が出版社と Amazon に分かれていること、時期によって設定者が変更されていることによるものかもしれない[7]。第 2 は、定額サービスの存在である。Amazon の日本法人は、日本で電子書籍の定額サービスを 2016 年 8 月より開始したが、米国の Amazon は月額 9.99 ドルの定額配信サービスを 2014 年 7 月より実施しており[8]、表 6-1 には定額サービスの対象となる書籍も含まれている。電子書籍を一定程度利用する消費者は、定額サービスに加入すると想定されることから、タイトルごとの販売では値引きを抑制している可能性も考えられる。

　紙媒体書籍では予約時点で大幅な割引が行われているのに対し、電子書籍の価格割引のタイミングは紙媒体書籍よりも遅い傾向がある。紙媒体書籍の場合、Amazon のようなオンライン企業も倉庫を保有し、在庫として書籍を保管するため、在庫費用を考慮すると、早期に販売を集中させるインセンティブが働く。一方、電子書籍では、提供タイトル数の増加が関係するのは、サーバーの容量であり、在庫費用は小さい。米国では紙媒体の価格設定者は書店である一方、電子書籍の価格設定は、出版社とサービス提供者の双方があるが、在庫費用の節減の点では、紙媒体書籍に対する割引を早い段階で行い、書籍販売の回転率を上げることに合理性がある。

　表 6-1 には、ドル表示の 1 ページ当たりの価格も示している。2016 年 9 月時点の価格では、フィクションのハードカバーの 1 ページ当たりの価格は 0.045 ドルから 0.056 ドル、ペーパーバックは 0.022 ドルから 0.028 ドル、グラフィック・ノベルのペーパーバックでは 0.064 ドルと 0.107 ドル、ビジネス・マネーでは、ハードカバーで 0.051 ドルから 0.086 ドル、政治・社会科学の 4 タイトルのハードカバーでは 0.034 ドルから 0.287 ドルの範囲内であった。経済学の 3 タイトルでは、ハードカバーで 0.561 ドルから 0.833 ドルの範囲内にあり、フィクションのハードカバーの 10 倍以上である。サン

プル数が少ないため、一般化はできないが、フィクションと専門書のカテゴリー間の 1 ページ当たりの価格差は大きい。

　表 6-1 は書籍を対象とするが、日本では 2016 年 8 月 1 日から 2 か月間、一部の雑誌を対象に時限再販の実験が行われた[9]。米国の雑誌の価格割引状況をみるため、雑誌の販売部数を発表している Alliance for Audited Media の調査で、販売部数上位の *Woman's World, Cosmopolitan, People, Vogue* と、販売部数の上位ではないが、経済誌の *The Economist* に関して、米国の Amazon と Barnes & Noble の価格を調査した。海外では以前から雑誌は半年あるいは 1 年間の定期購読を条件に大幅な価格割引が行われている。今回の 5 タイトルの雑誌すべてについて、価格を割り引いたうえでの定期購読、あるいは電子雑誌の定期配信が提供されているが、日本で実験的に実施されたような 1 冊単位の価格割引は行われていなかった。米国では紙媒体の雑誌と電子雑誌の割引は、専ら定期購読を通じて行われ、時限再販に相当する発売から一定期間経過後の価格割引は、雑誌ではなく、書籍が対象といえるだろう。

(2)　考察

　米国では原則として書店が返品なしで書籍を購入し、消費者に販売する。同じタイトルの書籍であれば、購入する書店にかかわらず、品質は同一であるため、価格競争が起こりやすい。大手書店である Amazon と Barnes & Noble の販売価格に大差がないという状況は、同質の製品における大手書店間の価格競争の結果であろう。しかし、書籍が予約段階から大幅に値引きされていることは、Amazon などの大手書店から販売される書籍に関して、出版社が設定する価格が形骸化していることを意味する。日本と米国で販売されている書籍の価格比較は次節で扱うが、出版社の希望小売価格が値引きを見込んで高水準に設定されているならば、大きな割引率が必ずしも消費者の便益を向上させるとはいえなくなる。

　同一タイトルの書籍に関し、英国の書店の販売価格を調査した日本書籍出版協会（2013）では、英国の Amazon が、フィクションなどの書籍に対し、他の書店よりも大幅な割引を行っていることが報告されている。Amazon が、予約時点から大幅な割引を行うことができる理由として、第 1 に考えられ

るのは、出版社から見れば Amazon は大口の売り手であり、Amazon への提供価格が取引費用の観点から、中小の書店よりも低くなる可能性である。取引数量による費用差を反映した価格水準の差異は、日本でも「不当廉売に関する独占禁止法の考え方」（ガイドライン）で認められており、これ自体は独占禁止法に抵触する行為ではない。しかし、実際に発生する費用差と割引の程度との関係は、第三者には把握が難しく、公正な競争をめぐって議論を惹起するところであり、米国では書籍価格をめぐって争われた事例もある[10]。第2は、1タイトル当たりの利潤率を低く設定しても、大量に販売することで、全体として一定の利潤を得る、いわゆる薄利多売の戦略である。

　第3は、出版社と Amazon の契約としてのマーケティング・デベロップメント・ファンドの存在である。2014年2月10日付け米国の経済誌 *Forbes* の web版は、Forbes スタッフ Bercovici が執筆した Amazon vs. Publishers と題する記事を掲載した[11]。その中で Amazon が、web サイト上でのプロモーションを希望する出版社に対し、マーケティング・デベロップメント・ファンドへの支払いを要請していること、大手出版社は前年の販売額の5%から7%を Amazon に支払っており、その一部が割引の原資に充てられていると論じている[12]。企業間取引の実態は第三者にとって把握が難しいが、出版社から Amazon に一種の販売促進費が支払われ、これが値引きの原資に充てられているならば、Amazon は競争相手よりも割引率を大きくすることができるだろう。また、出版社が支払う販売促進費は、出版社の費用を増加させ、最終的に出版社の希望小売価格に転嫁されることになるだろう。もっとも、マーケティング・デベロップメント・ファンドについては、当事者から公表された情報ではなく、実態は明らかではない[13]。

　本節ではサンプル数が少なく、タイトルの抽出は、カテゴリーの上位に位置する書籍に限定されているが、米国で販売される書籍価格は、予約段階から割引されていることが示された。出版社が設定する価格が高く設定されているならば、大幅な割引は、必ずしも消費者の便益の増大にはつながらない。次節では、日本語に翻訳された翻訳書とその原本にあたる洋書を対象に、日米の書籍価格を比較しよう。

3　洋書と翻訳書の価格比較

　日本と米国で販売される書籍の価格水準を比較するには、同じ内容の書籍で比較する必要がある。このため、本節では洋書が発行され、その内容を日本語に訳した翻訳書が刊行されている書籍を調査対象とする。カテゴリーによって日米間で価格差があるか否かを確認するため、フィクション、専門書、これら以外の書籍から、それぞれ 20 タイトルを抽出した。また、複数のカテゴリーにまたがる書籍価格を比較するため、本節でも制作費用に影響を与えると思われる多数の数式や写真が含まれる自然科学系の書籍は対象外とし、フィクションと比較可能な主に文字情報から構成される社会科学系と人文系の分野から抽出した。専門書と一般書に明確な区分はなく、あくまでも目安であるが、大学に所属の研究者が執筆し、かつ入門レベルのテキストを除く書籍をここでは専門書と表記した。フィクションや専門書に属さず、日本語への翻訳本が出版されているものとして、ビジネス書、教養書、ノンフィクション、自己啓発書などがある。これらは多岐にわたり、一つのカテゴリーとして命名するのが難しいため、ここではフィクションと専門書以外と表記した。

　以下、（1）項で書籍の調査方法を説明する。（2）項から（4）項は、フィクション、フィクションと専門書以外、専門書の洋書と翻訳書のそれぞれの価格比較の結果、（5）項はこれら 3 カテゴリー間の比較、（6）項は調査結果からの考察である。

（1）　調査方法

　抽出方法は、大手取次やオリコン・リサーチが作成する最近のベストセラー・リスト、新聞や日本評論社の『経済セミナー』に掲載された書籍広告、集英社、講談社、KADOKAWA、新潮社、小学館、ダイヤモンド社、文藝春秋、日本経済新聞出版社、日本評論社、東京大学出版会、名古屋大学出版会、慶応義塾大学出版会、NTT 出版、みすず書房、日本経済評論社などの出版社の web サイト上で公開されている書籍リストから、近年出版された翻訳書を抜き出し、これに対応する洋書の販売価格などの情報を米国の Amazon の web サイトから収集した。

翻訳書、とりわけ、フィクションでは、ハリーポッター・シリーズのJ. K. Rowling、ミレニアム・シリーズのS. Larson、『ダヴィンチ・コード』や『ロスト・シンボル』のD. Brown など、特定の作家に翻訳書が集中する傾向がある。また、書籍の中にはシリーズものとして刊行されるものがある。同一作家やシリーズものでは、価格設定方式や値引きに一定の法則性がある可能性を考慮し、作家とシリーズものは、それぞれ1タイトルずつを抽出するとともに、出版社も可能な限り多岐にわたるようにした。これが、日本で出版された翻訳書を抽出するにあたっての条件である。

次に、米国のAmazon からの洋書抽出の必須条件として、日本語の翻訳書の原本にあたる洋書の当初価格と割引後の価格情報が入手可能であることが挙げられる。日本では出版社が設定した価格が変更されないため、現在は入手不可の書籍であっても、出版社や国立国会図書館の書誌データで価格情報は容易に入手可能である。一方、価格が随時変更される洋書では、取り扱いが不可となっている書籍の当初価格や変更後の価格情報は、Amazon をはじめ、主要な書店のweb サイト上では掲示されていない[14]。米国では、専門書もハードカバーとペーパーバックの双方のフォーマットで刊行されることが多い。専門書では、ハードカバーとペーパーバックの同時発行は珍しくないが、フィクションのハードカバーは、ペーパーバックより先に発売が開始されることが一般的である。このため、ペーパーバックの価格情報は得られるが、ハードカバーが取り扱い不可となって、その価格情報が揃わないケースが多い。米国のAmazon のweb サイトから、日本語に翻訳された洋書の当初価格と変更後の価格情報が、すべてのフォーマットに関して調査時点で入手可能な書籍を抽出条件とした。

本節の目的は、洋書と翻訳書の価格の比較である。外部要因による価格への影響の可能性を考慮すると、洋書とその翻訳書の発行年に大きな差があることは望ましくない。もっとも、人気の高いフィクションでは、原書の発行から1年程度で日本語の翻訳書が販売されるケースがあるが、専門書では、翻訳書が発行されるまでに5年から10年程度のタイムラグがあるものが多く、翻訳書の発行は最近であっても、原書の発行はかなり以前に遡ることがある。洋書と翻訳書のタイムラグは短いことが望ましいが、本章ではサンプ

ル数を確保するため、翻訳書の原書が、2000 年以降に発行されたことを条件とした。

　表 6-2 から表 6-4 は、カテゴリー別に洋書と翻訳書の価格を一覧にしたものである。上段が洋書、下段が日本語への翻訳書であり、洋書の発行の古いものから順番に並べている。ページ数は、Amazon の web サイト上に記載されている数値を採用した。洋書価格（ドル表示）は、米国の Amazon の web サイト上で list price と表記される当初価格と、2016 年 2 月 16 日または 17 日時点の実売価格を示す。割引率（%）は、（調査時点の実売価格—当初価格）／当初価格 × 100 で計算された値である。下段の翻訳書の書籍価格（円表示）は、米国の価格との比較上、消費税を含まない価格で表示した。2015 年 10 月より、日本の Amazon の電子書籍サービスに対して消費税が課されるようになり、2016 年 2 月の調査時点では税込み価格が表示されているが、実際の配信開始はそれ以前であること、紙媒体の翻訳書の価格は消費税を含まない価格を掲載していることから、電子書籍についても税抜き価格で表示した。なお、日本では紙媒体の書籍に関しては定価で販売されるが、電子書籍は再販売価格維持制度の適用除外の対象ではなく、電子書籍の価格は変更されることがある。表に記載の電子書籍価格は、2016 年 2 月中旬時点の水準であり、現在、これが適用されているとは限らない。

　また、日本では単行本、新書、文庫本というように書籍の大きさに基づく分類が一般的であるが、欧米では、書籍をハードカバーとペーパーバックに分けることが多い。今回の専門書 20 タイトルの翻訳書では、すべての単行本にハードカバーが採用されているが、フィクションやフィクションと専門書以外の翻訳書の単行本では、ソフトカバーが採用されているものもある[15]。

（2）　フィクション

　洋書のフィクション 20 タイトルのうち、ハードカバーで発行された作品は 18 タイトルで、そのうち 12 タイトルで、2016 年 2 月の調査時点までに当初価格が引き下げられていた。表 6-1 の専門書以外の書籍では早い段階で値引きが行われていたが、この調査では 1/3 の書籍で値下げは行われていなかった。本来はより多くのサンプルを調査する必要があるが、表 6-1 と

表 6-2 では洋書の発行時期と書籍の人気の程度が異なることが影響しているのかもしれない。

　この 20 タイトルすべてで、ペーパーバックが提供されており、児童書に分類される *The Adoration of Jenna Fox* 以外のペーパーバックで、価格引き下げが行われていた。もっとも、ペーパーバックの *The Adoration of Jenna Fox* には値下げはないが、この当初価格は、同じタイトルのハードカバーの値下げ後の価格のほぼ半額であり、あらかじめペーパーバックの価格水準は低めに設定されている。また、*Wool* のペーパーバック、*Inferno* のハードカバー、*Doctor Sleep* のハードカバーとペーパーバック、*The Martian* のハードカバー、*The Children Act* のペーパーバックでは、40％を超える価格引き下げが行われ、割引率は大きい。このようにペーパーバックで販売されるフィクションでは、値引きが一般的であるのに対し、Kindle Store から電子書籍として配信されている 19 タイトルのうち、6 タイトルで価格が引き下げられている以外は、調査時点において最初に設定された価格が変更された記録はなかった[16]。

　洋書と翻訳書の価格比較にあたっては、為替レートの問題があることから、あくまでも大まかな比較であるが、*The Girl with the Dragon Tattoo* のペーパーバックの当初価格が 9.99 ドル、実際の販売価格が 5.99 ドルであるのに対し、翻訳書の文庫本価格は、上・下合計で 1,600 円である。米国の Amazon から販売される価格水準は、価格把握の時点で異なるが、為替レートを 1 ドル＝ 120 円で計算すると、ペーパーバックの当初価格 9.99 ドルは 1,199 円、販売価格 5.99 ドルは 719 円であり、文庫本で発行された翻訳書の 1,600 円を大きく下回る。*Dust Scarpetta* のペーパーバックの当初価格は 9.99 ドル、販売価格が 7.64 ドルに対し、翻訳書の『儀式』の文庫本価格は、上・下合計で 2,400 円である。また、*Inferno* のハードカバーの当初価格が 29.95 ドル、販売価格が 16.84 ドルであるのに対し、翻訳書のハードカバーの単行本価格は上・下合計で 3,600 円、この洋書のペーパーバックの当初価格が 9.99 ドル、販売価格が 6.63 ドルに対し、翻訳書の文庫本価格は合計で 2,040 円であり、為替レートや翻訳の必要性による費用増加を考慮しても、洋書の方が安いという印象は拭えない。欧米のペーパーバックは、日本の文庫本の紙質とは大きく異なり、日本の書籍を手にしたときの感触を期待することはできない。

表6-2 フィクションの洋書と翻訳書の価格比較

書名	フォーマット	ページ数	発行年月	価格	割引率
Harry Potter and the Deathly Hallows	ハードカバー	784	2007.7	34.99 ドルから 23.37 ドル	−33.2
	ペーパーバック	784	2009.7	14.99 ドルから 9.41 ドル	−37.0
	電子書籍		2012.3	8.43 ドル	0
ハリー・ポッターと死の秘宝　上・下セット	単行本（ハードカバー）	1136	2008.7	3800 円	
ハリー・ポッターと死の秘宝　7-1	文庫本	413	2013.2	760 円	
ハリー・ポッターと死の秘宝　7-2	文庫本	397	2013.2	740 円	
ハリー・ポッターと死の秘宝　7-3（静山社）	文庫本	381	2013.2	720 円	
The Adoration of Jenna Fox	ハードカバー	272	2008.4	24.99 ドルから 18.29 ドル	−26.8
	ペーパーバック	288	2009.9	9.99 ドル	0
	電子書籍		2009.9	11.11 ドルから 9.88 ドル	−11.1
ジェンナ　奇跡を生きる少女（小学館）	単行本（ソフトカバー）	375	2012.2	1500 円	
The Girl with the Dragon Tattoo	ハードカバー	480	2008.9	26.95 ドルから 18 ドル	−33.2
	ペーパーバック	600	2011.11	9.99 ドルから 5.99 ドル	−40.0
	電子書籍		2008.9	6.95 ドル	0
ミレニアム1　ドラゴン・タトゥーの女　上	単行本（ソフトカバー）	438	2008.12	1619 円	
ミレニアム1　ドラゴン・タトゥーの女　下	単行本（ソフトカバー）	438	2008.12	1619 円	
ミレニアム1　ドラゴン・タトゥーの女　上	文庫本	406	2011.9	800 円	
ミレニアム1　ドラゴン・タトゥーの女　下	文庫本	469	2011.9	800 円	
上・下合本（早川書房）	電子書籍		2012.8	1142 円	
The Fifth Witness	ハードカバー	448	2011.4	27.99 ドル	0
	ペーパーバック	439	2011.10	15.99 ドルから 12.24 ドル	−23.5
	電子書籍		2011.4	7.97 ドル	0
証言拒否　リンカーン弁護士　上	文庫本	448	2016.2	910 円	
証言拒否　リンカーン弁護士　下（講談社）	文庫本	448	2016.2	910 円	

書名	形態	ページ数	発売時期	価格	差(%)
Only Time Will Tell	ハードカバー	622	2011.9	35.99 ドル	0
	ペーパーバック	500	2012.3	15.99 ドルから 12.28 ドル	−23.2
	電子書籍		2011.8	11.32 ドルから 9.94 ドル	−12.2
時のみぞ知る 上	文庫本	367	2013.4	670 円	
時のみぞ知る 下 (新潮社)	文庫本	335	2013.4	630 円	
These Dreams of You	ペーパーバック	309	2012.1	16 ドルから 14.66 ドル	−8.4
きみを夢見て (筑摩書房)	文庫本	450	2015.10	1400 円	
The Kings of Cool	ハードカバー	336	2012.6	25 ドル	0
	ペーパーバック	336	2013.6	17 ドルから 14.44 ドル	−15.1
	電子書籍		2012.6	8.13 ドル	0
キング・オブ・クール (角川書店)	文庫本	452	2013.8	952 円	
Wool	ハードカバー	528	2013.3	26 ドルから 21.99 ドル	−15.4
	ペーパーバック	528	2013.3	15.99 ドルから 8.99 ドル	−43.8
	電子書籍		2012.1	2.21 ドル	0
ウール 上	文庫本	351	2013.9	780 円	
ウール 下 (角川書店)	文庫本	366	2013.9	780 円	
	電子書籍		2014.7	758 円	
Inferno	ハードカバー	480	2013.5	29.95 ドルから 16.84 ドル	−43.8
	ペーパーバック	624	2014.5	9.99 ドルから 6.63 ドル	−33.6
	電子書籍		2013.5	8.31 ドル	0
インフェルノ 上	単行本 (ハードカバー)	330	2013.11	1800 円	
インフェルノ 下	単行本 (ハードカバー)	329	2013.11	1800 円	
インフェルノ 上	文庫本	320	2016.2	680 円	
インフェルノ 中	文庫本	304	2016.2	680 円	
インフェルノ 下	文庫本	304	2016.2	680 円	
インフェルノ (KADOKAWA)	電子書籍		2016.2	1620 円	

Ordinary Grace	ハードカバー	497	2013.6	32.99 ドル	0
	ペーパーバック	336	2014.3	16 ドルから 10.26 ドル	−35.9
	電子書籍		2013.3	14.13 ドル	0
ありふれた祈り（早川書房）	単行本（ソフトカバー新書）	400	2014.2	1800 円	
	電子書籍		2015.1	1749 円	
The Never List	ハードカバー	463	2013.8	33.99 ドル	0
	ペーパーバック	320	2014.6	16 ドルから 13.65 ドル	−14.7
	電子書籍		2013.6	16 ドルから 11.35 ドル	−29.1
禁止リスト　上	文庫本	256	2015.8	880 円	
禁止リスト　下（講談社）	文庫本	256	2015.8	880 円	
Doctor Sleep	ハードカバー	531	2013.9	30 ドルから 17.84 ドル	−40.5
	ペーパーバック	560	2014.6	17 ドルから 10.11 ドル	−40.5
	電子書籍		2013.9	6.72 ドル	0
ドクター・スリープ　上	単行本（ソフトカバー）	332	2015.6	1800 円	
ドクター・スリープ　下（文藝春秋）	単行本（ソフトカバー）	351	2015.6	1800 円	
	電子書籍		2015.6	3798 円	
At Night We Walk in Circles:	ハードカバー	384	2013.10	27.95 ドルから 24.3 ドル	−13.1
	ペーパーバック	384	2014.9	16 ドルから 10.66 ドル	−33.4
	電子書籍		2013.10	16.34 ドルから 13.67 ドル	−16.3
夜、僕らは輪になって歩く（新潮社）	単行本（ソフトカバー）	382	2016.1	2200 円	
Dust: Scarpetta	ハードカバー	512	2013.12	28.95 ドルから 19.99 ドル	−30.9
	ペーパーバック	544	2014.9	9.99 ドルから 7.64 ドル	−23.5
	電子書籍		2013.11	7.93 ドル	0
儀式　上	文庫本	384	2014.12	1200 円	
儀式　下	文庫本	384	2014.12	1200 円	
儀式　上・下（講談社）	電子書籍		2015.5	各 1200 円	
The Martian	ハードカバー	384	2014.2	25 ドルから 14.88 ドル	−40.5
	ペーパーバック	448	2015.8	9.99 ドルから 8.92 ドル	−10.7

書名	形態	ページ数	発売日	価格	差（％）
	電子書籍		2014.2	8.92 ドル	0
火星の人 上	文庫本	320	2015.12	640 円	
火星の人 下（早川書房）	文庫本	320	2015.12	640 円	
The Skin Collector	ハードカバー	448	2014.5	28 ドルから 19.01 ドル	−32.1
	ペーパーバック	464	2015.4	16 ドルから 12.05 ドル	−24.7
	電子書籍		2014.5	9.62 ドル	0
	単行本（ハードカバー）	455	2015.10	2350 円	
スキン・コレクター（文藝春秋）	電子書籍		2015.10	2399 円	
The Farm	ハードカバー	368	2014.6	26 ドルから 17.25 ドル	−33.7
	ペーパーバック	400	2015.2	15 ドルから 12.96 ドル	−13.6
	電子書籍		2014.2	10.88 ドル	0
偽りの楽園 上	文庫本	306	2015.8	630 円	
偽りの楽園 下（新潮社）	文庫本	296	2015.8	630 円	
Don't Ever Look Back	ハードカバー	288	2014.7	31.99 ドル	0
	ペーパーバック	288	2015.4	15.99 ドルから 14.94 ドル	−6.6
	電子書籍		2014.4	9.21 ドル	0
もう過去はいらない（東京創元社）	文庫本	368	2015.8	1040 円	
	電子書籍		2015.8	989 円	
World of Trouble: The Last Policeman Book III	ペーパーバック	320	2014.7	14.95 ドルから 12.12 ドル	−18.9
	電子書籍		2014.7	15.04 ドルから 9.82 ドル	−34.7
世界の終りの7日間（早川書房）	新書	294	2012.12	1600 円	
	電子書籍		2015.12	1555 円	
The Children Act	ハードカバー	240	2014.9	25 ドルから 17.64 ドル	−29.4
	ペーパーバック	240	2015.4	15 ドルから 8.92 ドル	−40.5
	電子書籍		2014.9	15 ドルから 12.36 ドル	−17.6
未成年（新潮社）	単行本（ソフトカバー）	230	2015.11	1900 円	

日米で販売される書籍には、為替レートや翻訳による費用増加、さらには書籍の装丁の違いがあり、単純な比較はできないが、装丁の違いや翻訳の必要性が、これだけの価格差をもたらしていると考えるのも不自然だろう。

　米国のフォーマットの発行のタイミングについては、*Harry Potter and Deathly Hallows*、*The Adoration of Jenna Fox*、*The Girl with the Dragon Tattoo*、*The Martian* のハードカバーとペーパーバックのタイムラグはやや長いが、これ以外の作品におけるタイムラグは1年以内であり、ハードカバーの発行からあまり時間を経過せずに、ペーパーバックが発行されている。また、電子書籍は最初に発行された紙媒体書籍と同時期に配信が開始されたものが多く、電子書籍が紙媒体よりも数か月前に配信が開始されたケースもある。

(3)　フィクションと専門書以外

　ビジネス書や啓蒙書などの書籍では、表6-3のとおり、16タイトルがハードカバーとして発売され、そのうち、13タイトルで値下げが行われていた。ペーパーバックでは17タイトル中、14タイトルで値引きが行われ、割引はフィクションだけではなく、フィクションと専門書以外の書籍でも一般に行われていることがわかる。値引きされたハードカバーとペーパーバックの27タイトルのうち、4タイトルは値引率が20%未満であるが、40%を上回る値引きが行われた書籍も7タイトル存在し、値引率は大きい。しかし、*The Willpower Instinct* のペーパーバックでは、当初価格が40.5%値引きされ、Amazonから10.11ドルで販売されているが、文庫本で販売されている翻訳書の価格は740円である。たとえ1ドル＝75円の為替レートであっても、翻訳書の方が価格は低いこととなり、値引率が大きいことが、必ずしも低価格での購入を可能にしているとはいえない。

　20タイトルのうち、調査時点で電子書籍が提供されていなかったのは、ハードカバーが2000年、ペーパーバックが2002年に発売された *The Tipping Point: How Little Things Can Make a Big Difference* のみであり、これ以降に発売が開始されたフィクションと専門書以外の書籍では、最初の紙媒体の発行とほぼ同時期に電子書籍の配信が開始されている。電子書籍19タイトルのうち、10タイトルでは価格が変更された記録がなく、前項のフィク

ションほどではないが、紙媒体よりも電子媒体の方が当初価格は維持されているようである。もっとも、今回扱った電子書籍の配信開始時期は、価格設定権がAmazonから出版社に移行した時期にあたるものがあり、前項のフィクションと同様、出版社とAmazonのどちらが価格設定権を持つかが、価格変更に影響している可能性がある。

　また、洋書のフィクションでは、ハードカバーの発行からほぼ1年でペーパーバックが刊行されていた。これに対し、フィクションと専門書以外の書籍では、ハードカバーからペーパーバックの販売までのタイムラグは、1年から2年程度であり、フィクションより長い傾向がある。日本のフィクションとこれ以外の書籍の購入パターンを分析した第8章では、フィクション以外の書籍の方が、発売開始当初の需要の集中は低い傾向が示されている。米国の書籍の購入パターンは不明であるが、日本の購入パターンが米国でも当てはまるならば、米国における2つのカテゴリーのフォーマット間のタイムラグの違いは、購入パターンの相違を反映していることになる。

(4)　専門書

　表6-4が示す洋書の専門書では、ハードカバーが19タイトルで、そのうち14タイトルでハードカバーとペーパーバックの双方が発行されていた。日本で販売される翻訳書では20タイトルすべてが、一つのフォーマットによる刊行であることとは大きく異なる。また、ハードカバーとペーパーバックの双方が提供されている14タイトルの洋書のうち、9タイトルでは2つのフォーマットが同じ月に発行されていた。第5章で言及したLaband and Hudson（2003）は、専門書ではハードカバーとペーパーバックが同時発行されることが多いことを指摘しているが、このことは表6-4でも確認される。

　個人が私費で書籍を購入するとき、保存性の重視や、それ以外の特別の理由がない限り、同じタイトルの書籍が2つのフォーマットでほぼ同時に発売されれば、ハードカバーよりも価格が低いペーパーバックを選択するだろう。表6-2と表6-3のフィクションと、フィクションと専門書以外の書籍では、最初にハードカバーが発行され、一定期間経過後にペーパーバックが発行されていたが、専門書で2つのフォーマットの同月の発行が目につく

表 6-3　フィクションと専門書以外の洋書と翻訳書の価格比較

書名	フォーマット	ページ数	発行年月	価格	割引率
The Tipping Point: How Little Things Can Make a Big Difference	ハードカバー	288	2000.2	28 ドルから 17.65 ドル	−37.0
	ペーパーバック	301	2002.1	17 ドルから 11.63 ドル	−31.6
急に売れ始めるにはワケがある　ネットワーク理論が明らかにする口コミの法則（SB クリエイティブ）	文庫本	360	2007.6	780 円	
The Long Tail	ハードカバー	256	2006.7	24.95 ドル	0
	ペーパーバック	267	2008.7	16 ドルから 13.99 ドル	−12.5
	電子書籍		2010.11	14.09 ドルから 10.85 ドル	−23.0
ロングテール（早川書房）	単行本（ハードカバー）	302	2006.9	1700 円	
	文庫本	416	2014.5	820 円	
Even Happier: A Gratitude Journal for Daily Joy and Lasting Fulfillment	ペーパーバック	224	2009.8	16.95 ドルから 14.50 ドル	−14.5
	電子書籍		2009.9	13.62 ドル	0
ハーバードの人生を変える授業（大和書房）	単行本（ハードカバー）	224	2010.11	1600 円	
	文庫本	240	2015.1	700 円	
	電子書籍		2014.3	833 円	
Justice: What's the Right Thing to do?	ハードカバー	320	2009.9	25 ドル	0
	ペーパーバック	320	2010.8	15 ドルから 8.65 ドル	−42.3
	電子書籍		2009.9	14.18 ドル	0
これからの「正義」の話をしよう	単行本（ハードカバー）	384	2010.5	2300 円	
これからの「正義」の話をしよう（早川書房）	文庫本（サイズは新書版）	475	2011.11	900 円	
	電子書籍		2012.8	666 円	
Business Model Generation	ペーパーバック（大型本）	288	2010.7	34.95 ドルから 19.36 ドル	−44.6
	電子書籍		2013.2	34.94 ドルから 17.28 ドル	−50.5
ビジネスモデル・ジェネレーション（翔泳社）	単行本（ソフトカバー）	288	2012.2	2480 円	
	電子書籍		2013.10	2407 円	

Steve Jobs	ハードカバー	656	2011.10	35 ドルから 21.8 ドル	−37.7
	ペーパーバック	656	2013.9	20 ドルから 10 ドル	−50.0
	電子書籍		2011.10	9.58 ドル	0
スティーブ・ジョブズ1	単行本(ハードカバー)	448	2011.1	1900 円	
スティーブ・ジョブズ2	単行本(ハードカバー)	431	2011.1	1900 円	
スティーブ・ジョブズ1	新書版(ソフトカバー)	490	2012.11	1000 円	
スティーブ・ジョブズ2	新書版(ソフトカバー)	482	2012.11	1000 円	
スティーブ・ジョブズ1・2 (講談社)	電子版(ソフトカバー)		2012.9	1900 円	
No More Regrets: 30 Ways to Greater Hapiness and Meaning in Your Life	ペーパーバック	180	2011.1	14.95 ドルから 14.06 ドル	−6.0
	電子書籍		2011.1	13.91 ドル	0
後悔しない生き方 人生をより豊かで有意義なものにする 30の方法 (ディスカヴァー・トゥエンティワン)	単行本(ソフトカバー)	136	2011.9	1300 円	
	電子書籍		2013.1	1040 円	
The Willpower Instinct	ハードカバー	344	2011.12	26 ドルから 17.87 ドル	−31.3
	ペーパーバック	288	2013.12	17 ドルから 10.11 ドル	−40.5
	電子書籍		2012.1	14.75 ドル	0
スタンフォードの自分を変える教室 (大和書房)	単行本(ハードカバー)	366	2012.12	1600 円	
	文庫本	288	2015.1	740 円	
	電子書籍			905 円	
Global Trends 2030: Alternative Worlds	ペーパーバック	166	2012.12	10.99 ドル	0
	電子書籍		2012.12	2.21 ドル	0
2030年 世界はこう変わる アメリカ情報機関が分析した「17年後の未来」(講談社)	単行本(ソフトカバー)	304	2013.4	1000 円	
	電子書籍		2013.12	864 円	
Seeing What Others Don't: The Remarkable Ways We Gain Insights	ハードカバー	202	2013.6	27.99 ドルから 20.63 ドル	−26.3
	ペーパーバック		2015.3	16.99 ドルから 12.43 ドル	−26.8
	電子書籍		2013.6	13.84 ドル	0
「洞察力」があらゆる問題を解決する (フォレスト出版)	単行本(ソフトカバー)	304	2015.11	1000 円	
	電子書籍			1700 円	

Firm Commitment: Why the Corporation is Falling us and	ハードカバー	192	2013.6	29.95 ドル	0
How to Restore Trust in it	ペーパーバック	320	2014.9	19.95 ドルから 8.14 ドル	−59.2
	電子書籍		2013.2	13.41 ドルから 12.64 ドル	−5.7
ファーム・コミットメント　信頼できる株式会社をつくる（NTT 出版）	単行本（ソフトカバー）	335	2014.6	2800 円	
Average is Over: Powering America Beyond the Age of the Great	ハードカバー	304	2013.9	26.95 ドルから 18.61 ドル	−30.9
Stagnation	ペーパーバック	304	2014.8	17 ドルから 14.43 ドル	−15.1
	電子書籍		2013.9	18.49 ドルから 15.57 ドル	−15.8
大格差：機械の知能は仕事と所得をどう変えるか（NTT 出版）	単行本（ハードカバー）	368	2014.9	2400 円	
	電子書籍なし				
Focus: The Hidden Driver of Excellence	ハードカバー	320	2013.10	28.99 ドルから 21.93 ドル	−24.4
	ペーパーバック	320	2015.5	15.99 ドルから 8.98 ドル	−43.8
	電子書籍		2013.10	12.37 ドルから 9.13 ドル	−26.2
フォーカス（日本経済新聞出版社）	単行本（ソフトカバー）	368	2015.11	1700 円	
	電子書籍なし				
The Hard Thing About Hard Things: Building a Business When	ハードカバー	304	2014.3	29.99 ドルから 16.61 ドル	−44.6
There Are No Easy Answers	電子書籍		2014.3	13.88 ドル	0
HARD THINGS 答えがない難問と困難にきみはどう立ち	単行本（ハードカバー）	392	2015.4	1800 円	
向かうか（日経 BP 社）	電子書籍		2015.4	1800 円	
Essentialism: The Disciplined Pursuit of Less	ハードカバー	272	2014.4	23 ドルから 15.69 ドル	−31.8
	ペーパーバック	272	2014.4	10.19 ドル	0
	電子書籍		2014.4	20.1 ドル	0
エッセンシャル思考　最小の時間で成果を最大にする	単行本（ソフトカバー）	320	2014.11	1600 円	
（かんき出版）	電子書籍		2014.12	1600 円	

書名	形態	ページ	発売	価格	変化率
The Zero Marginal Cost Society: The Internet of Things, the Collaborative Commons, and the Eclipse of Capitalism	ハードカバー	368	2014.4	28 ドルから 20.37 ドル	−27.3
	ペーパーバック	448	2015.7	18 ドルから 14.38 ドル	−20.1
	電子書籍		2014.4	19.59 ドルから 9.71 ドル	−50.4
限界費用ゼロ社会 〈モノのインターネット〉と共有型経済の台頭（NHK 出版）	単行本（ハードカバー）	536	2015.10	2400 円	
	電子書籍		2015.10	2000 円	
The Soft Edge: Where Great Companies Find Lasting Success	ハードカバー	272	2014.4	28 ドルから 19.56 ドル	−30.1
	電子書籍		2014.3	28.89 ドルから 28.42 ドル	−1.6
グレートカンパニー　優れた経営者が数字よりも大切にしている 5 つの条件（ダイヤモンド社）	単行本（ハードカバー）	336	2015.9	2000 円	
	電子書籍		2015.9	1750 円	
The Intel Trinity: How Robert Noyce, Gordon Moore, and Andy Grove Built the World's Most Important Company	ハードカバー	560	2014.7	34.99 ドルから 25.58 ドル	−26.9
	電子書籍		2014.7	14.44 ドルから 12.8 ドル	−11.4
インテル　世界で最も重要な会社の産業史（文藝春秋）	単行本（ソフトカバー）	582	2015.9	2100 円	
	電子書籍		2015.9	2199 円	
Zero to One: Notes on Startups, or How to Build the Future	ハードカバー	224	2014.9	27 ドルから 15.24 ドル	−20.9
	ペーパーバック	224	2015.6	7.09 ドル	0
	電子書籍		2014.9	14.23 ドル	0
ゼロ・トゥ・ワン―君はゼロから何を生み出せるか（NHK 出版）	単行本（ハードカバー）	256	2014.9	1600 円	
	電子書籍		2014.9	1300 円	
Bold: How to Go Big, Create Wealth and Impact the World	ハードカバー	336	2015.2	28 ドルから 16.66 ドル	−40.5
	ペーパーバック	336	2016.2	17 ドルから 11.5 ドル	−32.4
	電子書籍		2015.2	28.31 ドルから 17.16 ドル	−39.4
ボールド　突き抜ける力（日経 BP 社）	単行本（ソフトカバー）	472	2015.10	2000 円	
	電子書籍		2015.10	2000 円	

表 6-4　専門書の洋書と翻訳書の価格比較

書名	フォーマット	ページ数	発行年月	価格	割引率
From the Vikings to the Normans	ペーパーバック	286	2003.8	50 ドル	0
ヴァイキングからノルマン人へ（慶應義塾大学出版会）	単行本（ハードカバー）	448	2015.1	7400 円	
Cities and the Creative Class	ハードカバー	208	2004.11	150 ドルから 118.23 ドル	−21.2
	ペーパーバック	208	2004.11	45.95 ドルから 44.11 ドル	−4.0
	電子書籍		2005.7	33.31 ドル	0
クリエイティブ都市経済論（日本評論社）	単行本（ハードカバー）	250	2010.1	2800 円	0
Natural Justice	ハードカバー	224	2005.3	44.95 ドルから 41.95 ドル	−6.7
	ペーパーバック	224	2011.1	28.95 ドルから 27.44 ドル	−5.2
	電子書籍		2005.3	21.59 ドル	0
正義のゲーム理論的基礎（NTT 出版）	単行本（ハードカバー）	326	2015.5	4200 円	
The Methodology of Experimental Economics	ハードカバー	302	2005.8	99.99 ドル	0
	ペーパーバック	304	2005.8	39.99 ドル	0
	電子書籍		2005.8	34.31 ドル	0
科学哲学から見た実験経済学（日本経済評論社）	単行本（ハードカバー）	391	2013.5	4800 円	
The Discovery of Islands	ハードカバー	358	2006.1	115 ドル	0
	ペーパーバック	368	2005.9	44.99 ドル	0
	電子書籍		2005.9	38.8 ドル	0
島々の発見　新しいブリテン史と政治思想（名古屋大学出版会）	単行本（ハードカバー）	480	2013.12	6000 円	

Strategic Management 2007 Edition	ハードカバー	251	2007.6	105 ドルから 84.59 ドル	− 19.4
アンゾフ戦略経営論（中央経済社）	単行本（ハードカバー）	376	2015.9	新訳　　　3800 円	
				（2007 年にも販売　3800 円）	
Between War and Politics: International	ハードカバー	232	2007.8	68 ドル	0
Relations and the Thought of Hannah Arendt	ペーパーバック	232	2009.10	44.95 ドル	0
	電子書籍		2014.5	38.97 ドル	0
戦争と政治の間　ハンナ・アーレントの	単行本（ハードカバー）	320	2014.3	4600 円	
国際関係思想（岩波書店）					
Contours of the World Economy 1-2030 AD;	ハードカバー	436	2007.11	218.95 ドル	0
Essays in Macro-Economic History	ペーパーバック	432	2007.12	36.95 ドルから 33.52	− 10.2
	電子書籍		2007.9	36.33 ドルから 31.56 ドル	− 13.1
世界経済史概観：紀元 1 年 -2030 年（岩波書店）	単行本（ハードカバー）	528	2015.6	7400 円	
Evidence and Evolution The Logic behind	ハードカバー	412	2008.4	110 ドル	0
the Science	ペーパーバック	412	2008.4	34.99 ドルから 30.93 ドル	− 11.6
	電子書籍		2008.3	29.98 ドル	0
科学と証拠（名古屋大学出版会）	単行本（ハードカバー）	256	2012.1	4600 円	
Dennis Robertson	ハードカバー	268	2008.7	130 ドル	0
デニス・ロバートソン（勁草書房）	単行本（ハードカバー）	414	2015.11	4800 円	
The Return to Keynes	ハードカバー	320	2010.3	60.5 ドル	0
リターン・トゥ・ケインズ（東京大学出版会）	単行本（ハードカバー）	448	2014.9	5600 円	
Risk and Liquidity	ハードカバー	208	2010.7	55 ドルから 54.01 ドル	− 1.8
	電子書籍		2010.5	36.86 ドル	0
リスクと流動性：金融安定性の新しい経済学	単行本（ハードカバー）	264	2015.1	3800 円	
（東洋経済新報社）					

The Economics of Cultural Policy	ハードカバー	292	2010.7	110 ドル	0
	ペーパーバック	291	2010.7	44.99 ドルから 36.53 ドル	−18.8
	電子書籍		2010.6	38.88 ドル	0
文化政策の経済学（ミネルヴァ書房）	単行本（ハードカバー）	303	2014.9	3500 円	
Media Archaeology: Approaches, Applications,	ハードカバー	368	2011.6	65 ドルから 55.32 ドル	−14.9
and Implications	ペーパーバック	368	2011.6	34.95 ドルから 31.44 ドル	−10.0
	電子書籍		2011.6	41.06 ドル	0
メディア考古学（NTT 出版）	単行本（ハードカバー）	324	2015.2	3700 円	
The Modern World-System IV	ハードカバー	396	2011.6	68.95 ドル	0
Centrist Liberalism Triumphant, 1789-1914	ペーパーバック	396	2011.6	34.95 ドルから 31.44 ドル	−10.0
	電子書籍		2011.6	40.88 ドル	0
近代世界システム　IV（名古屋大学出版会）	単行本（ハードカバー）	432	2013.10	4800 円	
A Brief History of Justice	ハードカバー	280	2011.7	102.95 ドル	
	ペーパーバック	276	2011.7	32.95 ドルから 17.02 ドル	−48.0
	電子書籍		2011.6	32.67 ドルから 26.44 ドル	−19.0
正義はどう論じられてきたか（みすず書房）	単行本（ハードカバー）	288	2015.1	4500 円	
Business History: Complexities and Comparisons	ハードカバー	272	2011.7	180 ドル	0
	ペーパーバック	272	2011.7	60.95 ドルから 52.25 ドル	−14.3
	電子書籍		2013.3	57.06 ドルから 56.97 ドル	
ビジネス・ヒストリー：グローバル企業誕生	単行本（ハードカバー）	350	2014.1	3200 円	
への道程（ミネルヴァ書房）					

Cultural Evolution: How Darwinian Theory Can	ハードカバー	280	2011.9	98 ドル	0
Explain Human Culture and Synthesize the	ペーパーバック	280	2011.9	32 ドルから 29.6 ドル	−7.5
Social Science	電子書籍		2011.9	31.05 ドル	0
文化進化論　ダーウィン進化論は文化を説明	単行本（ハードカバー）	403	2016.2	3400 円	
できるか（NTT 出版）					
Fighting Market Failure: Collected Essays in	ハードカバー	304	2011.12	150 ドル	0
the Cambridge Tradition of Economics	電子書籍		2012.3	143.78 ドル	0
市場の失敗との闘い（日本経済評論社）	単行本（ハードカバー）	402	2015.8	4600 円	
The Great Transformation of Japanese Capitalism	ハードカバー	240	2014.2	145 ドル	0
	ペーパーバック	240	2016.4	53.95 ドル	0
	電子書籍		2014.2	156.06 ドル	0
日本資本主義の大転換（岩波書店）	単行本（ハードカバー）	256	2015.12	3400 円	

のは、保存性を重視する図書館の購入比率が高く、図書館はハードカバー、個人はペーパーバックを選択することを想定した行動と解釈できる。日本語で執筆された専門書であれば、ハードカバーの購入先として想定される大学の図書館や公共図書館の数は限られる。しかし、英語で執筆された書籍であれば、米国に限らず、世界中の大学図書館や研究所の購入が想定されるため、相当数の需要が見込まれる。専門書に関して、ハードカバーとペーパーバックの同時期の発売開始は、フォーマットによって市場を分割しても、一定規模が見込まれることを前提とする出版社の行動であろう。また、2016 年 2 月現在、日本では翻訳書の電子書籍の提供が行われていなかったのに対し、洋書では 16 タイトルが電子書籍としても提供されており、専門書においても電子書籍の配信は一般的である。

　ハードカバー 19 タイトルの中で 14 タイトルについては、価格割引は行われておらず、当初価格が維持されていた。15 タイトルのペーパーバックにおいて、10 タイトルでは割引が行われているが、48％の値引きが行われた *A Brief History of Justice* を除いては、割引率は 4％から 18.8％の範囲内である。専門書で値引きが行われたタイトル数は、フィクションやビジネス書などのフィクション以外の書籍よりも少ないうえ、割引率も小幅である。ハードカバーとペーパーバックを比較すると、ハードカバーで発行される専門書は、値引をするカテゴリーとは認識されていないようである。

　また、洋書と翻訳書の価格を比較すると、*Cities and the Creative Class* の価格が 118.23 ドルに対し、その翻訳書の価格は 2,800 円、*Fighting Market Failure* の価格 150 ドルに対し、その翻訳書の価格は 4,600 円、*The Great Transformation of Japanese Capitalism* の価格 145 ドルに対し、翻訳書の価格は 3,400 円である。為替レートの変動を考慮しても、ハードカバーの洋書価格の方が、翻訳料の支払いを必要とする翻訳書の価格よりも高い。専門書の洋書の方が翻訳書の価格よりも高いことは、米国の専門書では需要の価格弾力性を考慮した価格差別化が行われていることをうかがわせる。

（5）　3 カテゴリーの比較
　表 6-2 から表 6-4 のフィクション、フィクションと専門書以外の書籍、

専門書のサンプル数は、それぞれ 20 タイトルと少ないが、翻訳書の価格と比較すると、米国ではフィクションと比べ、専門書に高価格が設定されているようにみえる。洋書と翻訳書の比較は、為替レートの問題があることから、ここでは洋書と翻訳書のそれぞれについて、3 つのカテゴリー別に 1 ページあたりの価格を計算し、カテゴリー間の比較を行った。表 6-5 は、その結果を集約したものである。

　日本の単行本には、ハードカバーとソフトカバーの双方があるが、表紙の紙質や製本の違いは制作費用に影響を与え、最終的に価格水準に反映される。ここでは、タイトル数が多い洋書のハードカバーと比較するため、サンプル数は少なくなるが、翻訳書の単行本のうちソフトカバーを除く、ハードカバーの単行本を比較対象とした。表 6-5 のハードカバーの洋書の「変更前」とは、ハードカバーの書籍の当初価格をその書籍のページ数で除した 1 ページ当たりの価格の平均値、「変更後」は、割引後の販売価格をページ数で除した 1 ページ当たりの価格の平均値である。「フィクション比率」とは、ハードカバーあるいはペーパーバックのフィクションの 1 ページ当たりの価格に対する各カテゴリーの 1 ページ当たりの価格の比率である。比率にすることで、為替レートの影響を排除して、米国と日本のカテゴリー別の価格差を比較することができる。同様に表 6-6 は、日本で販売されている翻訳書の 1 ページ当たりの価格のフィクションに対する価格比率を示す。

　ハードカバーの洋書の当初価格で計算した 1 ページ当たりの平均価格は、フィクションと専門書以外の書籍で、フィクションの平均価格の 1.34 倍、専門書では 5.51 倍に達している。割引後では、フィクションと専門書以外の書籍の方が、フィクションより割引率が大きいため、フィクションとの価格比は平均で 1.23 倍となり、差がやや縮小している。これに対し、専門書では割引率が小さいため、割引後の比率は 6.59 倍に拡大している。ペーパーバックについても同様の傾向があり、専門書の 1 ページ当たりの割引後の価格は、フィクションの 4.66 倍である。

　一方、表 6-6 の単行本のハードカバーで発行された翻訳書では、フィクションの価格に対し、フィクションと専門書以外の書籍では平均で 1.19 倍、専門書は 2.71 倍であり、洋書と比較してカテゴリー間の 1 ページ当たりの

表 6-5　洋書のカテゴリー別 1 ページ当たり価格差

		ページ当たり価格（ドル）		フィクション比率	
		変更前	変更後	変更前	変更後
フィクション	ハードカバー	0.069	0.055	1	1
	ペーパーバック	0.037	0.028	1	1
フィクション以外	ハードカバー	0.092	0.068	1.34	1.23
	ペーパーバック	0.058	0.043	1.57	1.50
専門書	ハードカバー	0.379	0.364	5.51	6.59
	ペーパーバック	0.144	0.132	3.92	4.66

表 6-6　翻訳書のカテゴリー別 1 ページ当たり価格差

		ページ当たり価格（円）	フィクション比率
フィクション	単行本（ハードカバー）	4.658	1
	文庫本・新書版	2.706	1
フィクション以外	単行本（ハードカバー）	5.553	1.19
	文庫本・新書版	2.172	0.80
専門書	単行本（ハードカバー）	12.617	2.71

価格差は小さい。第 5 章のフィクションの単行本と文庫本の需要関数と価格関数の推定では、書籍価格は主としてページ数などの費用要因によって設定されていることが示されていた。専門書の 1 ページ当たりの価格がフィクションの価格の 2.7 倍に収まっているのは、カテゴリー別の制作費用の差異ということだろう。換言すれば、日米で書籍の費用構造に大きな差がない限り、米国の書籍価格の設定には、費用以外の要因が含まれていることになる。

(6)　考察

　翻訳書の制作には翻訳料の支払いが必要であること、英語で執筆された書籍市場は、日本語の書籍市場よりもはるかに大きいことから、翻訳書の方が原書よりも割高になることは固定費用の点から自然なことである。今回のサ

ンプルは非常に少なく、より多くのタイトルでの調査が必要であるとの前提の下で、日米の書籍のカテゴリー間の価格差について考えていきたい。

　日本語の翻訳書が発行されているフィクションでは、海外で人気の書籍や知名度の高い作家の作品であることが多く、今回のフィクションの翻訳書においても、ハリー・ポッターのシリーズ、S. Larson、J. Archer や D. Brown など、*New York Times* のベストセラー・リストに登場する作家の作品が含まれている。幅広い読者に受け入れられるフィクションと、主たる購入者が図書館や研究者である専門書では、Bailey（1970）が指摘するように、カテゴリーによって需要の価格弾力性が異なり、多くの消費者が購入するフィクションの需要は、専門書よりも価格に対し感応的であろう。欧米の書籍の価格設定方式の検討には、日本語の翻訳書が存在するという制約を外し、より多くの洋書を対象に分析する必要があるが、今回のサンプルから判断する限り、欧米の出版社は、フィクションには低めの価格、専門書には、マークアップを付けて高めの価格を設定している可能性が高い。

　海外では出版社と書店が直接取引を行っているケースや、取次があっても、そのウエイトが低く、さらに、書籍と雑誌で異なる取次が配送を行っているところがある。一方、日本の出版関係者からは、日本では書籍と雑誌をあわせ、大半の出版物を取次から書店に配送することで、流通費用を削減し、その結果、書籍に対し欧米よりも低価格が設定されるという趣旨の発言を耳にすることがある。確かに書籍と雑誌をそれぞれ異なる取次を介して配送するよりも、一つの取次で書籍と雑誌を合わせて配送する方が効率的であろう。しかし、日本と欧米の書籍価格の比較は、どのようなカテゴリーの書籍を対象にしているかで、結論が異なり、取次の効率性のみで日米間の価格差を説明することはできない。

　日本の書籍価格の設定方式を説明した実務書である出版マーケティング研究会編（1991）によると、書籍の価格設定は、①出版後の一定期間内（一般書は6か月、専門書は1年から2年）に販売される部数を予測する。②予測された部数の下で、1冊あたりの直接制作費用（組版代、製版代、印刷代、用紙代、製本代）を見積もる。③見積もられた1冊あたりの直接制作費用を、あらかじめ設定された原価率で除することで定価を算出するとあ

る[17]。原価率は、相田（1993）によると、みすず書房では40％にあらかじめ設定され、出版マーケティング研究会編（1991）の数値例では、38％という数値が使われている。複数のカテゴリーにまたがる書籍間で、同一の原価率が適用されるならば、平均可変費用に大差がない限り、カテゴリー間の価格差は小さくなる。

　専門書の平均販売部数は、これ以外の書籍と比べて少ない。固定費用の存在から、多数の販売部数が見込まれる書籍よりも、専門書の1ページ当たりの価格は高くなるだろう。表6-6の翻訳書の専門書1ページ当たりの価格が、フィクションの2.7倍というのは、そのような費用構造を反映しているのかもしれない。一方、グローバルな販売が期待できる洋書の専門書の1ページ当たり価格が、フィクションの5.5倍あるいは6.6倍であることは、費用以外の要因、すなわち需要の価格弾力性に反比例するように高いマークアップが、専門書に対して付けられていると考えることが自然だろう。

　洋書の専門書では、人気作家が執筆したフィクションに匹敵する販売部数を期待できないものの、世界中の研究者や図書館からの購入が想定されるため、ハードカバーとペーパーバックのようにフォーマットで市場を分割しても、それぞれの市場で一定規模の需要が確保できる。これに対し、日本語の翻訳書、とりわけ専門書に関しては、需要の多くは、日本国内の研究者や図書館に限られるため、市場規模が小さく、その市場をハードカバーとソフトカバーに細分化することは現実的ではないだろう。さらに、カテゴリー間の価格差が小さいことに消費者が慣れていることや、海外の学術雑誌の価格の上昇が大学の図書館予算を逼迫させている現状から、今後、洋書の価格設定方式のように邦文の専門書の価格水準を引き上げた場合、消費者の抵抗感は大きいかもしれない。

　欧米と日本における書籍の価格設定の考え方の違いを象徴するものが、大学で使用するテキストである。経済学のテキストとして、海外の大学で使用頻度の高いスティグリッツ、マンキュー、クルーグマン、ハバードのテキストの翻訳書は、日本の大学でも採用されることが多い。洋書のテキストは頻繁にバージョンアップされるため、価格情報が入手可能な販売中の洋書のバージョンと、日本語の翻訳書のバージョンとが異なり、両者の価格を厳密に

比較することはできない。しかし、米国のペーパーバックの経済学のテキストに、200ドル前後の販売価格が設定されている一方、日本語への翻訳書の多くは5,000円以下の価格が付けられ、翻訳書の価格は、原書である洋書の数分の1である。テキストや学習参考書の作成に携わる日本の出版社からは、「学生が購入するものは、3,000円台に抑える」という趣旨の発言を耳にする。フィクションや専門書というカテゴリー別の需要の価格弾力性よりも、日本では費用に基づく価格設定、あるいは消費者層別のおおまかな支出許容額を想定した価格設定がなされているという印象を受ける。また、欧米では、新品のテキストは高価格で販売されているが、米国のAmazonからは、中古の大学テキストのほか、利用期間を限定した電子書籍、章ごとに分割して販売する電子書籍も用意され、価格メニューが豊富である。高価格の設定であるからこそ、期間限定のレンタルなど、さまざまな価格メニューが進展しているのかもしれない。

　カテゴリー別で書籍の制作費用に大きな差がない限り、米国では専門書と比較して、フィクションには低めの価格が設定されていることになる。それでは、米国のベストセラーに相当する低めの価格を設定し、大量に販売することを意図したカテゴリーは、日本には存在しないのだろうか。日本で低価格で大量に販売され、かつ海外では販売部数が少ないカテゴリーとして、コミックが挙げられる。『出版年鑑　2014年版』によると、米国の発行点数全体に占めるコミックの比率は、2009年で1.62％、2010年で1.36％、2011年で2.21％と、非常に低い。カテゴリー別の販売額は不明であるが、コミックの発行点数が少なく、価格も低めであることから、書籍全体に占めるコミックの販売額はわずかなものと推察される。これに対し、日本のコミックは、一般的に週刊誌や月刊誌で連載され、その数回分をまとめて冊子として販売される。冊子形態のコミックは、出版科学研究所では雑誌扱い、オリコン・リサーチでは書籍扱いとして集計される。出版科学研究所の集計によると、書籍と雑誌扱いのコミックの販売額の出版物全体（書籍＋雑誌）の販売額に占める比率は、2015年で21.5％を占め、コミックの売上状況が出版市場の規模に影響を与える。

　また、2015年の出版社ごとに書籍販売額を集計しているオリコン・リサ

ーチの『ORICON　エンタメ・マーケット白書 2015』では、各出版社の単行本、ムック、文庫本と冊子形態のコミックを合計した書籍販売額に占める冊子形態でのコミックの販売額比率は、2015 年の書籍販売額 1 位の講談社で 66.97 ％、2 位の集英社で 81.26 ％、3 位の KADOKAWA で 29.53 ％、4 位の小学館では 57.99 ％であり、大手出版社の販売額に占めるコミックの比率は高い[18]。単行本のコミックの価格は、税抜きで 400 円から 500 円程度であり、第 5 章の需要分析で扱った文庫本の平均価格 662 円より低い。コミックの 1 ページあたりの価格は約 2 円で、表 6-6 の数値と比較しても低水準である。講談社や集英社などの大手出版社は、幅広いジャンルの書籍を発行しているが、その中でコミックには低めの価格が設定されている。日本では、コミックの人気が根強く、コミックが大手出版社の主要な収入源となっているのに対し、コミック文化が希薄な欧米では、出版社の収入源としてコミックに依存することはできない。欧米の出版社にとって、コミック以外の戦略的な書籍価格の設定により、利潤を確保する必要性が高いのだろう。

　これまで日本の大手出版社は、書籍の価格設定にマーケティングの要素を取り入れずとも、人気の高いコミック作家を確保することで、安定的な経営を実現していたのかもしれない。しかし、単行本のコミックの販売額は比較的安定しているものの、単行本コミックの元になる月刊誌や週刊誌のコミック雑誌市場は縮小傾向にある。コミックに関しては、電子媒体から一定程度の収入を得ているのであろうが、出版社にとっても、これまでのコミックに依存する収入構造の見直しが必要であろう。

4　小括

　米国の Amazon は、販売部数が期待される書籍に対し、発売当初から価格割引を行っていたことが、今回の調査結果から示された。その価格割引は、フィクションに限定したものではなく、ビジネス書などの書籍でも実施されており、米国では初期段階での書籍価格の割引が浸透している。しかし、今回はデータの入手の便宜上、米国の Amazon の販売価格を追跡しており、一般の書店よりも大幅な割引が提示され、かつ、Amazon のアルゴリズムに基づき、頻繁に価格変更が行われている可能性が高い。さらに、企業間の契約

は外部からは不明であるが、出版社から Amazon のマーケティング・デベロップメント・ファンドへの拠出の一部が、割引の原資に使われているならば、出版社が希望小売価格として表示する価格には、事実上、小売店の販売促進費を含むものとなり、割引率の実質的意味も変わってくるだろう。

　しかし、米国で販売される書籍に関して注目したいのは、割引率の大きさではなく、書店が書籍特性に応じて、その価格を変動させているという事実である。返品は一般的ではなく、出版社から書籍を買い取る米国の書店は、いったん仕入れた書籍を、購入者の口コミを含めた広告宣伝やキャンペーンなどの企画を通して販売する。その際の販売手段の一つが、適切な価格水準の設定である。品揃えと価格設定は、日本でも著作物以外の製品を扱う小売店であれば、工夫を凝らす領域であるが、日本の書店は、ほとんどの書籍に関して価格設定権を持たない。現在の日本の書籍流通システムでは、書店は取次から配送された書籍を定価で販売し、売れ残りは返品することによってリスクを回避する。しかし、書店数は減少しているものの、書籍の売上が落ち込む中で、少数の作品を除くと、1 タイトル当たりの発行部数も減少傾向にあり、その結果、発行部数が書店数を下回り、書店が希望する書籍を入手できるとは限らない状況が発生している。取次から希望する書籍が配送されるという前提は、強固なものではなくなっている。一方、最近では、計画販売制と称して、価格設定権あるいは買取・返品条件の選択肢を書店に提供するケースがみられるようになった[19]。選択肢の拡大は、出版社と書店の双方の事務作業を煩雑化させるが、このような事例を通して、価格設定権と返品条件の適切な組み合わせを模索することも必要だろう。

　今回の調査はサンプル数が少なく、一般化は適切ではないが、表 6-2 から表 6-6 で、販売部数が期待されるフィクションの洋書には、日本語への翻訳書と比較して、当初から安価な価格が設定されているのに対し、読者が限定され、研究者や図書館の購入比率が高いであろう専門書では、翻訳書と比較して高価格が設定されていることが示された。専門書よりもベストセラー・リストに登場するようなフィクションの方が、価格に対し需要は感応的であろう。制作費用に即した価格設定を行ったならば、フィクションと専門書で大きな価格差は生じない。つまり、洋書のカテゴリー間の大きな価格差

は、需要の価格弾力性を考慮した価格差別化が行われたことを示唆する。これに対し、フィクションの翻訳書価格は、洋書よりも相対的に高く、専門書は相対的に安価という日本の書籍価格は、需要の価格弾力性を重視せず、制作費用を積み上げて設定していることを裏付けている。第5章で述べたように、日本で書籍のマーケティングとしてしばしば採用されている方法が、書籍を原作とする映画やテレビ・ドラマとのタイアップである。しかし、映像化になじむ書籍は限定される一方、需要の価格弾力性を考慮した価格設定方式は、どのようなカテゴリーの書籍にも適用可能である。日本では書籍ごとに価格設定を精査することで、収入あるいは利潤増加の余地が残されているといえるだろう。次章では、専門書を対象に供給としての書籍の発行と、大口需要者である大学図書館の購入状況、ならびに専門書の価格の決定要因について議論する。

1 ここでは予約部数上位の書籍を調査対象にしたが、Amazon は販売部数によって割引率やそのタイミングに差を設けているかもしれない。予約実績と割引率に関係がある場合、調査対象を販売上位に限定することはバイアスを生じさせることになる。一方、販売が下位の書籍では、発行部数が少なく、これが絶版となった場合、Amazon のweb サイト上では中古の書籍の価格表示はあっても、新品の価格は表示されなくなる。1 年後まで価格を追跡できる可能性を考慮して、予約部数が上位の書籍を調査対象とした。
2 2016 年 5 月 5 日の段階では、実際に紙媒体の書籍は販売されていないが、この日付の価格で予約が受け付けられ、販売開始時にその時点で表示されていた予約価格で消費者に販売される。
3 1 年後の 2017 年 5 月 5 日時点では、複数のタイトルで紙媒体書籍の価格とは異なるdigital list price が併記されているケースが複数あったが、表 6-1 は 2016 年 5 月 5 日時点の Amazon の web サイトに表記されていた情報で作成した。
4 Amazon の方が Barnes & Noble よりも低価格を設定しているケースもあれば、Barnes & Noble の方が低価格のケースや同一価格のケースもあり、どちらが低価格を設定しているというものではなかった。
5 表 6-1 は 2016 年 5 月から 9 月の価格を示しているが、紙媒体と電子書籍の双方で 6 月から 8 月の間でごくわずかではあるが、値上げが行われているものもあり、価格変化はすべて値下げではなかった。
6 *The Journey Within* の電子書籍は、当初の 25.05 ドルから、2016 年 9 月 5 日時点で

18.28 ドルまで引き下げられたが、10 月 5 日時点では 25.33 ドルに上昇し、5 月時点の価格とほぼ同じ水準に戻っている。また、9 月時点に 5.29 ドルで販売された電子書籍の *The Secret War* は、10 月では 9.90 ドルに上昇し、当初価格とほぼ同じ水準になっている。電子書籍の場合、キャンペーンなどで価格が変化し、タイトル間だけではなく、同じタイトルの書籍においても価格の変動が大きいようである。

7　日本の Amazon では、電子書籍の価格を出版社が設定した場合には、Amazon の web サイト上でその旨表示があるが、米国ではそのような表示はない。出版社の価格設定権の取得についても、各出版社と Amazon の交渉によるものであり、設定権取得の時期は出版社によって異なる。米国の場合、Amazon の web サイト上の情報では、各タイトル別の電子書籍の価格設定者が、Amazon であるのか、出版社であるのかは明らかではない。

8　米国の Amazon の 2014 年 7 月 18 日付けプレスリリース http://phx.corporate-ir.net/phoenix.zhtml?c=176060&p=irol-newsArticle&ID=1948786　（2016 年 9 月 17 日閲覧）。

9　2016 年 8 月 2 日付け日本経済新聞による。書店によっては価格割引ではなく、ポイントで還元するところもあった。

10　1998 年に米国書店協会（American Booksellers Association）とチェーンに属さない独立系書店は、Barnes & Noble と Borders Group が、出版社から特別の割引や他の有利な条件を享受しており、これがロビンソン・パットマン法（Robinson-Patman Act）に違反するとして、Barnes & Noble と Borders Group を提訴した。2001 年に裁判所は、原告の主張は、被告の行為と原告が被ったとされる被害の因果関係を明確に示していないとする判断を下した（135 F. Supp.2d 1031）。

11　Forbes web 版 https://www.forbes.com/sites/jeffbercovici/2014/02/10/amazon-vs-book-publishers-by-the-numbers/#5b4c4e434ef9（2017 年 3 月 13 日閲覧）。

12　2018 年 2 月 28 日付け日本経済新聞は、日本でも Amazon が国内メーカーに対し、販売金額の 1% から 5% を協力金として支払うよう要請していることを報じている。もっとも、これが、米国のマーケティング・デベロップメント・ファンドに相当するものかは不明である。

13　英国の現地調査やインタビュー結果を報告した日本書籍出版協会（2013）では、英国においても、Amazon の仕入れ価格が他社よりも安い可能性（pp.27-28）と、出版社は書店に販売促進費を支払っていること（p.18）を指摘している。

14　Amazon や米国の他の大手書店の web サイト上では、新品の書籍の取り扱いがない場合、定価あるいは出版社の希望小売価格は掲載されず、マーケットプレイスでの中古品の価格のみが表示される。最近では、2、3 年前に発売が開始された書籍であっても、新品の取り扱いがないケースがあり、これら価格情報が得られない書籍は対象から除外した。

15　国立国会図書館の書誌データや、出版ニュース社が毎年発行する『出版年鑑』に掲載されている 1 年間に発行された書籍リストには、書籍の大きさの記載はあるが、ハードカバー（上製）、ペーパーバック（並製）の記載はない。出版社の中には、既刊書リストに上製・並製の別を掲載するところもあるが、一般的には書籍の大きさの記載にとどまっている。上製・並製の記載がない翻訳書については、実物で確認した。

16 表 6-1 では、電子書籍においても配信から数か月後に値引きが行われていたが、表6-2 では電子書籍の価格が引き下げられたケースは少なかった。表 6-1 の電子書籍の配信開始は 2016 年であるが、表 6-2 はそれ以前であり、第 1 章で述べた電子書籍の価格設定者の問題や電子書籍の競争環境の違いが関係している可能性が考えられる。

17 出版マーケティング研究会編（1991）は、20 年以上前に発行された解説書であるが、日本学術振興会が学術図書の刊行を補助する際に出版社に求める見積書における直接制作費の内訳は、現在でも組版代、製版代、印刷代、用紙代、製本代であり、設定方式は基本的には変わっていない。

18 オリコン・リサーチは書籍データを集計しているが、雑誌は集計対象外であることから、雑誌収入に占めるコミックの比率は不明である。しかし、コミック雑誌に関しても、集英社、講談社、小学館は発行部数の多い月刊誌、週刊誌を刊行していることから、雑誌収入に占めるコミック雑誌の占める比率も高いと思われる。

19 日本書店商業組合連合会の web サイト上の「全国書店新聞アーカイブ」における2010 年 2 月の記事によると、小学館は、図鑑を対象に通常の委託販売と、書店へのマージン率を高める代わりに、返品の代金を減額する計画販売制の選択を書店に提示したとある。また、新文化通信社の web サイトの 2015 年 12 月 10 日付けのニュースによると、集英社が写真集に計画販売制を導入したことが報道されている。

第7章

専門書の発行と大学図書館

1　はじめに

　2000年代に入り、書籍の販売部数の減少、出版社や書店の退出など、書籍市場では暗いニュースが多いが、そのような書籍市場では、販売のウエイトが高いフィクション、あるいは市場全体が念頭に置かれ、研究者や大学図書館が主たる購入先である専門書に注意が払われることはほとんどない。一方、大学図書館における中心的な話題は、Elsevier や Springer などの大手学術出版社が発行する雑誌価格の高騰の問題であり、日本で発行される専門書の購入が、議論の対象として取り上げられることはめったにない。しかし、定期刊行物である学術雑誌の価格高騰は、図書館予算の大幅な増額がない限り、専門書の購入を抑制させる。米国や英国では、人文・社会科学系の専門書の発行に危機感を抱き、専門書市場が直面する問題に焦点を当てた報告書や論文が複数発表されている。

　本章では、欧米での議論を踏まえ、次の3点をテーマに、日本で発行された専門書を対象とする実証分析を行う。1点目は、専門書市場の特徴をデータで提示することである。専門書の定義は曖昧であるが、フィクションとは異なり、購入者が限定される。これに加え、日本の学術出版社と呼ばれる出版社は、全体として中小規模であり、その実態が十分に把握されているとは言い難い。佐藤他（2011）は、学術出版社へのインタビューを通じた分析を行っているが、本章ではデータを用いて専門書の特徴を明らかにする。

2点目は、経済学関係の専門書の発行状況と大学図書館の購入状況を把握することである。近年では、大学図書館の予算削減と海外の雑誌価格の上昇によって、大学図書館の書籍購入が制限されるようになった。1980年、2000年、2014年という異なる年次を対象に、その年に発行された経済学関係の専門書の発行点数と、それぞれの書籍の大学図書館の所蔵館数を調査することで、需要と供給を大まかに把握する。3点目は、2014年に発行された書籍に対象を限定するが、予測される需要と価格の内生性を考慮し、大学図書館の需要関数と価格関数を連立で推定することである。個々の専門書の販売部数が不明であるため、大学図書館の需要に限定されるが、需要と価格の決定要因を提示することができる。

　以下、第2節では、出版科学研究所のデータで専門書の特徴を明らかにするとともに、専門書に関する欧米の議論を紹介する。第3節は、専門書の大口需要者である大学図書館の状況を概観する。第4節は、複数年にわたる経済学関係の専門書の発行状況と大学図書館の購入状況をデータで把握する。第5節は、大学図書館の専門書の需要関数と価格関数を連立で推定した結果を報告するとともに、その結果からの考察、第6節は本章の小括である。また、補論1では、日本の専門書の価格設定との比較のため、Elsevierが発行する経済学関係の書籍の価格設定要因を分析し、補論2では、専門書との比較として、学術雑誌価格の分析事例の概要を述べる。

2　専門書市場の概要

　専門書には、日本だけではなく、海外においても明確な定義はないが、Thompson（2005）は専門書（scholarly monograph）を「主として他の研究者の利用を意図して、研究者によって執筆された特定のトピックあるいはテーマに関する研究成果」と定義し、この定義が、Jubb（2017）で引用されている。一方、日本では書籍分類の目安として、日本図書コード管理センターが設定したCコードがある。Cコードは、Cに続く4桁の数字から構成され、現在では、ほぼすべての書籍の裏表紙に印刷されている。最初の1桁目が書籍販売対象を示し、一般、教養、実用、専門、検定教科書・その他、婦人、小中学生の学習参考書（学参Ⅰ）、高校生の学習参考書（学参Ⅱ）、児

童、雑誌扱いの 10 項目からなる。2 桁目は、単行本や文庫本など 7 項目の発行形態、残り 2 桁で書籍内容を示す。それぞれの書籍への C コードの付与は、出版社が行っており、出版社によって判断基準は異なるが、大学の教科書としての使用を想定した書籍の多くは、C コードの 1 桁目が示す専門書に分類されており、Thompson（2005）の専門書の定義より広いといえよう。

　出版科学研究所は、新刊書の発行点数や発行部数を C コードと同様の販売対象と販売形態別に集計し、『出版指標年報』で公表している。出版科学研究所の販売対象別の分類項目は、検定教科書や雑誌扱いを除いては[1]、C コードの項目と同一であるが、出版科学研究所が個々の書籍を改めて分類しており、必ずしも出版社の分類とは一致しない[2]。出版科学研究所は、1995 年に新刊書に関する統計データの集計方法を変更していることから、表 7-1 は、出版科学研究所が集計した新刊書のデータで連続性が確保された 1996 年から 2017 年までの販売対象別新刊書の発行点数と発行部数、さらに、その 2 つから計算された新刊書 1 点当たりの発行部数の期間別平均値を示す。

　新刊書全体の年間発行点数は、第 3 章でみたとおり、2009 年をピークに、その後は若干であるが、減少している。そのような状況から、表 7-1 の上段の書籍全体の新刊点数は、2005 年から 2009 年の平均値が最も高い。2017 年では、一般書の発行点数が全体の 49％、2 番目が実用書の 22％、次いで専門書の 15％であり、専門書の発行点数は 3 番目に位置している。

　表 7-1 の中段の新刊書全体の発行部数は、1996 年から 1999 年の平均で 43,564 万冊から、2015 年から 2017 年の平均で 32,043 万冊に減少している。発行部数の減少率が大きいカテゴリーは、教養書、実用書、女性書であり、後者 2 つについては、インターネット上で流通する情報と競合しているのかもしれない。これに対し、専門書の発行部数は、書籍が全体で減少に転じた 2010 年から 2014 年の間も増加していた。専門書の発行部数自体は少ないが、書籍市場全体が縮小している中で専門書が堅調に推移していた背景には、専門書の主たる購入者が、その書籍に関係する研究者や大学などの専門図書館に限定され、インターネットや景気変動の影響を受けにくいことが考えられる。しかし、専門書の発行部数も、2015 年から 2017 年の平均は 641

万冊で減少に転じており、今後の推移をみる必要がある。

　表 7-1 の下段は、発行部数を新刊点数で除した新刊書 1 点当たりの発行部数である。専門書 1 点当たりの発行部数は、比較的安定しているものの、他の書籍と比べて発行部数が少なく、2015 年から 2017 年の平均は 600 冊を下回った。出版科学研究所の新刊書の集計は、初版のみを対象とし、重版された新刊書の発行部数の数値は含まれない。しかし、1 点当たりの発行部数が少ない専門書が重版されることは一般的ではないことから[3]、重版が集計対象に含まれないことで、発行部数が過度に少なく見積もられているとも考えにくい。また、表 7-1 の数値は発行部数であり、販売部数ではないことに留意する必要がある。販売対象別の返品率データが不明であるため、2017 年の書籍全体の金額ベースで測った返品率 36.7％ と 2017 年の専門書 1 点当たりの発行部数 590 冊から計算すると、2017 年の専門書の販売部数は 373 冊になる[4]。2017 年でみると、専門書は新刊点数の 15.5％ を占めるが、一般書の発行部数の書籍全体に占める比率が 71.8％ であるのに対し、専門書の発行部数比率はわずか 2.1％ である。専門書の新刊書 1 点当たりの発行部数は一般書の 1/10 以下であり、専門書は書籍市場の中でも少量多品種生産が当てはまる。

　Thompson（2005）によると、大学出版会が 1997 年に発行したハードカバーの専門書のほぼ 80％ が刊行から 1 年以内、15％ が 2 年目に販売され、発行から 2 年で大部分の販売が終了すること、人文・社会科学系の書籍の 47％ は、1 年間の販売部数が 500 冊未満、85％ が 750 冊未満であることを報告している（p.95）。これは、20 年前の数値であり、現在ではさらに小さくなっている可能性が高い。また、ここでの書籍の大部分は、世界中で販売可能な英語で執筆された専門書と考えられるが、そのような書籍であっても、販売部数は一般に 1,000 冊に達していない。Thompson（2005）の専門書の基準に相当する日本語で執筆された書籍では、Thompson（2005）が報告した冊数よりも少ないと考える方が自然である。

　また、出版科学研究所は、販売対象と発行形態別に発行額と平均価格を算出している。2017 年の新刊書の発行額 3,668 億円のうち、一般書の占める比率が 61.0％ と最も高く、次いで実用書の 19.2％、3 番目が専門書の 7.6％

表 7-1　販売対象別新刊書の発行状況

新刊書　発行点数（点数）

	一般	教養	実用	専門	女性	学参Ⅰ	学参Ⅱ	児童	合計
1996-1999	34,626	1,318	12,934	8,688	290	1,763	1,861	3,278	64,758
2000-2004	39,156	1,848	14,513	7,966	303	2,066	1,531	3,773	71,155
2005-2009	41,452	1,345	14,784	10,885	297	2,239	1,633	4,674	77,309
2010-2014	39,577	1,173	15,927	10,976	201	3,070	1,491	4,235	76,650
2015-2017	36,396	950	16,799	10,998	209	3,646	1,525	4,325	74,847

新刊書　推定発行部数（万冊）

	一般	教養	実用	専門	女性	学参Ⅰ	学参Ⅱ	児童	合計
1996-1999	31,965	150	7,389	568	312	551	599	2,031	43,564
2000-2004	29,430	143	6,974	486	268	689	450	2,480	40,920
2005-2009	28,058	130	6,493	682	230	734	530	2,888	39,746
2010-2014	25,907	111	5,414	712	83	812	439	2,032	35,510
2015-2017	22,860	72	4,983	641	70	809	398	2,209	32,043

新刊書 1 点当たり推定発行部数（冊）

	一般	教養	実用	専門	女性	学参Ⅰ	学参Ⅱ	児童	合計
1996-1999	9,257	1,121	5,710	652	10,727	3,162	3,212	6,209	6,728
2000-2004	7,522	776	4,817	610	8,840	3,103	2,941	6,553	5,762
2005-2009	6,770	968	4,392	627	7,713	3,277	3,236	6,179	5,142
2010-2014	6,548	937	3,408	649	4,119	2,915	2,931	4,810	4,635
2015-2017	6,282	755	2,966	583	3,382	2,214	2,608	5,108	4,282

出所　出版科学研究所『出版指標年報』各年版のデータより作成

である。2017 年の専門書の発行部数比率が全体の 2.1％であるのに対し、発行額の比率が 7.6％であるのは、平均価格の高さによる。2017 年の書籍全体の平均価格は 1,167 円で、最小値は一般書の 992 円、最大値は専門書の 4,192 円である。2 番目に高いのは教養書の 2,647 円であり、専門書の価格は他のカテゴリーの書籍価格を大きく上回る。

　Maron et al.（2016）は、2014 年に 20 の米国の大学出版会から 382 タイトルの書籍制作費用を収集し、大学出版会を収入規模別に 4 つのグループ

に分けた上で、制作費用の内訳を報告している。1タイトル当たりの総費用は、最も小規模なグループで平均 30,091 ドル、最も大規模なグループで平均 49,155 ドルであり、固定費用に相当する原稿収集、編集、デザイン、マーケティングに要した人件費が大きな割合を占めている。

出版科学研究所による 2016 年の専門書の発行額と新刊点数から、1 点当たりの発行額を算出すると、253 万円となるが、実際の販売額は発行額を下回る。Maron et al.（2016）の結果を 1 ドル＝ 100 円の為替レートで換算すると、米国での書籍制作費用は少なくとも 300 万円と見積もられる。米国の大学出版会では、書籍の発行にあたって数名による査読制度を採用しており、これが費用を増加させる要因となるが、査読費用を除いても、大学の教科書以外の専門書の場合、制作費用と販売額の大小関係から、書籍販売のみで採算をとるのは一般的には難しいといえるだろう。

米国や英国では、既に専門書の販売部数に減少傾向が見られ、人文系の専門書市場の縮小に警鐘を鳴らす報告書が公表されている。その一つが、Jubb（2017）である。これは 2014 年から 2016 年に実施された英国芸術・人文リサーチカウンシル（Arts and Humanities Research Council）と大英図書館の共同プロジェクトの最終報告書として作成されたものであり、市場の推移、図書館との関係、オープン・アクセスなど、専門書に関する包括的な議論がとりまとめられている。Jubb（2017）によると、2005 年と 2014 年の人文系の専門書の発行点数、販売部数と販売額を比較すると、発行点数は全体で 45％増加しているのに対し、1 点当たりの販売部数は落ち込み、その結果、販売部数は減少、販売額は微増となっていることが報告されている。

また、専門書の購入先の調査として、Anderson（2014）は、2012 年にシカゴ大学出版会が発行した 326 タイトルの書籍販売における図書館の購入比率を調査した。その結果、326 タイトルのうち、専門書に分類された書籍は 127 タイトルで、その 127 タイトルの販売部数の 46.7％は、図書館による購入分であった。とりわけ文学研究や歴史に分類された専門書では、図書館の購入比率が 50％を超えており、専門書の出版社にとって、図書館は大口需要者といえる[5]。さらに、米国の大学出版会の状況を報告した Sherman（2014）は、10 年前から 15 年前では、図書館全体で 1 タイトル当たり 1,000

冊程度が購入されていたものが、学術雑誌などの定期刊行物の価格高騰によって、図書館が書籍の購入を抑制し、現在では 300 冊から 400 冊に落ち込んでいることを記している。大口需要者である大学図書館の購入減少が、専門書市場の縮小につながっているようである。

3　大学図書館

　本節では、専門書需要に影響を与える日本の大学図書館の状況を概観しておきたい。文部科学省が毎年行っている「学術情報基盤実態調査」によると、大学全体の図書館経費は、国立大学が法人化した 2004 年の 825 億円をピークに、2016 年では 746 億円まで減少した。図書館経費の内訳をみると、1990 年時点では、経費全体の 56％ が書籍購入に充てられていたのに対し、電子ジャーナルの価格高騰の影響で、2016 年の電子ジャーナルの支出比率は 39.5％ に上昇した一方、書籍に対する支出比率は 25.9％ まで低下した。図 7-1 が示すように、2000 年代後半以降、大学図書館経費が減少傾向にあることに加え、定期刊行物である電子ジャーナルの支出比率が高まった結果、書籍への支出は、1993 年の 370 億円をピークに、その後、徐々に減少し、2016 年ではほぼ半分の 193 億円となった。

　また、日本図書館協会は、毎年、大学図書館あてに調査票を送付し、その結果を『日本の図書館　統計と名簿』で公表している。図 7-1 の受入図書冊数とは、国立大学・公立大学・私立大学・短期大学の図書館の書籍の年間受入冊数を合計したものである。年間の受入冊数と図書購入費は、1990 年代半ばをピークに次第に減少しているが、集計値に影響を与える大学と短大の図書館数は、1975 年の 1,100 館台に対し、2016 年では 1,600 館を超えていることから、図書館 1 館当たりでは、集計値以上に書籍購入費が抑制されていたことになる。

　また、大場他（2012）は、2006 年前半に発行された書籍に関して、国立国会図書館、公共図書館、大学図書館別に所蔵状況を調査した結果を報告している。C コードの販売対象を示す 9 項目にわたる書籍 5,046 点の 82.2％ が、いずれかの公立図書館に所蔵され、大学図書館ではその比率は 59.2％ であった。C コードで専門書に分類された 891 点に関しては、公立図書館の所

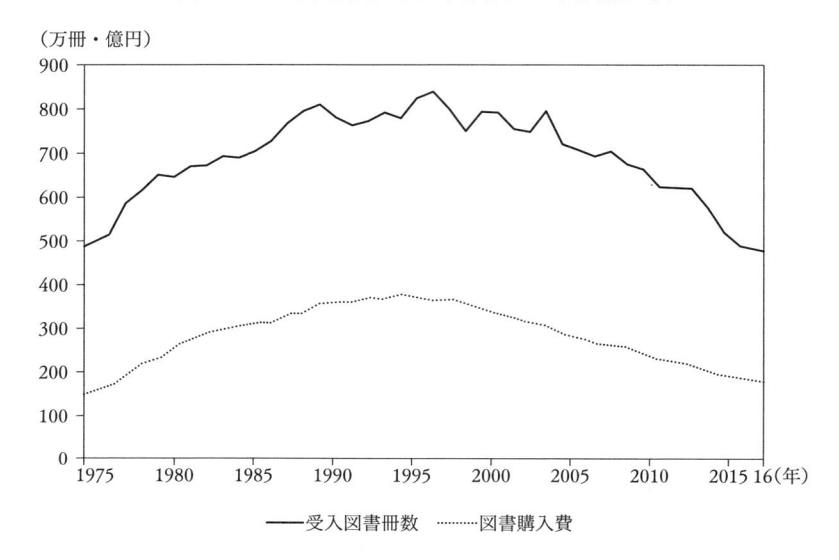

図7-1 大学図書館の受入図書冊数と図書購入費

（万冊・億円）

出所 日本図書館協会『日本の図書館 統計と名簿』各年版より作成

蔵率は84.3%、大学図書館では89.6%であった。さらに、ページ数と公共図書館の所蔵館数、価格と公共図書館の所蔵館数の相関係数が、それぞれゼロに近い負の値であるのに対し、ページ数と大学図書館の所蔵館数との相関係数は0.271、価格と大学図書館の所蔵館数の相関係数は0.331で正の相関関係であることも報告されている。大場他（2012）は、大学図書館は、専門書、高価な書籍、ページ数が多い書籍を選択的に収集していることが確認できたと結論付けている。

4 経済学の専門書

第2節では専門書の供給、第3節では大学図書館という大口需要者の専門書需要をみてきた。本節ではこれまでの全体的な傾向を踏まえ、経済学の専門書の発行状況と大学図書館の購入状況について考察する。第5章の実証分析では、オリコン・リサーチが集計した書籍販売部数のデータを使用し

てきた。しかし、2014 年に発行され、日本十進分類で、331（経済学・経済思想）、332（経済史・事情・経済体制）、333（経済政策・国際経済）に該当する新書版を除く単行本 130 タイトルを対象に、オリコン・リサーチの販売部数を調査したところ、33 タイトルに関してはデータベースへの登録がなく、販売部数が 9 冊以下の書籍が 45 タイトル、販売部数が 10 冊から 49 冊までの書籍が 28 タイトル、C コードで専門書に分類された書籍に限定すると、販売部数が 50 冊以上の書籍は 21 タイトルにすぎなかった[6]。オリコン・リサーチの集計対象は、書店の小売販売部数であり、大学図書館や公共図書館の購入[7]、日本生活協同連合会を介した販売部数は含まれていない。オリコン・リサーチのデータベースは、Amazon などのオンライン企業を含む主要な小売店をカバーしているが、専門書の需要分析には、このデータベースは適さない。このため、本章では、データが把握可能な大学図書館の購入に限定した分析を行うこととした。もっとも、オリコン・リサーチのデータで登録されていた書籍に関して、小売販売部数と大学図書館の所蔵館数との相関係数を計測すると、0.804 で高い正の相関関係を示し、大学図書館で所蔵頻度が高い書籍は、小売店の販売部数も多い傾向にある。

　大学図書館の所蔵状況は、2017 年 7 月下旬に国立情報学研究所の CiNii Books で検索することで把握した。早稲田大学と慶應義塾大学の図書の所蔵状況は、CiNii Books では表示されず、個別に大学の web サイトから検索する必要があるが、今回は、CiNii Books のみの検索とした。また、CiNii Books の調査は、各図書館の所蔵の有無を示し、図書館の所蔵冊数は不明であるが、一部の書籍を除き、図書館単位では同一タイトルの複数購入を行わない方針をとっていることから[8]、所蔵館数と購入部数は、ほぼ一致するとみなすことができる。直近の書籍として、2014 年に発行された書籍を採用した。図書館の購入は、刊行から 1 年以内が多く、データの収集を行った 2017 年 7 月時点で、刊行から 2 年以上が経過している 2014 年に発行の書籍を調査対象とすることで、購入の意思がある大学図書館は、既に購入ならびに CiNii Books への登録を終えていると考えることができる。これに時系列での比較のため、1980 年と 2000 年に発行された書籍も分析対象に加えた。

　出版ニュース社は、『出版年鑑』で、1 年間に発行された書誌情報を掲載

している。今回は、経済学で専門書の比率が高いであろう日本十進分類で331から333まで（経済学・経済思想、経済史・事情・経済体制、経済政策・国際経済）のいずれかに該当し、かつ A4、B5 あるいは B6 サイズの単行本で、C コードで専門書に分類された書籍が対象である。また、政府刊行物や新聞社が編集した経済用語集などの書籍は除外するとともに、学会が編集・刊行した書籍は、大学図書館が購入せずとも、既に会員に配布されていることから、これらの書籍も対象から除外した。なお、出版社が C コードで専門書として分類した書籍には、大学生向けの教科書も含まれている。教科書を除いた書籍の分析は次節で行うこととし、本節では C コードの分類をそのまま使用しており、Thompson（2005）の定義よりも広義の専門書の所蔵状況の調査ということになる。

　表7-2 は、収集されたサンプルの概要である。今回の専門書に関しては、いずれの年においても、少なくとも 1 館の大学図書館での所蔵が確認されている。経済に分類された書籍の一部を対象としており、これのみで経済学の専門書の傾向を提示することはできないが、今回の分析対象に該当する書籍タイトル数は、1980 年の 227 タイトルから、2014 年では 166 タイトルに減少している。ある程度の販売部数が見込まれる教科書を除く専門書の発行タイトル数は[9]、1980 年で 168 タイトル、2000 年で 154 タイトル、2014 年では 106 タイトルである。このように 2014 年の教科書を除く専門書の発行タイトル数が、1980 年の 2/3 以下に減少していることの要因として、次の 2 点を挙げることができる。1 点目は、表7-2 の 1 タイトル当たりの所蔵館数が、書籍への予算が現在よりも潤沢であった 2000 年で平均 147 館であったのに対し、2014 年では 109 館となったことが示すように、大口需要者である大学図書館が書籍購入を抑制したため、出版社が採算面から専門書の刊行を躊躇していることである。2 点目は、経済史や経済思想の研究者は、書籍の刊行を志向する傾向があるが、経済理論や実証分析の研究者は、研究成果の発表の場として、書籍よりも海外の学術雑誌を志向する傾向が高まっており、教科書以外の書籍を発行するインセンティブが低下していると考えられることである。

　2014 年の税抜き価格は平均で 3,519 円であり、出版科学研究所の集計に

表 7-2　経済の専門書の概要

	1980 年	2000 年	2014 年
タイトル数	227	213	166
平均所蔵館数	103	147	109
最大値	322	351	363
最小値	7	13	1
教科書を除く平均所蔵館数	109	139	100
平均価格（税抜き）	2,613	3,483	3,519
平均ページ数	301	301	308
単著比率	0.84	0.62	0.63
ランキング上位大学比率	0.15	0.14	0.13
ノーベル賞比率	0.01	0.04	0.02
教科書比率	0.26	0.28	0.36
翻訳書比率	0.27	0.19	0.18
叢書・シリーズ比率	0.15	0.23	0.08
改訂版比率	0.07	0.06	0.10
マルクス経済学比率	0.16	0.10	0.08
大手出版社比率	0.37	0.40	0.39
2、3、4 月発行比率	0.35	0.32	0.40

よる 2014 年の平均価格 4,269 円より低いが、表 7-2 の 2014 年の専門書から教科書を除く 106 タイトルの価格を平均すると、4,068 円となる。時系列の比較では、2015 年を基準とする消費者物価指数の項目「単行本 A」で、教科書を除く専門書の価格を実質化すると、1980 年では 6,561 円、2000 年では 4,378 円、2014 年では 4,125 円となり、専門書の実質価格は大幅に低下している。

　単著比率とは、専門書の発行タイトル数に対する単著の書籍タイトル数の割合を示す。1980 年では、専門書の大部分は一人の著者によって執筆されていたが、2000 年以降では、1/3 の書籍が 2 人以上の執筆者によって書かれている。ランキング上位大学比率とは、著者が英国の Times Higher Education が公表する大学ランキングにおいて、日本のランキング上位 10 に入った大学と、今回の分析対象が経済学の専門書であることから、一橋大学に所属、または所属していた著者によって執筆された書籍のタイトル数比率を示

す。サンプルの中で、この条件に合致した著者は、経済学研究者であれば、名前は認知していると思われる人物である。ジャーナルに掲載された学術論文の引用回数を分析した実証研究では、説明変数に著者の実績や知名度を表す変数として、これまでの被引用回数や所属研究機関のランキングを示す変数を加えることが多いが、書籍に関する引用回数は入手に制限がある[10]。したがって、本節では、著者の知名度や実績を示す変数として、ランキング上位 10 あるいは一橋大学の所属か否かを変数として使用した。ノーベル賞比率は、今回のサンプルが、ノーベル経済学賞受賞者によって執筆された書籍のタイトル数比率を示す。ノーベル経済学賞受賞者は、すべて外国人であることから、これらの書籍は翻訳書でもある。

　ここでの教科書比率における教科書とは、大学の学部レベルの教科書または自習書などの参考書を意図して執筆された書籍である。2014 年では、専門書のタイトル数が、他の 2 か年よりも少ないことに加え、1/3 以上が教科書で占められている。文部科学省の集計によると、1980 年の大学入学者 41 万人に対し、2014 年の入学者は 61 万人である。専門書に関する調査年を増やし、傾向を把握する必要はあるが、この間の大学生の増加が、教科書のタイトル数の増加要因の一つであろう。翻訳書比率は、外国語を原書とし、日本語に翻訳された書籍割合を示す。1980 年では翻訳書の比率が 0.27 であったが、2000 年と 2014 年では 0.2 を下回っている。叢書・シリーズ比率とは、大学の叢書として発行された書籍、あるいは出版社が設定したシリーズの一環として発行された書籍の比率を示す。出版社が企画したシリーズには、教科書も含まれる。改訂版比率は、以前に同一著者が同一タイトルで発行した書籍の改訂版として発行された書籍割合を示す。いずれの年も 0.1 以下であり、改訂版が刊行されるケースは少数といえよう。マルクス経済学比率とは、マルクス経済学に基づき執筆された書籍の割合を示す。この比率は 1980 年では 0.16 であったが、2014 年では 0.08 に低下している。大手出版社比率は、出版ニュース社の書籍全体の集計で、年間新刊点数上位 100 に入る出版社が刊行した書籍の割合を示し、いずれの年も 0.4 前後の値をとる。フィクションやコミックでは、一部の出版社に刊行が集中する傾向があるが[11]、専門書の場合、新刊点数上位 100 に入らない出版社の書籍が 60% 程度を占め、

専門書が小規模な出版社から刊行されていることがうかがえる。2、3、4月は、出版科学研究所の統計データによると、毎年、書籍市場全体で新刊が多く発行されている月である。2、3、4月発行比率とは、この3か月間のいずれかに出版された専門書の割合を示す。出版科学研究所の集計によると、2014年に発行された新刊書全体において、この3か月間に発行された書籍の比率は 0.27 であり、表7-2 の 2014 年の専門書の値は 0.1 ポイント以上高い。出版助成金による刊行、あるいは大学の叢書は、予算の関係から、年度内の出版が求められるケースが多い。さらに、教科書や参考書も、年度内には出版されていることが望ましい。このような事情から、年度末前後の刊行が多くなっているものと思われる。

　大学図書館の専門書の購入要因を分析するため、各専門書の所蔵館数を被説明変数、税抜き価格、ページ数、単著、著者のランキング上位大学の所属、ノーベル賞受賞者、教科書あるいは参考書、翻訳書、叢書あるいはシリーズの一環としての書籍、改訂版、マルクス経済学に基づく書籍、大手出版社の刊行書籍、2、3、4月のいずれかの発行を示す変数を説明変数とする回帰分析を行った。所蔵館数、価格、ページ数は自然対数をとり、これ以外は 0・1 から構成される変数である。各年の所蔵館数を最小2乗法で推定した結果は、表7-3 のとおりである。

　表7-3 では、1980 年と 2014 年の大学図書館による需要の価格弾力性が正の値をとっている。正の符号は通常であれば想定されないが、これには大学図書館特有の選書が関わっていると考えられる。大場他（2012）は、大学図書館が高価格で、ページ数が多い書籍を所蔵する傾向があることを報告していた。ページ数の推定値が 3 か年とも正の値であることは、大場他（2012）の指摘と整合的である。また、小泉（2010）は、日本の 6 割から 7 割の大学では、教員によってのみ選書が行われ、これ以外の大学でも図書館員が選書に使用可能な予算配分が少ないこと、図書館員の選書には和書が多く、学部学生への貸出が多いのに対し、教員の選書には、教員への貸出が多いことを報告している。このことは、教員が、自己の研究用に図書館の選書を行っていることを示唆する。教員が研究用の書籍を読むとき、専門書の中でも比較的安価で利用頻度が高い書籍は自己の研究費、高額で利用頻度が低

い書籍は図書館予算を利用するというように、図書館予算と自己の研究費の振り分けを行っているならば、図書館の需要の価格弾力性が正になることはあり得るだろう[12]。さらに、同一タイトルでハードカバーとソフトカバーが発行される場合、大学図書館が購入するのはハードカバーの方であり、図書館では価格が高くとも、保存性が重要視される。

単著の推定値は 3 か年とも負の値をとり、2000 年と 2014 年では、5%水準で帰無仮説が棄却され、2 名以上の著者によって執筆された書籍の方が、大学図書館の所蔵館数は多いという結果であった。オープン・アクセス論文と引用回数の関係を分析した Davis（2011）や Müller-Langer and Watt（2015）では、論文の執筆者が多いほど、引用回数も多いという結果が示されているが、複数の著者による研究領域の拡大が、読者層を広げているのかもしれない。ランキング上位大学の推定値は、いずれも有意な正の値をとる。この変数で 1 に該当する著者は、著名な経済学研究者であり、そのような知名度が所蔵の多さにつながっているものと思われる。

教科書の推定値は、2014 年のみ 1%水準で有意な正の値をとる。2014 年は教科書として広く使われている『マンキュー経済学』、『マンキュー入門経済学』、『スティグリッツ　マクロ経済学』の改訂版、『ハバード経済学　1・2・3』が刊行された年である。これらの書籍は、多くの大学のシラバスで、教科書あるいは参考書として指定され、大学図書館は通常、学生の便宜のため、シラバスに記載された書籍を購入する。2014 年の教科書の推定値が 1%水準で有意値をとるのは、多くの講義で指定されている著名な教科書の発行が、この年に集中したことが影響しているのだろう。改訂版はいずれも負の値であり、1980 年と 2014 年の負の値は、1%と 5%水準でゼロに等しいという帰無仮説が棄却される。書籍購入予算が限られる中で、改訂版の購入の優先度は一般には低いということかもしれない。マルクス経済学に基づく書籍の推定値は、1980 年では 1%水準で有意な正の値であるが、2000 年では有意ではない負の値、2014 年では 1%水準で有意な負の値に変化している。この数十年間の経済学全体の流れを反映しているといえよう。

大手出版社の推定値は、いずれも 1%水準で有意な正の値をとり、新刊点数上位 100 に入る出版社から刊行された専門書は、大学図書館に所蔵され

表 7-3　大学図書館の所蔵に関する推定結果

	1980 年	2000 年	2014 年
定数項	0.2376 （0.7169）	4.4439 （0.7518）***	1.4273 （0.9358）
価格	0.3097 （0.0976）***	−0.0380 （0.1208）	0.2821 （0.1472）*
ページ数	0.3018 （0.1422）**	0.0989 （0.1196）	0.1168 （0.1807）
単著	−0.1040 （0.0929）	−0.1383 （0.0633）**	−0.2262 （0.0957）**
ランキング上位大学	0.2806 （0.1009）***	0.4486 （0.0934）***	0.2986 （0.1385）**
ノーベル賞	0.1584 （0.2929）	0.3179 （0.1762）*	0.4592 （0.3494）
教科書	−0.0812 （0.0802）	0.0339 （0.0773）	0.3882 （0.1132）***
翻訳書	0.3052 （0.0820）***	0.3033 （0.0849）***	0.1906 （0.1392）
叢書・シリーズ	0.0873 （0.0973）	0.1276 （0.0728）*	−0.0137 （0.1771）
改訂版	−0.4310 （0.1365）***	−0.0415 （0.1303）	−0.3629 （0.1606）**
マルクス経済学	0.2448 （0.0928）***	−0.1499 （0.1041）	−0.7704 （0.1727）***
大手出版社	0.3284 （0.0753）***	0.3146 （0.0667）***	0.4066 （0.0995）***
2、3、4 月発行	−0.0366 （0.0707）	−0.0694 （0.0665）	0.0416 （0.0980）
修正済決定係数	0.3238	0.3219	0.3930

（ ）内の数値は標準誤差　***1%　**5%　*10%

る傾向が高いという結果となった。その第 1 の理由は、大手出版社は新聞
広告のほか、定期的に新刊書リストを作成し、図書館や研究者にマーケティ
ングを行っているが、そのような活動を通じて、購入者の目に触れやすい状
況が生成されていることが挙げられる。第 2 の理由は、専門書の出版の場合、
出版社が企画し、著者に執筆を依頼することもあるが、著者が出版社に企画
や原稿を持ち込み、出版を打診する場合もある。後者のケースでは、出版社
が原稿内容から、出版の有無を決定する立場にあり、大手出版社のスクリー
ニングの結果とも解釈できる。

　人気の高いフィクションの購入パターンを普及モデルで分析した第 8 章
では、発行から 1、2 か月間に販売が集中している状況が示されている。こ
のような購入パターンを踏まえると、短期間に書籍の刊行が集中することは、
類似の書籍間の競争を高める可能性がある。今回の調査対象の専門書の場合、
この 3 か月間に他の期間よりも相対的に多くの書籍が発行され、1980 年と
2000 年で負の推定値が観察されているが、いずれも有意ではなく、発行月

は大学図書館の所蔵状況に明確な影響は与えていないようである。

5　学術書の需要と価格の決定要因

　前節の分析では、主に研究者向けの書籍から、大学の初学者用の教科書まで広範な書籍を対象とし、その発行状況や大学図書館の所蔵状況を把握した。しかし、研究者を主たる読者とする書籍と大学の学部学生を対象とする教科書では、需要と価格の決定要因は異なるだろう。第4節の議論と区別するため、本節では教科書を除く専門書を学術書と呼ぶことにしよう。そのうえで経済学の学術書の需要と価格の決定要因を考察する。

　学術書の場合、一般に教科書よりも販売部数が少なく、総費用に占める固定費用の大きさから、発行部数が価格水準に大きな影響を与えると想定される。ある程度の需要量が見込まれる書籍では、規模の経済性から発行部数が少ない書籍よりも低めの価格を設定することができるだろう。一方、第5章の研究者が執筆した新書の需要の価格弾力性が、非弾力の領域であったことを踏まえると、学術書の需要は、価格に対し感応的とは思われないことから、需要が見込まれる書籍に高水準の価格を設定し、大きな利潤を得るという選択肢もあるだろう。出版社が予想される需要量に対し、どのような価格を設定するかは自明ではない。

　日本では書籍に対し、再販売価格維持制度が適用されているため、超過供給が発生しても、価格メカニズムで需給のバランスをとることができない。出版社は、編集過程で予測した需要量や読者層を考慮した上で発行部数と価格を設定し、その価格水準が現実に観察される需要量に影響を与えることが考えられる。このようなプロセスから、価格は販売開始前に決定されるが、2014年の経済学関係の学術書を対象に需要関数と価格関数を連立で推定した上で、価格の外生性をハウスマン・テストで検定した。もっとも、個人の購入部数が不明であることから、本節の分析も、学術図書の大口需要者である大学図書館の需要に限定される。以下、(1) 項は変数の説明、(2) 項は推定結果、(3) 項は推定結果からの考察である。

（1） 変数の説明

　大学図書館の学術書に対する需要関数と価格関数は、それぞれ（1）式と（2）式で定式化される。各書籍の大学図書館の所蔵館数（*number*）、税抜き価格（*price*）、単著か否か（*author*）、ページ数（*page*）、改訂版か否か（*reprint*）、発行点数上位 100 に入る大手出版社（*publisher*）、翻訳書（*translation*）、マルクス経済学に基づく書籍（*Marx*）は、前節で用いた変数と同じである。前節では著者の知名度を示す変数として、著者が一橋大学を加えたランキング上位 10 に入る大学に所属するか否かと、ノーベル経済学賞受賞者か否かを使ったが、本節では、著者の実績や知名度をより明確に示す変数として、その著者が 2000 年以降に発行した単著あるいは筆頭著者として執筆した書籍の大学図書館所蔵館数の合計値（*performance*）に置き換えた。

　価格関数において費用水準に影響を与える変数として、ハードカバーの書籍を 1、ソフトカバーを 0 とする製本の方式を識別する変数（*hardcover*）と、出版助成を受けた書籍を 1、これ以外を 0 とする出版助成（*subsidy*）の有無を示す変数を採用した。出版助成を受けた場合、助成元はその旨を書籍に明記することを求めているため、書籍の「はじめに」や「おわりに」における記載の有無で判断した。しかし、学術書の場合、研究者が私費を投じて刊行に至ったケースも想定されるが、このような場合は記載がなく、識別不能であるため、出版社からみれば効果は同じであるが、出版助成には含まれない。さらに、著者が所属する大学のプロジェクトの成果が、その大学出版会の叢書として発行されたケースでは、出版助成の記載はないが、制作にあたって大学の予算が含まれていると考えられることから、助成を受けた書籍とみなしている。本節のサンプルでは、科学研究費などから出版助成を受けた書籍と著者が所属する大学の叢書が 1/4 以上を占めており、学術書の刊行が難しい状況を示している。なお、前節で用いたシリーズ・叢書を識別する変数は、その変数で 1 に該当した書籍の多くが出版助成を受けている、あるいは大学の予算が使用されているため、出版助成の変数を加える代わりに変数から除外した。

表 7-4　相関係数

	number	price	page	performance
number	1.000			
price	0.146	1.000		
page	0.237	0.683	1.000	
performance	0.354	-0.106	-0.029	1.000

$$lnnumber = \alpha_0 + \alpha_1 lnprice + \alpha_2 lnperformance + \alpha_3 translation + \alpha_4 author + \alpha_5 Marx + \alpha_6 publisher + \alpha_7 reprint \tag{1}$$

$$lnprice = \beta_0 + \beta_1 lnpage + \beta_2 lnperformance + \beta_3 translation + \beta_4 hardcover + \beta_5 subsidy \tag{2}$$

　なお、第 5 章の単行本と文庫本のフィクション、ならびに研究者が執筆した新書の需要関数の推定では、消費者が 1 年間に購入を選択した書籍の分析であったことから、Berry の離散選択モデルを使用した。これに対し、今回の大学図書館の分析においては、購入時が不明であることから、2017年 7 月下旬までに大学図書館が購入した冊数を被説明変数とするモデルとした。

　表 7-4 は、前節のデータから教科書を除く書籍に関して、ダミー変数を除く変数の相関係数を示す。第 5 章の書籍の需要分析では、フィクションの単行本の価格とページ数の相関係数は 0.580、文庫本では 0.841、経済の新書本では 0.890 であった。今回の経済の学術書の価格とページ数との相関係数は 0.683 で、フィクションや新書と同様、正の相関関係がみられる。

（2）　推定結果

　表 7-5 は、大学図書館の需要関数と価格関数をすべての外生変数を操作変数として、一般化積率法で推定した結果である。J 統計量から、10％水準で過剰識別制約条件を満たす。今回の 2 つの推定式において、ハウスマン・

表 7-5　需要関数と価格関数の推定結果

需要関数（1）式		価格関数（2）式	
α_0 (constant)	3.5669 (1.0032)***	β_0 (constant)	3.0093 (0.5346)***
α_1 (price)	0.1008 (0.1205)	β_1 (page)	0.8981 (0.0956)***
α_2 (performance)	0.0282 (0.0145)*	β_2 (performance)	−0.0238 (0.0103)**
α_3 (translation)	0.2430 (0.1002)**	β_3 (translation)	−0.0903 (0.0854)
α_4 (author)	−0.2353 (0.0859)***	β_4 (hardcover)	0.1794 (0.0592)***
α_5 (Marx)	−0.5468 (0.2787)*	β_5 (subsidy)	0.1196 (0.0575)**
α_6 (publisher)	0.4867 (0.0830)***		
α_7 (reprint)	−2.2650 (0.8484)***		
J統計量	6.6826		

（　）内の数値は標準誤差　***1%　**5%　*10%

テストで外生性を検定したところ、10％水準で帰無仮説は棄却されず、価格は外生変数とみなされる。この結果を受けて、2つの関数をそれぞれ最小2乗法で推定したが、表7-4で示す推定値の符号はすべて一致するほか、推定値の相違は非常に小さいものであったため、推定結果の併記は省略した。

　表7-5の需要の価格弾力性を示す推定値α_1は、理論上の符号条件を満たさない正の値である。大学図書館が高価格の書籍を購入、あるいは研究者が高価格の書籍を大学図書館の所蔵用に選定した結果であろうが、標準誤差が大きく、10％水準で帰無仮説は棄却できない[13]。著者の実績を示す*performance*の推定値は、10％水準で有意な正の値であり、実績を積んだ著者が執筆することは、大学図書館で所蔵される確率を高める。翻訳書や大手出版社から刊行された書籍の推定値も有意な正の値であり、大学図書館の所蔵館数が多いことを示す。これに対し、単著、マルクス経済学に基づく書籍と改訂版は、所蔵館数を少なくする方向に作用する。

　価格関数については、ページ数が多いことと、ハードカバーによる製本は費用を増加させることが予想され、双方の推定値は想定とおり、1％水準で有意な正の値をとる。一方、出版助成を受けた書籍の推定値は、5％水準で有意な正の値である。橘（2009）は、出版助成が刊行を実現するだけでは

なく、価格を抑える効果があることを指摘している。今回の推定結果は、橘（2009）の主張に反するが、これには2つの要因が考えられる。第1の要因は、出版助成金の規模と出版社を取り巻く環境である。出版助成によって刊行が実現可能となっても、助成額が小さく、需要の縮小によって採算性の問題が深刻になっている状況では、価格引き下げを実現することは難しいかもしれない。第2の要因は、出版助成による価格抑制効果を、発行部数を抑制したことによる価格上昇効果が相殺したことが考えられる。ベストセラーに入るようなフィクションでは、初版の発行部数が非常に多いため、発行部数に多少の変動を与えても、平均費用への影響は小さい。これに対し、2014年の出版科学研究所が集計した専門書の1点当たりの新刊書の発行部数は平均630冊であり、設定された発行部数の水準が平均費用に大きな影響を与える[14]。今回の推定対象の学術書で、出版助成を得て発行された書籍の所蔵館数の平均値は、助成を受けていない書籍の所蔵館数の平均値よりも10%水準で有意に低いことが、平均の差の検定で確認されている。出版助成を受けて刊行された書籍の中には、博士論文を上梓し、著者にとって初めての書籍にあたるものが複数含まれている。出版社が発行部数を抑制したならば、平均費用は高くなり、これによる価格上昇効果が、助成金による費用抑制効果を上回ることが考えられる。

　翻訳書は、通常の書籍の制作費用に加え、海外の出版社への支払いを必要とすることから、発行までに要する費用は高くなる。フィクションの需要関数と価格関数を連立で推定した第5章では、単行本と文庫本の双方で、価格関数における翻訳書の推定値は有意な正の値であり、翻訳書には高めの価格が設定されていることが示されていた。これに対し、今回の経済学の学術書の場合、翻訳書の推定値は10%水準で帰無仮説は棄却できないものの、負の値をとる。一方、翻訳書の所蔵館数の平均値は1%水準で、日本語で執筆された書籍の所蔵館数を上回り、翻訳書が所蔵館数を高めることは、表7-3の推定結果からも確認されている。フィクションとは異なり、価格関数の翻訳書の推定値が有意ではないものの、負の値をとることは、海外の出版社に支払う翻訳料による費用の増加効果よりも、発行部数が多いことによる規模の経済性の効果の方が大きいことによるものと解釈される。

（3） 考察

　個人による学術書のタイトル別購入部数が把握できないため、本章では大学図書館の需要に限定せざるを得なかったが、Anderson（2014）では、大学出版会が発行した経済学関係の書籍に関して、販売部数のほぼ4割が大学図書館の購入分であったという結果が報告されている。第5章の研究者が執筆した新書の需要の価格弾力性が非弾力の領域であったこと、大学図書館が学術書の大口需要者であることを踏まえると、大学図書館の購入より価格に対し感応的であろう個人の購入分を含めても、今回の価格の推定値が有意ではない正の値から、需要の価格弾力性の絶対値が1を超える弾力的な領域に移行するとは考えにくい。

　価格に対し感応的ではない書籍に対し、出版社は一定の販売部数が得られると予想された書籍に高いマークアップを付し、その書籍で利潤を得た上で、採算が取れない書籍の赤字を補てんする価格設定方式をとることも選択肢として考えられる。そのような行動をとる限り、価格関数における著者の実績を示す変数の推定値は正の値となるが、推定では有意な負の値が計測された。この結果は、著者の実績から販売部数が見込まれる書籍に対して、相対的に高いマークアップを付すのではなく、発行部数を増やすことで、平均費用が低下するという規模の経済性を反映したものと解釈できる。

　また、第5章の単行本と文庫本のフィクション、ならびに研究者が執筆した新書の価格関数における著者の実績の推定値は、3つのカテゴリーに共通して、10％水準で有意ではない負の値であったのに対し、学術書では、表7-5が示すとおり5％水準で有意な負の値であった。数千部の販売部数を有する書籍については、発行部数を追加することによる平均費用の低下の程度は小さいが、学術書の販売部数は一般に数百冊の水準であり、規模の経済性が顕著であることが想定される。つまり、学術書の価格は、需要要因ではなく、ページ数や製本の方式、さらには規模の経済性という費用要因に基づいて設定されていることとなり、ある程度の需要が見込まれる書籍に高めの価格を設定し、その利潤から採算が取れない書籍を内部補助する価格設定方式は採用されていないと解釈できる[15]。換言すれば、学術書において、需要を考慮した価格設定方式に変更することで、利潤増加を図る余地が残されて

いるといえよう。

6　小括

　専門書は1点当たりの平均発行部数が600冊を下回る少量多品種生産の特徴を持つが、専門書を支えてきた大学図書館は、学術雑誌の価格高騰を背景に、2000年代に入って、図書館予算の削減率以上に書籍購入を抑制している状況にある。学術雑誌の価格上昇と少子化の進行により、大学図書館の予算増額が期待できない状況では、今後も専門書の購入は抑制せざるを得ないだろう。自然科学や社会科学の一部の分野では、海外の学術論文が主要な研究成果の発表の場であるが、人文系の領域では、依然として書籍志向は高く、研究成果としての書籍の重要性も高い。さらに、学術雑誌に掲載される論文はテーマをしぼり、精緻化された議論を展開するが、字数の制限もあり、これまでの知識を体系的に提示することには適さない。これに対し、書籍は一つのテーマに関して、関連するトピックも含めて、段階的かつ体系的な議論を展開することができる。専門的な議論は学術論文に委ねるにせよ、これまでの学問の進歩を体系的に提示することは、次の世代の研究者への道標となり得る。自然科学や社会科学にあっても、書籍は知の蓄積であり、将来に叡智を伝える役割を果たしていることに変わりはない。

　欧米では、学術雑誌の価格高騰によって、専門書の購入予算が削減されていることに対する危機感が高まっている。日本では海外の学術雑誌の価格高騰の影響は、為替レートの関係から、欧米よりも数年遅れで顕在化したこと、2004年の国立大学の独立行政法人化までは、大学予算は増加傾向にあったことから、学術雑誌の購入に目が向けられることはあっても、書籍の購入が問題視されることは少なかった。しかし、学術書の主要な購入者である大学図書館が購入量を減少させることは、学術書の発行を一層難しくさせる。さらに、海外の専門書の多くは、有名大学の大学出版会や学術雑誌を発行する大手学術出版社から刊行されているのに対し、本章で扱った日本における専門書の6割以上は、発行点数上位100に入らない中小規模の出版社からの刊行である。大口需要者である大学図書館の書籍購入費が削減される状況では、中小の出版社が日本の学術書市場を支え続けることは難しいだろう。日

本では大学や財団法人などからさまざまな研究助成制度が用意されているが、研究成果の発表の場である出版に対する助成は限られる。2000 年代に入り、学術雑誌の価格高騰に目が向けられているが、学術書の刊行をどのように支えていくのか、出版助成を含め、本格的に議論する時期に来ているといえよう。

もっとも、今回の分析は、経済学の専門書の一部を対象とし、かつ、3 か年の大学図書館の所蔵書籍の分析にとどまっている。より広い領域に分析を拡大することで、領域の違いによる専門書の出版状況や大学図書館の購入状況に関して、新たな知見が得られるかもしれない。対象範囲の拡大によるインプリケーションの導出は、今後の課題である。

Elsevier の書籍価格

　2014 年に日本で発行された経済学関係の学術書の需要関数と価格関数を連立で推定した本論第 5 節では、価格は主としてページ数、製本の方式、ならびに規模の経済性という費用要因に基づいて設定されていたことが示された。この補論では、海外の代表的な学術出版社である Elsevier が、2013 年から 2017 年の間に発行し、本論で行った日本の専門書の分析に対応する Economics, Econometrics and Finance に分類された 100 タイトルのハードカバーの書籍を対象に、価格関数の推定を通じて、価格水準の設定要因を考察する。タイトルごとの販売部数が把握できれば、書籍の制作に関する規模の経済性を考察することができるが、Elsevier の販売部数を示すデータは非公開である。また、日本の出版社が刊行した専門書あるいは学術書を扱った本論では、需要量を示す変数として、国立情報学研究所が運営する CiNii による大学図書館の所蔵館数データを使った。洋書でこれに対応するのが、WorldCat で検索されたグローバルな図書館の所蔵状況である[16]。しかし、カバー率などの観点から、WorldCat の使用は見送った。このため、補論では、Elsevier が設定した価格をページ数や著者の実績などの変数で回帰する単一方程式モデルとした。

　分析対象である 100 タイトルは、Elsevier のカタログに記載されている読者層として、研究者や大学院生、あるいは少なくとも大学学部上級学年以上を対象とするハードカバーである[17]。被説明変数である書籍価格は、Elsevier が設定し、Elsevier の web サイトから販売されているドル表示の価格（*Price*）である[18]。ページ数（*Page*）も、Elsevier のカタログに記載されたページ数を使用した。*Author* は、その書籍が単著の場合に 1、複数の著者から構成され

ている場合に 0、*Text* は、Elsevier のカタログで大学の教科書であることが明記されている場合に 1、それ以外に 0 の変数である。*Reprint* は、初版を 1、2 版目は 2 とする改訂の回数であり、Elsevier のカタログに記載されている値を使用した。

Elsevier は、North Holland や Academic Press などの出版社を取得し、傘下においた出版社を通じて、多様な書籍の刊行を実現している。North Holland は、以前からさまざまな分野で、多数の執筆者の論文を編集し、タイトルに Handbook を冠した書籍を発行している。今回の 100 タイトルのうち、29 タイトルは North Holland、6 タイトルは Academic Press から発行されたハンドブックであった。変数 *Handbook* は、書籍タイトルに Handbook を含む書籍に 1、これ以外を 0 とする変数である。また、今回の 100 タイトルには、中国を対象とする書籍が 16 タイトルあり、これらはいずれも Elsevier が 2013 年に取得した出版社 Chandos Publishing から刊行されたものである。変数 *Chandos* は、Chandos Publishing から刊行された中国をテーマとする書籍に 1、これ以外を 0 とする変数である。Chandos Publishing が出版した書籍で、すべて中国を題材とする書籍である。*Page* と *Author* は、費用に関係する変数、変数 *Handbook* や *Chandos* は、書籍の特性を示す変数である。

変数 *h index* は、著者のこれまでの実績を示す変数である。ここでの h 指数は、学術情報データベース Web of Science が、その著者の研究成果数と引用回数をもとに計算した研究者の実績を示す指標である。引用された回数が h 回以上である論文が、h 本以上であることを満たす最大の数値であり、この値が高いほど、著者の実績が豊富であることを示す。高い実績を有する著者の書籍には、多くの販売部数が期待できる、あるいは高い実績を有する著者の書籍には、出版社が高いマークアップを付す可能性を考慮して、変数として採用した。販売部数が期待できる書籍には、発行部数を増やすことで、規模の経済性が働き、低めの価格が設定される。その場合、価格関数における著者の実績を示す変数 *h index* の推定値は、負の値となることが想定される。これに対し、消費者が高価格であっても購入するであろうという需要側の特性によって、高いマークアップが付される場合、推定値は正の値をとる

ことになる。h 指数を通じた需要予測や消費者の支払意思額の予測から、価格が設定されるという一連のプロセスを考慮し、*h index* は、書籍が刊行された年の前年までの筆頭著者の h 指数とした。

表 7-6 は、変数の基本統計量である。本論第 4 節の日本の教科書を含む 2014 年に発行された経済の専門書の平均価格が、ほぼ 3,500 円であることと比較すると、Elsevier の平均価格 131.87 ドルは、かなり高い。価格関数の推定には含めていないが、書籍の需要状況を類推するため、日本の大学図書館が、この 100 タイトルをどの程度、所蔵しているかを国立情報学研究所のデータベースから調査した。検索された所蔵図書館数は、表 7-6 の Library として表記した。1 タイトル当たりの日本の大学図書館の所蔵館数は平均で 7.27 冊、46 タイトルは大学図書館の所蔵が確認されず、大手学術出版社である Elsevier から刊行された書籍であっても、大学図書館の所蔵は限られるようである。

North Holland のハンドブックのシリーズは歴史があり、著名な研究者が編集を担当することが多いため、研究者や大学図書館の所有頻度が高いと思われる書籍である。このことを検証するため、Handbook で始まる 35 タイトルの筆頭編集者の h 指数を算出すると、平均で 11.17 であり、これ以外の 65 タイトルの筆頭著者の h 指数の平均 5.25 を大きく上回り、h 指数の 2 つの平均値が等しいという帰無仮説は 1％水準で棄却される。タイトルが Handbook で始まる書籍の日本の大学図書館の所蔵館数は平均で 15.6、それ以外の書籍では 2.78 であり、1％水準で平均が等しいという帰無仮説は棄却され、Handbook を冠する書籍の所蔵館数が多いことが確認できる。日本の大学図書館の所蔵状況がグローバルでも成り立つならば、価格関数の *Handbook* の推定値が負の場合は、販売部数が多いことによって規模の経済性が働き、低めの価格が設定されていると解釈される。一方、推定値が正の場合、書籍需要は価格に対し感応的ではないと想定されることから、販売が見込まれるハンドブックに対し、出版社が高めの価格を設定していると解釈される。

2014 年で日本の経済学の専門書の単著比率は 60％を超えていたが、Elsevier の単著比率は 35％にとどまる。Handbook を冠した書籍がタイトル

表 7-6　基本統計量

	Price	Page	h index	Author	Text	Reprint	Chandos	Handbook	Library
平均	131.87	534.9	7.32	0.35	0.14	1.41	0.16	0.35	7.27
最大値	300	1376	35	1	1	9	1	1	81
最小値	140	495	0	0	0	1	0	0	0
標準偏差	41.21	278.8	8.15	0.48	0.35	1.39	0.50	0.48	15.31

数の 35％を占めることが影響している。1 タイトルの書籍発行に当たって、単著よりも執筆者数が複数の書籍の方が、出版社の編集の手間はかかる。複数の執筆者により制作費用が増加し、これが価格水準に反映されるならば、単著であることを 1 とする変数 *Author* の推定値は負になる。変数 *Reprint* の平均は 1.41 であるが、85 タイトルは初版であり、Elsevier においても、専門書が版を重ねて出版されることはそう多くない。同じタイトルで重版を繰り返しても、表紙のデザインは同一であることから、制作費用は抑制され、その結果、変数 *Reprint* の推定値は、負になると予想される。Elsevier のカタログに教科書と明示された書籍比率は 14％であり、日本の経済学の専門書に比べると、その比率は低い。本論第 2 節で欧米でも専門書の発行が難しくなっている状況を紹介したが、教科書を前提としない書籍も、Elsevier から相当数が発行されている。

　表 7-7 は、推定に使用した変数の相関係数を示す。変数 *Price* と *Page* の相関係数は 0.305 で正の値をとるが、表 7-4 で示した 2014 年の日本の経済学の学術書の価格とページ数との相関係数が 0.683 であったことと比較すると、Elsevier の価格とページ数との相関係数の値は小さい。

　価格関数の推定に当たって、*Price*、*Page* と *Reprint* は、自然対数をとった。表 7-8 は、価格関数を最小 2 乗法で推定した結果である。今回の対象は、2013 年から 2017 年に発行された書籍であるが、発行時期にかかわらず、Elsevier が設定した価格で web サイトから販売されていること、発行時期を示した変数、あるいはタイムトレンドを示す変数の推定値はいずれも 10％水準で帰無仮説を棄却できなかったことから、発行年を示す変数は推定式に

表 7-7　相関係数

	Price	Page	h index	Author	Text	Reprint	Chandos	Handbook
Price	1.000							
Page	0.305	1.000						
h index	0.208	0.264	1.000					
Author	−0.341	−0.323	−0.202	1.000				
Text	−0.369	−0.039	−0.083	0.248	1.000			
Reprint	−0.227	0.077	−0.150	0.162	0.152	1.000		
Chandos	0.117	−0.453	−0.091	0.252	−0.176	−0.129	1.000	
Handbook	0.399	0.552	0.349	−0.538	−0.296	−0.218	0.252	1.000

表 7-8　推定結果

	推定値（標準誤差）
定数項	3.8519 (0.3470)***
lnPage	0.1543 (0.0575)***
h index	0.0009 (0.0029)
Author	−0.1117 (0.0558)**
Text	−0.1670 (0.0716)**
lnReprint	−0.0613 (0.0548)
Chandos	0.3308 (0.0752)***
Handbook	0.1488 (0.0690)**
修正済 R^2	0.4132

***1%　**5%有意

加えていない。

　価格はページ数が多いほど、高くなることが想定される。この推定値 0.1543 は、1％水準で有意な正の値であるが、本論第 5 節の表 7-5 に記した *Page* の推定値 0.8981 と比較して、大幅に小さい。日本の学術書と比較すると、Elsevier の書籍では、ページ数の価格水準への影響度合いは小さいようである。また、単著を 1 とする変数 *Author* の推定値は、想定とおり 5％水準で有意な負の値である。変数 *Reprint* の推定値は、ゼロであることは棄却

されないが、想定されたとおりの負の値である。変数 *Text* の推定値は、5%水準で有意な負の値である。これには2通りの解釈が可能である。一つは、教科書は発行部数の多さから、規模の経済性が働き、その結果、低めの価格が設定されるという解釈である。2つ目は、研究者や大学図書館よりも、学生の購入では、需要が価格に対し感応的と考えられることから、出版社がマークアップ率を抑え、低めの価格を設定したとする解釈である。いずれも推定値は負となることから、販売部数などのデータが入手できない状態では、どちらが成り立つのか、あるいはどちらの効果が大きいかは判別できない。

変数 *Handbook* の推定値は、5%水準で有意な正の値である。日本の大学図書館に限定しているが、タイトルに Handbook を含む書籍は、これ以外の書籍よりも所蔵館数が多い。専門書の販売に占める大学図書館の比重は高く、日本の大学図書館の傾向がグローバルに適用されるならば、ハンドブックには、消費者の支払意思額から高めの価格が設定されていることになる。

筆者の実績に関しては、日本の学術書では5%で有意な負の値であったが、Elsevier の書籍では、*h-index* の推定値はゼロに極めて近い正の値で、10%水準で帰無仮説は棄却されなかった。日本の専門書では、販売部数が期待できる書籍は、平均費用の逓減によって低めの価格が設定されていたが、Elsevier では、著者の実績は、価格水準にほとんど影響を与えていないようである。しかし、この推定値が、ゼロに近い正の値であることは、販売部数のデータが得られないことから断言できないが、実績による高めの価格が、規模の経済性で相殺された結果という解釈も成り立つ。

変数 *Chandos* の推定値は、1%水準で有意な正の値である。正の値となった背景には、複数の要因が挙げられる。第1は、この変数で1に該当するものは、Chandos Publishing から発行された書籍であることから、この出版社が Elsevier に属する Academic Press や North Holland などと比べ、高めの価格設定を行っている可能性である。第2は、Chandos Publishing が刊行した16タイトルは、すべて中国をテーマとした書籍である。Asai（2017b）は、Springer から発行され、実証研究が多い医療経済学と中小企業に関する学術雑誌では、欧米の著者が執筆した論文は、アジアなどの欧米以外の地域の著者が執筆した論文よりも、ダウンロード回数や引用回数が多いことを報告し

ている。このことが Elsevier の発行する経済学の専門書にも当てはまるなら
ば、欧米を対象とする書籍の方が、中国を対象とする書籍よりも販売部数が
多くなる可能性が想定される。その場合、平均費用が割高となり、その結果、
価格水準も高めになる。第 3 は、近年、中国は政治・経済分野において存
在感を高めているが、研究対象としては、依然としてフロンティアな領域で
ある。Chandos Publishing は、中国関係の書籍を精力的に発行しているが、
これまで全体的にみれば、中国に関する分析は少ない。中国経済に関心を持
つ者にとって、Chandos Publishing が出版する書籍の価格感応度は低いかも
しれない。その場合、限界費用に高いマークアップ率を付すことも可能かも
しれない。これらのいずれが影響しているか、あるいはどちらの影響が大き
いかは、販売部数データが入手できない状況では判別は難しい。

　本論第 4 節と第 5 節、ならびに補論の Elsevier の分析では、領域が限定さ
れ、かつサンプル数も少ないことから、一般化は適切ではない。また、販売
部数が不明であることから、推定結果の解釈は制限される。しかし、これら
の分析から、日本の経済学の専門書の価格は、ページ数や想定される販売部
数に基づき、費用に即して設定されているのに対し、Elsevier の場合は、需
要要因も考慮されている可能性が示唆される。書籍はタイトルごとに差別化
された財であり、その特性に応じて、出版社は利潤を最大にするように価格
を設定することが可能である。Elsevier の場合、利潤最大化を目指した価格
設定を行っているのに対し、日本の出版社は、費用に基づき価格を設定して
いる傾向が強い。換言すれば、日本の学術出版社は、利潤を増加させる余地
があるにもかかわらず、これを放棄しているともいえる。今回は Elsevier の
経済学関係の書籍に対象を限定したが、一層のインプリケーションを導出す
るには、Taylor や Wiley など、他の大手学術出版社が発行する書籍にも対象
を広げ、分析を行う必要があるだろう。

学術雑誌の価格設定

　研究者、特に自然科学系の研究者は、学術情報を得るのに、書籍よりも雑誌を利用することが多いだろう。本書の分析対象は書籍であるが、補論 2 では、書籍との比較から、Elsevier や Springer などの大手出版社が発行する学術雑誌の価格設定の問題を取り扱う。

　本論で言及したように学術雑誌の価格は 1980 年代以降、上昇し続け、大学図書館の予算を圧迫するようになった。この問題は海外では Serials Crisis と呼ばれ、学術雑誌の利用頻度が高い自然科学系の研究者や大学図書館の間で活発な議論が行われ、1990 年代頃までは、価格の決定要因に関して、経済学の観点からも、タイトルごとのデータを使った複数の実証分析が行われた。しかし、大手学術出版社が、Big Deal と呼ばれる包括契約を導入し[19]、多くの図書館が、この包括契約に移行したことで、タイトルごとの価格情報への関心は薄れていった。その後、上昇する包括契約の支払額と、膨大な数の論文にアクセスできることから得られる便益とのバランスから、2010 年代では包括契約を解消し、タイトルごとの契約方式に戻る大学図書館が増え、再度、タイトル別の学術雑誌価格への関心は高まっている。さらに、包括契約を維持する場合でも、包括契約の支払額は、従来から購入していた購読雑誌の支出額を基礎とすることから、タイトル別の購読雑誌の価格変化は包括契約の支払額に直結する。以下では、タイトルごとの価格データを使った既存研究の概要を簡単に整理しよう[20]。

　学術雑誌の価格データを使ったこれまでの実証分析は、①大学図書館向けと個人向けの価格差別化、②出版社の合併による学術雑誌価格への影響、③学術雑誌価格の決定要因の 3 つに大別される。①の図書館向けと個人向け

の価格差別化については、Joyce and Merz（1985）が、1974年と1984年の89の学術雑誌の価格を調査し、1974年時点の図書館向け価格は個人向け価格の2倍以上で、1984年にはその差が拡大していることを示した。また、Liebowitz（1985）は、個人向け価格に対する図書館向け価格比率を引用回数で回帰し、引用回数の推定値は有意な正の値であることを報告した。Liebowitz（1985）は、頻繁に引用される雑誌には、図書館向けに高めの価格が設定されているが、これによって、個人が雑誌を購入せずに関心のある論文をコピーで済ませることで失われる購読収入を補償していると結論付けた。

②の出版社の合併による価格への影響については、McCabe（2002）が、DID分析（differences-in-differences approach）で、合併した出版社と合併をしていない出版社が発行する学術雑誌の価格差を分析し、合併は全般的には価格上昇をもたらすと結論付けている。

③の価格の決定要因については、Petersen（1990）が、図書館向けの学術雑誌価格を、1年間の雑誌発行回数、広告掲載の有無、ページ数、出版社の形態、学術雑誌が取り扱う分野を説明変数として回帰分析を行い、商業出版社が発行する雑誌には、学会が刊行する雑誌よりも高い価格が設定されていることを示した。Petersen（1992）は、経済学の学術雑誌に対象を絞り、引用回数と雑誌当たりの発行部数をPetersen（1990）の説明変数に追加した上で、タイトル別雑誌価格を推定した。Petersen（1992）は、ページ数が多いほど価格が高くなること、引用回数の推定値は有意な正の値であり、このことは、頻繁に引用される雑誌に対する消費者の支払意思額が高い結果、高めの価格が設定されていること、雑誌当たりの発行部数の負の推定値は、規模の経済性を反映したものであると述べている。また、Chressanthis and Chressanthis（1994）も、引用回数を示す変数を加えて経済学の学術雑誌価格を推定し、引用回数の推定値は、10％水準で帰無仮説を棄却できないものの、正の値であることを報告している。

Petersen（1990, 1992）とChressanthis and Chressanthis（1994）は、価格をページ数などの費用と関係する変数と、引用回数という需要側の要因を示す変数を使って最小2乗法で回帰分析したものであるが、Dewatripont et al.（2007）は、価格と引用回数の内生性の問題の可能性を考慮し、操作変数を使って価格関数の推定を行った。その結果、学会が発行する雑誌よりも、商業出版社が発行する雑誌には高めの価格が設定されていること、引用回数が多い雑誌ほど、価格は高くなること、その学問領域で多くのタイトルを発行している出版社ほど、高価格を設定していることが示されている。Dewatripont et al.（2007）は、この3番目の結果に注目し、学術雑誌市場における独占力が、購読雑誌価格を引き上げていると論じている。また、Asai（2018）は、経済学の409タイトルの雑誌の2017年の図書館向け価格を、二段階最小2乗法で推定し、ハウスマン検定の結果、引用回数は外生変数であることを示したうえで、二段階最小2乗法と最小2乗法の双方の推定結果を提示した。Asai（2018）で使われたページ数、1年間の発行回数、雑誌創刊からの経過年数、引用回数、出版社とその形態を示す変数は、既存研究の説明変数と同様であるが、最近では紙媒体と電子媒体が別々に提供される雑誌と、両者をバンドルして価格が設定される雑誌が併存することを考慮し、バンドルの状況を示す変数が新たに追加されている。Asai（2018）では、引用回数が多い雑誌には高めの価格が設定されていること、大手商業出版社が刊行する雑誌価格は、学会や大学出版会が発行する雑誌よりも全般的には高いが、学会や大学が発行する雑誌には、それぞれの機関から資金が補助されている場合があり、大手商業出版社の雑誌価格よりも低水準の設定につながる可能性を考慮する必要があると述べている。

　以前では雑誌当たりの発行部数を説明変数に加えた研究もあったが、Bergstrom（2001）が指摘するとおり、最近では発行部数データを入手することが難しくなった。このため、2000年以降に行われた Dewatripont et al.（2007）や Asai（2018）では、発行部数を説明変数に加えていない。発行部数を説明変数に加えた上で価格関数を推定した Petersen（1992）では、発行部数の推定値は有意な負の値をとり、発行部数の多い雑誌には規模の経済性が発生し、その結果、低めの価格が設定されていることが示されている。引用回数の多い雑誌は発行部数も多いことが予想されることから、Dewatripont et al.（2007）や Asai（2018）のように、発行部数を説明変数に含まない研究結果では、引用回数の正の推定値が過小に推定されている可能

性がある。これまでの研究結果から、学術雑誌価格は、ページ数や1年間の発行回数などの費用に関係する項目のほか、引用回数が多い雑誌には高めの価格が設定されており、需要要因も価格水準に影響を与えていると要約することができる。

　本論の表7-5で示した日本の学術書の価格関数における著者の過去の実績の推定値は5%水準で有意な負の値であり、書籍価格の設定には、需要要因よりも費用要因の影響が示唆された。これに対し、学術雑誌の場合は、規模の経済性も発生するが、支払意思額が高い雑誌には高めの価格が設定されるという需要要因が作用していることが確認され、日本の専門書と海外で発行される学術雑誌では、価格設定方式が異なることが示された。

　この違いを生む要因の一つは、書籍がタイトルごとに独立した財である一方、学術雑誌は定期刊行物であることである。Asai（2018）は、経済学の学術雑誌409タイトルに関して、異なる年次の引用回数を示す指標の順位相関係数を算出している。これによると、2011年と2012年の引用回数を示す指標の順位相関係数は0.945と非常に高く、時間の経過とともに相関係数は低くなるが、2011年から5年が経過した2016年の指標の間でも、順位相関係数は0.856であった。この結果は、各雑誌の引用回数の順位に変動はあるものの、引用回数が多い雑誌の評価は、複数年にわたって維持されることを示す。定期刊行物である学術雑誌では、引用される頻度の変動が小さいため、需要要因を考慮した価格設定を行いやすい環境にある。しかし、補論1が示すように、Elsevierの書籍価格の設定には、ページ数に代表される費用要因のほか、需要要因も考慮されていることが示唆される。Elsevierは書籍と学術雑誌の双方を発行する出版社であり、書籍の価格設定には、学術雑誌価格の設定の考え方が生かされているようである。

1　出版科学研究所の集計対象は、取次を経由する出版物であり、取次を介さない検定教科書は、出版科学研究所の分類に含まれない。

2　出版科学研究所は、大学の教科書や参考書を専門書に分類するか否かを、その書籍の内容や価格水準などで判断しており、一律の基準を設けた上での分類ではない。また、

Ｃコードの分類区分では「婦人」が、出版科学研究所では「女性」と表記されている。ここでは、出版科学研究所のデータを使用していることから、「女性」と表記する。

3 出版科学研究所は、1984年までは発行点数と発行部数を、新刊と重版を含めた数値に分けて集計していた。1980年から1984年の平均で、1年間に発行された書籍全体の発行点数に占める新刊書点数の比率は76.3%であり、全体の発行点数のほぼ1/4を重版が占めていた。これに対し、専門書の新刊書点数比率は93.4%であり、重版された書籍はごくわずかであった。また、1980年から1984年の平均で発行部数合計に占める新刊書の発行部数の比率は、書籍全体で59.2%であったのに対し、専門書は87.8%であった。これらの数値は、専門書の需要が小さく、重版には結びつかないことを示す。

4 橘（2009）によると、2002年度から2006年度の大学出版部の学術図書1点当たりの販売部数は、平均600冊を超える程度とあるが、第3節及び第4節で示される大学図書館の書籍購入の減少状況を踏まえると、現在はこれより減少している可能性が高い。

5 日本では図書館による専門書の購入比率のデータは見当たらないが、2015年2月に行われたシンポジウムで、筑摩書房の相談役が、教養書・専門書の4割から5割は、大学図書館と公共図書館の購入によって支えられていると発言している。

6 日本の出版社は、大学の初学者用の教科書もＣコードの専門書に分類することが多いが、オリコン・リサーチのデータベースで販売部数が50冊以上であった21タイトルのうち、17タイトルは大学の教科書であった。また、Jubb（2017）は、英国で小売データを集計しているニールセンのBookScanによる専門書1点当たりの平均販売部数は、2014年で60冊という値を報告している。BookScanの専門書の範囲は不明であるが、専門書の小売店での販売冊数が少ないことは、英国と日本で共通である。

7 2014年に発行され、今回のサンプルに含まれている『文化政策の経済学』と『合意形成モデルとしてのASEAN』に関して、図書館の検索サイトであるカーリルを通じて、全国の公共図書館の所蔵状況を調査した。『文化政策の経済学』では、大学図書館の所蔵が207館に対し、47都道府県の公共図書館全体で73館、オリコン・リサーチの調査で小売店から販売された部数は、発行から2017年6月末時点で14冊であった。また、『合意形成モデルとしてのASEAN』では、所蔵する大学図書館が108館、公共図書館が25館、オリコン・リサーチでは販売部数は確認できなかった。専門書の販売状況は、大学図書館と公共図書館の需要に左右されるといえるだろう。

8 一例として、一橋大学の蔵書方針については、豊田・高橋（2007）。

9 教科書か否かは、書籍のタイトル、出版社の情報から判断した。

10 具体的には、Müller-Langer and Watt（2015）は、学術論文の引用回数の推定に筆者が所属する大学ランキングの数値を説明変数として使っている。一方、引用回数のデータは、学術情報データベースであるWeb of ScienceやScopusから収集されるが、これらは日本語で執筆された書籍や論文をほとんど収録していない。Google Scholarは、日本語表記にも対応しているが、日本語文献のデータベースに収録される比率は低く、引用回数も少ない。このため、書籍の需要関数の推定において、引用回数を説明変数として採用することは難しい。書籍と論文の別、英語と日本語の別による学術情報データベースの収録状況の比較は、浅井（2018）による。

11 オリコン・リサーチの集計によると、雑誌に掲載されたコミックを冊子形態で販売するケースでは、2014 年のコミック本の販売部数上位 5 社（小学館、KADOKAWA、集英社、講談社、スクウェア・エニックス）でコミック本の販売部数の 80.9% を占める。

12 所蔵冊数が少ない書籍は、その大学に所属する研究者の研究対象から選定された可能性が高い。研究者の個人的な特性を除去するため、需要の価格弾力性が正となった 1980 年と 2014 年において所蔵館数に下限を設けて、その下限を上回る書籍で推定すると、推定値は理論的に整合的な負の値となる。

13 専門書に限定したものではないが、イェール大学出版会から刊行された書籍の需要関数と価格関数を推定した Clerides（2002）では、ハードカバーの需要の価格弾力性は、1 つのケースでは 5% 水準で有意な正の値であり、ここでも符号条件は満たしていない。

14 1 ページ当たりの価格と、その著者が 2000 年以降に発行した書籍の所蔵館数の合計値との相関係数を計算すると、－0.163 で負の関係を示す。それぞれの書籍の発行部数は不明であるが、表 7-5 の推定結果は、これまでに実績がある著者の書籍は、多数の図書館で所蔵していることを示しており、発行部数も多いものと推測される。著者の実績から推測して販売が見込まれる書籍は、発行部数が多く、そのことが 1 ページ当たりの価格を低下させる、すなわち書籍制作において、規模の経済性が発生している可能性がある。

15 日本の出版社の中には、学術書の刊行にあたって、教科書の執筆を打診するところがあるが、これは同じ執筆者の中で教科書から学術書の補てんを意図しているものと考えられる。執筆者が異なる学術書間の補てんよりも、同じ執筆者の書籍間の補てんの方が、出版社内部の合意形成が容易なのであろう。

16 WorldCat は、非営利の Online Computer Library Center に加盟する図書館の協力によるオンライン蔵書目録である。

17 Elsevier の書籍カタログには、読者層（readership）の欄に、それぞれの書籍で想定される読者（研究者、大学院生、学部上級学生、実務家など）が記載されている。実務家を対象とする書籍は、ペーパーバックが採用されることが多いようである。

18 以前の Elsevier の web サイトでは、Elsevier が設定した当初の価格のほかに、Elsevier の web サイトから購入する場合の割引価格が表記され、発売開始から短期間を経たのち、割引価格で販売されていた。しかし、データを収集した 2018 年 1 月時点では、紙媒体書籍と電子書籍を合わせて購入する場合を除き、対象となる書籍に関して割引は行われていなかった。

19 包括契約とは、これまでに契約していた学術雑誌の購入を維持することを条件に、少しの追加的負担で、その出版社が提供しているすべての電子ジャーナルへのアクセスとダウンロードを認める契約方式である。当初、大学図書館は、若干の追加的負担で、閲覧可能な論文数が飛躍的に増加したことから、包括契約に切り替えた。学術雑誌の価格上昇と包括契約の問題については、浅井（2017）参照。

20 補論 2 の既存研究の概要は、Asai（2018）による。

第8章

書籍の購入パターン

1　はじめに

　本章の目的は、次の5点である。第1は、1週間当たりの販売部数が、どの時期に、どの程度、集中しているのかを把握することである。これまで述べてきたように、書店は自らの注文品を除いては、取次から配送された書籍を一定期間内に返却することができる。大手書店の中には、期間経過後の返却が認められているところもあるが、以下では、ルールにしたがい、他の取次と比較してやや短めのトーハンが設定した15週、105日間を返却可能期間として議論しよう。

　取次仕入窓口経由で1年間に5万点を超える新刊書が、毎年発行されているが、書店の展示可能スペースは限られているため、陳列する書籍は短期間で入れ替わらざるを得ない。また、書店は取次から書籍が配送された翌月に代金を取次に支払うシステムにより、書店には販売が思わしくないであろう書籍を早期に返却し、精算代金を受け取ろうとする誘因が働く。本章では、このような書籍の流通システムの下で、消費者がどのような購入パターンをとっているのかをデータで示すことを目的とする。出版社が書店での書籍の入れ替わりの速さを見込んで、発売前からメディアを通じて広告を行った結果、消費者の書籍購入が発売の初期段階に集中するならば、消費者は出版社の想定に合致した行動をとっていることになる。一方、発売当初の販売が思わしくない場合、書店は、その書籍を出版社に返却するだろう。消費者は書

店が保有しない書籍を注文することもできるが、書店は返却によって販売の機会を逸することがあるかもしれない。消費者の購入パターンを通じて、書籍の返却可能期間の妥当性を考える。

　第2の目的は、フィクションのほか、ビジネス書などのフィクション以外の単行本や、経済学の専門書に近い内容を記した新書を調査対象に加えることで、カテゴリー間で購入パターンに違いがあるか否かを分析することである。カテゴリーによって、読者層や出版社の広告宣伝の形態は異なるだろう。そのような相違が、購入パターンにどのように反映されるかを考察する。また、電子書籍の配信開始のタイミングを変数として加えることで、電子書籍の紙媒体への影響も考察する。

　第3に、同じ作品の単行本と文庫本の購入パターンを比較することで、消費者がフォーマットを使い分けているのか、否かを検証することである。フィクションの場合、最初に単行本が発行され、次に廉価な文庫本が発行されるケースが多い。同じ作品に対し、単行本と軽量で小型の文庫本を発行することは、フォーマットに着目すれば、製品の差別化である。また、文庫本の発行まで2、3年待つことにより、安価で同じ内容の書籍が入手できるという意味では、異時点間の価格差別化である。もし、価格水準よりも、少しでも早く書籍を入手することを優先する消費者は、単行本を購入するだろう。これに対して、支払意思額が低く、書籍の入手まで長時間待つことを許容する消費者は、文庫本を選択するだろう。そのような想定では、文庫本よりも単行本の方が、発売直後に販売が集中する可能性が高くなる。単行本と文庫本で購入パターンに相違があるならば、それは消費者がフォーマットを使い分けた結果と考えることができる。

　第4は、発売が同時に開始された単行本と文庫本の販売部数、ならびにその購入パターンの分析である。第6章の米国のAmazonから発売された書籍の調査結果やClerides（2002）、Laband and Hudson（2003）が示すように、海外ではハードカバーとペーパーバックが、同時に発売開始となることがある。一方、日本のフィクションでは、単行本と文庫本という2つのフォーマットによる提供が一般的であるが、同一日に発売開始となることは極めて稀である。本章では例外的に単行本と文庫本が同時に発売された宮部みゆき

の『おまえさん』と、京極夏彦の『ルー＝ガルー2』を取り上げ、フォーマット別の販売部数と購入パターンの相違を分析する。単行本と文庫本の双方が販売されたフィクションでは、一般に単行本から得られた販売収入とほぼ同額の収入が文庫本から得られる。同時発売のケースと、発行までにタイムラグを伴った2つのフォーマットの刊行のケースで、おおむね同等の販売実績を示すならば、消費者は発売のタイミングよりも、装丁や保存性の違いを重視してフォーマットを選択していると考えることができる。一方、同時発売の単行本の発売部数が、タイムラグを伴った単行本の販売部数よりも大幅に少ない場合、単行本は文庫本の発売まで待てない消費者が購入し、発売のタイミングが、消費者による購入の重要な決定要素であることの証左となる。

第5は、書籍を原作とするテレビ・ドラマや映画の製作、文学賞の受賞や書評掲載の効果を分析することである。タイトルごとの販売部数で需要関数を推定した第5章では、映画の興行収入が多い作品ほど、文庫本の販売部数が多いことが示されたが、本章では、映画の興行開始前後で、個々の作品の週間販売部数がどのように変化したかをみることで、映像化の効果を把握する。また、最近では芥川賞や直木賞のような専門家が選考に参加する文学賞とは異なり、書店店員が薦めたい書籍を選ぶ本屋大賞が、メディアで大きく取り上げられている。文学賞の受賞の効果は第5章の需要関数の推定で扱ったが、受賞の販売部数に与える影響を週間販売部数の変化を通じて提示する。さらに、新書に関する書評は、しばしば新聞や雑誌に掲載される。書評の効果も新書の週間販売部数の推移を通じて考察する。

書籍市場を対象とする経済分析は少なく、書籍の購入パターンに限定すると、研究事例はかなり絞られる。ベストセラーとバラエティの関係を分析したSorensen（2007）では、*New York Times* に掲載された書籍のベストセラー・リストにおいて、販売部数のピークに達する週は、平均で発売開始から2週目であり、販売部数は発売開始当初に集中していることが示されている。また、Beck（2007）は、口コミ効果やクリスマス時期の販売部数に与える影響を定式化し、ドイツの書籍4タイトルに関し、購入パターンの実証分析を行った。もっとも、Beck（2007）の場合は、書籍の分析というよりも、

モデルの説明力を書籍市場で検証したという意味合いが強い。

　一方、週単位の販売パターンの実証分析は、映画や音楽ではしばしば行われている。De Vany and Walls（1997）は、映画の週間ランキング上位の映画を対象に、週間 50 位以内に存続する作品の特性をサバイバル・モデルで分析し、最初の上映スクリーン数やその順位が、50 位以内にとどまるための主要な決定要因であると報告している。また、浅井（2013）は、1980 年から 2010 年の 5 年おきの音楽のヒット作品の販売パターンを分析し、特に 2000 年以降に購入の初期段階の集中度合いが高まったこと、アーティストの知名度が上がるほど、販売が早期に集中することを見出した。

　以下、第 2 節は、書籍の購入パターンの分析に使用するモデルの説明、第 3 節は、フィクションを対象とする普及モデルの推定結果、第 4 節は、フィクションにおいて、同一日に発売が開始された同一タイトルの単行本と文庫本の購入パターン、ならびに販売部数の調査結果、第 5 節は、映画化と文学賞や本屋大賞の受賞の販売部数への影響を提示する。第 6 節と第 7 節は、いわゆるビジネス書などのフィクション以外の単行本と、教養書としての新書を対象に、それぞれの普及モデルの推定結果を示す。第 8 節は本章の小括である。

2　モデル

　耐久消費財の需要は、新規に購入する財の需要、2 つ目の購入という追加需要、既に購入した耐久消費財の買い換えという置換需要に大別することができる。Bass（1969）が提案したモデルは、新規に購入する耐久消費財の需要量の予測と普及過程を示す。書籍の場合、消費者が同じタイトルの書籍を複数購入することは、一般には想定されないため、新規に購入する耐久消費財の需要を予測する Bass モデルが適用可能である。Bass モデルでは、あるタイトルの書籍未購入者が t 期にその書籍を購入する確率 $P(t)$ は、（1）式で表される。

$$P(t) = \frac{f(t)}{1 - F(t)} = p + qF(t) \tag{1}$$

$f(t)$ は、購入までの時間の確率密度関数、$F(t)$ はその確率分布関数で、F $(t)=\int_0^t f(t)dt$ である。p と q は、しばしば革新係数（coefficient of innovation）、模倣係数（coefficient of imitation）と呼ばれる。また、S_t を t 期における書籍の購入者数、Y を t 期までの購入者数の累積、m を潜在的な購入者数とすると、$Y_t = mF(t)$ より、（1）式は（2）式として表すことができる。

$$S_t = pm + (q-p)Y_{t-1} - \frac{q}{m}Y_{t-1}^2 \tag{2}$$

t の単位を 1 週間とし、（2）式を書籍販売に適用すると、m は書籍の総販売部数、S_t はその書籍の 1 週間の販売部数、Y は発売開始から、その週までの累積販売部数となる。当初の Bass モデルは、数期の販売量データから、最終的な販売量と各期の販売量の予測に使われ、家電製品などの需要予測に応用されてきた。ここでは、既に販売された書籍に Bass モデルを適用するものであり、m の値は既知である。したがって、週間の販売部数と総販売部数のデータを使って、（2）式の p と q の推定値を求める[1]。

　t 期の販売部数のうち、$p(m-Y_{t-1})$ は、既購入者の影響ではなく、購入を促進する外部の活動、ここでは出版社の広告活動を通じて購入された部数であり、$qY_{t-1} - (q/m)Y_{t-1}^2$ は、既存の購入者の口コミなどの影響により購入された部数である。

　p と q は非負の値であるが、販売のピークが 1 週目のパターンに（2）式を適用すると、推定された q は負の値となる。推定の結果、q が負の場合、（2）式に q ＝ 0 の制約を事前に与えて再推定を行う。この q ＝ 0 のモデルは、Fourt and Woodlock（1960）が、日用品の需要予測に開発した指数モデルに帰する。つまり、Fourt and Woodlock のモデルは、Bass モデルの q がゼロの場合のモデルである[2]。

　また、書籍と同じ内容が、紙媒体の発売後に電子書籍として配信された場合、紙媒体の書籍の購入パターンに影響を与える可能性がある。電子書籍が紙媒体を代替する関係にあるならば、電子書籍の配信開始以後、紙媒体の書籍購入パターンの曲線は下方にシフトする。一方、電子書籍の配信が開始さ

れたことが、消費者にそのタイトルの書籍を認知させ、紙媒体の販売促進に寄与するならば、電子書籍の配信開始の時点から、紙媒体の書籍購入パターンの曲線は上方にシフトする。電子書籍の紙媒体の販売への影響をみるため、（3）式は、（2）式に電子書籍の配信開始前の週をゼロ、配信開始時とその後の週を1とするダミー変数 *Ebook* を加えたものである。*r* の推定値が正であれば、電子書籍は紙媒体の販売に正の影響、負であれば電子書籍は紙媒体を代替していると解釈できる。

$$S_t = pm + (q-p)Y_{t-1} - \frac{q}{m}Y_{t-1}^2 + rEbook \qquad (3)$$

第5章の補論1で述べたように、最近では紙媒体の発行から電子書籍の配信開始までのタイムラグが短くなり、最初の単行本の発行とほぼ同時に電子書籍の配信が開始されるケースが増えている。しかし、分析時点のフィクションでは、このタイムラグが比較的長く、電子書籍の配信開始時には紙媒体の週間販売部数はゼロ、あるいはゼロに近い水準まで減少するケースが多かった。このようなケースでは、ダミー変数 *Ebook* を加えた（3）式を推定することは適さない。一方、ビジネス書などのフィクション以外の単行本では、第6節で示すように、フィクションよりも長期にわたって販売が続く傾向があり、ある程度の週間販売部数が存在する中で、電子書籍の配信が開始されるケースが多い。このため、フィクションでは（2）式を推定し、フィクション以外の単行本では、電子書籍の配信時期を示す *Ebook* を含む（3）式を推定することで、購入パターンのほか、電子書籍の紙媒体への影響についても考察する。

3　フィクション

（1）　分析対象

映画やテレビ・ドラマのような映像化によって、消費者の購入パターンは影響を受ける可能性がある。その効果は第5節で論じることとし、本節では映像化の影響を排除するため、分析期間終了までに映像化がなされておら

ず、かつフォーマットによる購入パターンの違いを分析するため、単行本と文庫本の双方が発行されたフィクションを分析対象とする。家計簿、占い本、年賀状作成支援などの実用書は、季節によって購入パターンが左右されるが、フィクションでは季節変動は比較的小さい。また、欧米では書籍をクリスマスのプレゼントにするケースが多く、Beck（2007）は購入パターンの分析にクリスマス時期を示す変数を加えている。一方、日本では書籍をクリスマスのプレゼントとする習慣はないが、正月休み前の1週間と盆休みの直前の1週間では、消費者の購入が増加する傾向がみられる。書籍の販売開始直後に正月休みや盆休みがあたる場合、購入パターンに影響を与える可能性があるため、販売から3週間以内にこれらの時期を迎える書籍は、分析対象から除外した。

　タイトル別データを使用することから、本章でもオリコン・リサーチのデータを使用する。週間販売部数データを使い、（2）式で購入パターンを推定する場合、少なくとも10週以上にわたって販売部数が存続することが必要である。しかし、販売部数が少ない単行本では、数か月以内に週間販売部数がゼロ、あるいは1桁の数値になることが多い。ここでは、オリコン・リサーチが書籍の販売部数の集計を開始したのが2008年であることから、2008年以降に単行本が発行され、10週以上にわたって販売部数のデータが確保でき、かつ同じタイトルの文庫本が発行されているフィクションを抽出した。フィクションの単行本で少なくとも10週分の販売部数が得られた単行本の年間販売部数は4,500冊を超え、4,500冊は年によって相違があるものの、単行本のフィクションの年間ベストセラー・リストで上位200に入る水準である。また、抽出された単行本に対応する文庫本は、いずれも2010年から2013年の文庫本年間販売部数上位200以内に入っていた。つまり、単行本と文庫本の双方で、上位200に入っていた映像化されていないフィクションを分析対象にしていることになる。

　上記の要件を満たすフィクションとして、25の作品が抽出された。25作品のうち、2作品は長編で分冊での発行であることから、単行本では27タイトル、文庫本では33タイトル、合計60タイトルが分析対象である。データの収集期間は、発売開始の週から1年間52週であり、総販売部数は52

週の合計である。

（2）　推定結果

　25 作品、60 タイトルについて、販売開始から 52 週分のデータを使用して、（2）式を推定した結果が表 8-1 である。q の欄が空欄であるのは、q ＝ 0 の Fourt and Woodlock モデルが適用されたことを示し、Bass モデルが適用されたのは、単行本の『終わらざる夏　上・下』のみである。有意水準の記載は省略しているが、60 タイトルすべての p と q の推定値は、1％水準で推定値がゼロであるという帰無仮説が棄却されている。p の値が高いほど、発行直後に販売が集中していることを示すが、単行本の p 値の平均は 0.206、文庫本の平均値は 0.132 である。両者の平均が等しいという帰無仮説は 1％水準で棄却され、単行本の方が文庫本よりも販売は初期段階に集中する。表 8-1 の最も右の欄の「5 週比率」とは、発売から 1 年間の販売部数合計に対する発売開始から 5 週間の販売部数の比率である。単行本の『夜の桃』、『ころころろ』、『ハング』、『ゆんでめて』は、最初の 5 週間の部数で年間販売部数の 8 割以上を占める。この 5 週比率の数値と p 値の相関係数は 0.958 で、非常に高い正の相関となる。販売部数が多いフィクションを対象にする限り、発売直後に販売が集中し、その程度は文庫本より単行本の方が大きいと要約することができる。

　『終わらざる夏』に関しては、Bass モデルが採用されたものの、週間販売部数のピークは、他の書籍と同様、発売開始の週である。2 週目以降は販売部数が減少するが、再度、増加し、その後は減少に転じるという購入パターンをとる。このケースでは、q の推定値が有意であることと、Fourt and Woodlock モデルよりも Bass モデルの方が修正済決定係数は高いことから、Bass モデルの採択となった。Bass モデルの形状を文字とおりに解釈すると、既購入者の評価などを参考に、発売から数週間後に再度、購入者が増えたということになる。しかし、終戦を題材にしたこの作品は、6 月下旬に単行本の発売が開始され、8 月上旬には終戦を特集するテレビ番組でしばしば取り上げられた。単行本の販売が増加に転じた時期は 8 月上旬から中旬であり、このような販売パターンをとった要因として、8 月上旬から中旬のマス・メ

ディアでの露出の影響が考えられる。

　単行本の p 値は、全体的には文庫本の値より高いが、湊かなえの『少女』の単行本の p 値は 0.083 と低く、文庫本の値の方が単行本の値よりも高い。この作品の単行本は 2009 年 1 月の発行であるが、この作家が一般に広く知られるようになったのは、2009 年 4 月の本屋大賞の受賞をきっかけとする。単行本発売当時の知名度の水準が、発売直後の販売部数の集中度の低さにつながったものと考えられる。

　ここで注目しておきたい点は、単行本と文庫本の p 値、あるいは 2 つのフォーマットの 5 週比率の大小関係である。表 8-1 はタイトル別の数値であるが、単行本の p 値の平均値は文庫本の平均値よりも高く、5 週間の販売部数比率の平均値は、単行本が 0.658、文庫本が 0.523 で、同じ作品であっても単行本の方が文庫本より、発売開始当初に購入が集中することを示す。その理由として、次の 2 点が考えられる。1 点目は、出版社の広告活動である。単行本と文庫本の双方で発行された作品の場合、出版社は作品の最初の販売にあたる単行本の発売開始前後にマス・メディアを通じた広告を行う。その結果、消費者は単行本が出版された時点、あるいは出版から長時間を経過しない段階で、その作品が出版されたことを知る。これに対し、単行本の後に文庫本が発売された作品の場合、単行本の発売部数が非常に多い作品を除き、文庫本の発売開始にあたって、新聞などで大規模な広告が行われることはあまりない。文庫本の発売が開始されたことを消費者が知るには、一定の時間を要すると考えられる。

　2 点目は、消費者の単行本と文庫本の使い分けである。今回の分析対象は、単行本と文庫本の双方でフィクションの年間販売上位 200 に入った作品であり、一定のファンを獲得した作品である。文庫本の発行の有無とその時期は、単行本発売当初では不明であり、文庫本が発売される場合でも、第 5 章で示したように、日本では単行本の発行から平均で 2 年半以上を待たなければならない。単行本の価格は文庫本の 2 倍、あるいはそれ以上であるが、単行本の価格水準と、文庫本の購入まで待たなければならない時間から生じる不効用とのバランスを考慮すると、熱心なファンは単行本を選ぶだろう。一方、支払意思額が単行本の価格水準未満、あるいは書籍の保管スペースや

表 8-1　フィクションの購入パターンの推定結果

書名	著者名	フォーマット	p	q	修正済 R^2	5 週比率
1Q84　BOOK3	村上春樹	単行本	0.285		0.742	0.744
1Q84　BOOK3　10 月 -12 月　前編		文庫本	0.115		0.533	0.499
1Q84　BOOK3　10 月 -12 月　後編		文庫本	0.110		0.550	0.489
親鸞　上	五木寛之	単行本	0.132		0.665	0.406
親鸞　上		文庫本	0.071		0.631	0.355
ロスト・シンボル Limited Edition　上	ダン・ブラウン	単行本	0.312		0.919	0.800
ロスト・シンボル Limited Edition　下		単行本	0.265		0.936	0.755
ロスト・シンボル　上		文庫本	0.134		0.922	0.535
ロスト・シンボル　中		文庫本	0.123		0.945	0.505
ロスト・シンボル　下		文庫本	0.119		0.946	0.491
カッコウの卵は誰のもの	東野圭吾	単行本	0.192		0.970	0.663
カッコウの卵は誰のもの		文庫本	0.143		0.960	0.558
小暮写眞館	宮部みゆき	単行本	0.155		0.943	0.545
小暮写眞館　上		文庫本	0.204		0.955	0.700
小暮写眞館　下		文庫本	0.190		0.956	0.663
ゆんでめて	畠中恵	単行本	0.289		0.975	0.808
ゆんでめて		文庫本	0.237		0.926	0.741
終わらざる夏　上	浅田次郎	単行本	0.101	0.110	0.844	0.425
終わらざる夏　下		単行本	0.087	0.119	0.848	0.387
終わらざる夏　上		文庫本	0.157		0.959	0.536
終わらざる夏　中		文庫本	0.137		0.954	0.483
終わらざる夏　下		文庫本	0.132		0.946	0.466
オー！ファーザー	伊坂幸太郎	単行本	0.219		0.967	0.715
オー！ファーザー		文庫本	0.144		0.972	0.550
マリアビートル	伊坂幸太郎	単行本	0.160		0.946	0.600
マリアビートル		文庫本	0.185		0.965	0.643
バイバイ　ブラックバード	伊坂幸太郎	単行本	0.218		0.962	0.706
バイバイ　ブラックバード		文庫本	0.160		0.932	0.617
ふたりの距離の概算	米澤穂信	単行本	0.256		0.728	0.804
ふたりの距離の概算		文庫本	0.096		0.900	0.407

タイトル	著者	判型			
ハンツ	誉田哲也	単行本	0.310	0.951	0.817
ハンツ		文庫本	0.149	0.894	0.588
少女	湊かなえ	単行本	0.083	0.838	0.382
少女		文庫本	0.100	0.860	0.465
あるキング	伊坂幸太郎	単行本	0.228	0.953	0.709
あるキング		文庫本	0.153	0.901	0.602
SOSの猿	伊坂幸太郎	単行本	0.174	0.795	0.629
SOSの猿		文庫本	0.154	0.963	0.584
キケン	有川浩	単行本	0.153	0.909	0.605
キケン		文庫本	0.133	0.857	0.563
ペンギン・ハイウェイ	森見登美彦	単行本	0.177	0.880	0.642
ペンギン・ハイウェイ		文庫本	0.132	0.948	0.517
キリン	山田悠介	単行本	0.107	0.107	0.462
キリン		文庫本	0.068	0.068	0.341
ヒア・カムズ・サン	有川浩	単行本	0.154	0.154	0.607
ヒア・カムズ・サン		文庫本	0.124	0.124	0.558
無理　上	奥田英朗	単行本	0.256	0.960	0.730
無理　下		文庫本	0.133	0.881	0.568
左岸　上	江國香織	単行本	0.124	0.897	0.538
左岸　下		文庫本	0.186	0.845	0.585
夜の桃　上	石田衣良	文庫本	0.117	0.869	0.511
夜の桃　下		文庫本	0.106	0.878	0.469
右岸　上	辻仁成	単行本	0.285	0.845	0.909
右岸　下		文庫本	0.110	0.833	0.485
WILL　上	本多孝好	単行本	0.222	0.873	0.669
WILL　下		文庫本	0.099	0.918	0.426
おそろし三島屋変調百物語	宮部みゆき	単行本	0.096	0.913	0.409
おそろし三島屋変調百物語		文庫本	0.215	0.936	0.673
ころころろ	畠中恵	単行本	0.082	0.797	0.413
ころころろ		文庫本	0.194	0.966	0.695
		文庫本	0.155	0.918	0.596
		単行本	0.293	0.984	0.834
		文庫本	0.261	0.894	0.744

ポータビリティ性を重視する消費者は、文庫本を購入するだろう。早く入手したい消費者が単行本を選択するならば、単行本の発売から時間をおかずに購入するのに対し、文庫本の発売時には大規模な広告が行われず、熱心なファンが既に単行本を購入している状態では、文庫本の販売は単行本ほど早期に集中するとは考えにくい。書籍の場合、作品あるいは作家への愛着の程度によって、単行本を購入する消費者と文庫本を購入する消費者に分けられ、これが異時点間の価格差別化を実施可能にしていると考えられる。発行のタイミングとフォーマットの選択については、次節の同時発行のケースで再度議論する。

　また、今回の25作品において、単行本と文庫本の発行のタイムラグは、平均で32か月であるが、発売開始から52週経過後の1週間の単行本販売部数が100冊を超えていた作品は3作品で、14作品については、発行から1年以内に週間販売部数が、オリコン・リサーチの調査でゼロになっている。つまり、文庫本は、単行本との競合を避け、単行本の需要がほぼ消滅した状態で発行されていたことになる。第6章の米国で販売された書籍のサンプル数は少ないが、第6章の表6-2では、フィクションの20作品中、15作品でハードカバーの発売から1年以内にペーパーバックが発行されていた。米国の週間販売部数に基づく購入パターンは不明であるが、日本と米国でフィクションの購入パターンに大差がないならば、ハードカバーの需要が存在する、あるいは、ゼロになって間がない時点でペーパーバックが発行されていることになる。タイムラグが長いほど、次のフォーマットの販売が、最初のフォーマットの需要を代替する確率は低下するが、日本の場合、需要が早期に集中する単行本の購入パターンと平均2年半以上のタイムラグから、文庫本が単行本の需要を奪うケースはほとんどないといってよいだろう。むしろ長いタイムラグによって、その作品が忘れられ、文庫本の販売にとってマイナス要因になっている可能性が考えられる。

　次に、文庫本の p 値の水準の決定要因を考察するため、文庫本33タイトルの p 値を、その作品の単行本の販売部数（*Hard Sale*）、文庫本の価格（*Price*）、単行本と文庫本の発行までの月数（*Month*）を説明変数とする回帰分析を行った。すべての変数は自然対数をとり、表8-2はこれを最小2乗法で推定

表 8-2　p 値の推定結果

	推定値
Constant	0.1852（2.9304）
ln Hard Sale	0.1004（0.0455）**
ln Price	−0.9822（0.5562）*
ln Month	0.8633（0.3274）**
修正済決定係数	0.1413

（　）内の数値は標準偏差　　**5%　　*10%

した結果である。サンプル数が少なく、当てはまりの程度は低いが、3 変数の推定値は少なくとも 10%水準で有意である。表 8-2 は単行本の販売部数が多いほど、文庫本の価格が低いほど、タイムラグが長いほど、p 値が高く、文庫本の購入は発売当初に集中することを示す。単行本の発売で、その作品の評判は消費者にとって既知の情報である。人気のある作品ほど、文庫本を早期に入手するのは、消費者として自然な行動であろう。

4　異なるフォーマットの同時発売

　欧米で発行される専門書では、第 6 章の表 6-4、Clerides（2002）やLaband and Hudson（2003）が示すように、同じタイトルの書籍が、ハードカバーとペーパーバックという異なるフォーマットで同時に発売されるケースは珍しくない。本節では、（1）項で米国の大学出版会から発行されたハードカバーとペーパーバックの販売のタイミングと発売部数に関するClerides（2002）の分析結果を紹介し、（2）項で単行本と文庫本が同時に発売された宮部みゆきの『おまえさん』と京極夏彦の『ルー＝ガルー 2』のケースを取り上げ、2 つのフォーマットの同時発行の販売部数への影響と購入パターンについて考察する。

（1）　Clerides（2002）のケース
　Clerides（2002）は、イェール大学出版会から発行された人文系、社会科

表8-3　ハードカバーとペーパーバックの販売状況

		タイトル数	平均価格（ドル）	平均販売部数
ハードカバー		1,108	45.96	1,708
ペーパーバック		549	19.67	3,980
ハードカバー	同時発行	136	46.31	668
ペーパーバック	同時発行	136	20.11	4,958
ハードカバー	先行発行	413	44.16	2,587
ペーパーバック	後方発行	413	19.52	3,658

出所　Clerides（2002）p.1389 Table 1 より作成

学、自然科学にわたる広範な分野の書籍を対象に、ハードカバーとペーパーバックのフォーマットの選択と、同じタイトルのハードカバーとペーパーバックの発行のタイミング別に販売部数を分析しており、表8-3は、その結果を要約したものである。Clerides（2002）では、タイトル数で計算したペーパーバックの24.8％が、ハードカバーと同日に発行されていることを示す。ハードカバーとペーパーバックが同時に販売されたケースの1タイトル当たりの2つのフォーマットの販売部数の合計（ハードカバー平均販売部数668冊＋ペーパーバック平均販売部数4,958冊）と、ハードカバーが先行し、その後、ペーパーバックが販売されたケースの1タイトル当たりの2つのフォーマットの販売部数の合計（ハードカバー平均販売部数2,587冊＋ペーパーバック平均販売部数3,658冊）が等しいという帰無仮説は棄却されないが、この2つのケースのハードカバーとペーパーバックの販売部数の内訳は異なる。ハードカバーが先行して販売されたケースの販売部数合計（2,587冊＋3,658冊）に占めるハードカバーの販売部数2,587冊の比率は41.4％である。これに対し、2つのフォーマットが同時に販売開始されたケースでは、合計販売部数（668冊＋4,958冊）に占めるハードカバー販売部数668冊の比率は11.9％であり、同時発売であれば、低価格のペーパーバックに需要が集まる。書籍の表紙がハードカバーか、ソフトカバーかの装丁の問題よりも、早期に購入できるか否かが、消費者にとって重要な要素であることが示される。もっとも、同一内容、同一発売日であるにもかかわらず、ハードカ

バーの比率が 11.9％に達しているとの見方もできる。分析対象が大学出版会から発売された書籍では、保存性を重視する図書館の購入比率が高いこと、英語で執筆された書籍のハードカバーは、米国だけではなく、海外の大学や研究機関でも需要があることによるのだろう。

(2) 日本の事例

　日本では大学出版会などから発行された専門書は、ハードカバーの単行本、あるいはソフトカバーの単行本のいずれか一方で発行される。これに対し、フィクションでは、単行本と文庫本という 2 つのフォーマットで販売されることは多いが、異なるフォーマットが同一日に販売開始となることは一般には想定しがたい。しかし、その例外的な事例が、2011 年 9 月に講談社より発売された宮部みゆきの『おまえさん　上・下』と、同じく講談社より 2011 年 10 月に発売された京極夏彦の『ルー＝ガルー 2』である。『おまえさん』は、ハードカバーの単行本と文庫本ともに上・下 2 分冊であり、単行本は税抜きで各 1,800 円、文庫本は各 850 円である。『ルー＝ガルー 2』は、3,200 円のハードカバーの単行本（縦 20cm）、1,400 円の講談社ノベルスと呼ばれるやや小型のソフトカバーの単行本（縦 18cm）、さらに各 700 円で 2 冊に分冊された文庫本（縦 15cm）の 3 種類が、同一日に発売されている。

　単行本が文庫本よりも先行して販売される場合、Asai（2016）で示されるように単行本の販売部数は、平均で文庫本のほぼ半分である。しかし、『おまえさん』のケースでは、オリコン・リサーチの集計で、単行本の 1 年間の販売部数合計が 14,291 冊、文庫本では 703,553 冊であり、単行本の販売部数が、単行本と文庫本の販売合計に占める比率はわずか 1.99％である。ただし、比率の大きな差は、オリコン・リサーチのデータの収集方法によって助長されている可能性がある。オリコン・リサーチが集計する『おまえさん』や『ルー＝ガルー 2』の販売部数は、書店が個人に販売した部数データであり、図書館の購入分は含まれていない。図書館は文庫本も購入することはあるが、保存性から単行本を選択する傾向がある。今回の販売部数には保存性を重視する図書館の購入分が含まれていないため、文庫本と比較して単行本の販売部数が過小に見積もられることになる。しかし、このようなバイ

アスを考慮しても、1.99%という値は、需要が単行本から文庫本に移行していることを示すとみることができるだろう。

　『おまえさん』の単行本と文庫本の購入パターンをみるため、それぞれ1年間の販売部数に占める週間販売部数の比率の推移を示したものが、図8-1である[3]。第3節では、一般に単行本の方が文庫本よりも、発売当初に購入が集中する傾向が見られた。『おまえさん』の単行本の場合は、発売1週目の比率が0.44に達し、24週目にオリコン・リサーチの調査で販売部数がゼロになっているのに対し、文庫本の1週目の比率は0.24であり、52週のうち発売部数がゼロとなった週はない。単行本と文庫本について、（2）式で購入パターンを推定すると、双方でq = 0のモデルが採択され、pの値は単行本で0.406、文庫本で0.243となり、単行本の方が発売当初の集中度が高いことが、ここからも確認される。同時発売は、需要を単行本から文庫本に

図 8-1　『おまえさん』の週間販売部数比率の推移

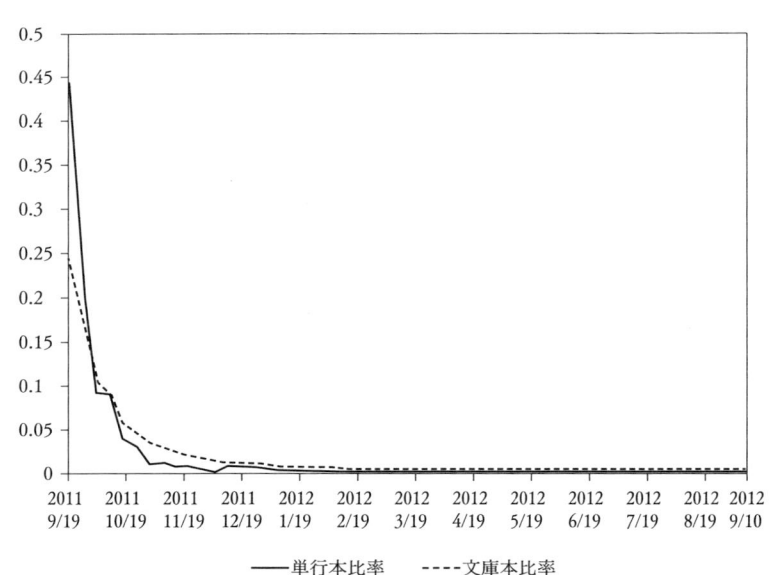

出所　オリコン・リサーチのデータより作成

シフトさせるが、それぞれの購入パターンは、表8-1の一般的なタイムラグを持つフィクションの単行本と文庫本の購入パターンが当てはまる。

　表8-4は、3つのフォーマットで同日に販売された京極夏彦の『ルー＝ガルー2』の発売開始の週から52週目までの販売部数と販売額を要約したものである。単行本は1冊で発行されているが、文庫本は2分冊であることから、表8-4の文庫本の販売部数は、単行本と比較するため、上・下の部数の平均値を表示した。『ルー＝ガルー2』の3つのフォーマットの販売部数合計に対するハードカバーの単行本の販売部数の比率は1.86％であり、『おまえさん』の比率1.99％とほぼ同じである。複数のフォーマットによる同時発売は、高価格のハードカバーの単行本の需要を低価格のフォーマットの需要に移行させている。『ルー＝ガルー2』が、『おまえさん』と異なる点は、ハードカバーの単行本だけではなく、ソフトカバーの単行本も発売されている点である。ソフトカバーの単行本の大きさは、ハードカバーの単行本と文庫本の中間に位置するが、価格は文庫本上・下を購入した金額と一致する。ソフトカバーの単行本と文庫本の価格が同じことから、消費者は1冊か、分冊か、あるいは書籍の大きさの違いで、2つのフォーマットを選択していることになる。『ルー＝ガルー2』のハードカバーとソフトカバーの単行本を合計すると、販売部数と販売額の双方で全体の約30％を占める。

　図8-2は、3つのフォーマットで販売された『ルー＝ガルー2』の1年間の販売部数に占める1週間の販売部数比率の推移を示したものである。ハードカバーの単行本の週間販売部数では、発売1週目の販売部数の1年間の販売部数に占める比率が0.55であり、2週目までの累積で0.95を超える。オリコン・リサーチのデータでは、発売から6週目以降の販売部数はゼロが続き、発売開始から1か月半で需要が消滅している。ソフトカバーの単行本では、発売1週目の1年間の販売部数に占める比率は0.37、2週目までの累積で0.62、10週目では0.9に達している。同日発売であって、ソフトカバーの価格の2.2倍以上の価格が設定されているハードカバーを選ぶ消費者は、この作品あるいは作家の熱心なファンであり、発売初日の週に書籍を購入している状況がうかがわれる。これに対し、文庫本では1週目の比率は0.21、2週目までの合計は0.42で、累積比率が0.9に達したのは18週目

表 8-4　フォーマット別『ルー＝ガルー 2』の販売状況

	販売部数	部数比率（%）	価格（円）	販売額（円）	販売額比率（%）
ハードカバーの単行本	608	1.86	3,200	1,945,600	4.15
ソフトカバーの単行本	9,557	29.25	1,400	13,379,800	28.56
文庫本上・下平均	22,510.5	68.89	700×2	31,514,700	67.28
合計	32,675.5	100		46,840,100	100

図 8-2　『ルー＝ガルー 2』の週間販売部数比率の推移

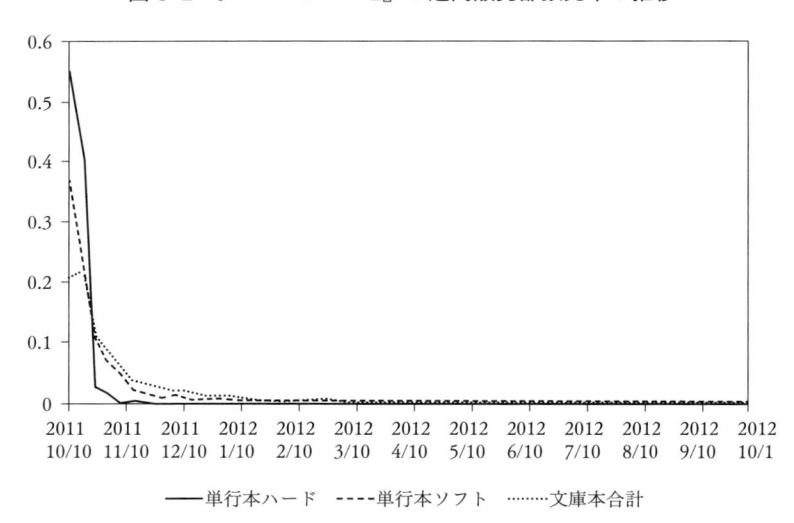

出所　オリコン・リサーチのデータより作成

である。高価格の書籍は早期に売上が集中し、文庫本の販売は単行本よりも長期にわたっているという第 3 節のフィクションの購入パターンの結論が、『ルー＝ガルー 2』でも当てはまる。

　『おまえさん』の販売部数合計に対する単行本の販売部数比率は 1.99%、『ルー＝ガルー 2』は 1.86% で、この 2 タイトルでは単行本の販売部数が極

端に小さい。複数のフォーマットによる同時発売のケースが非常に少ないため、多くのタイトルで確認することはできないが、単行本と文庫本の同時発売は、価格が低い文庫本に需要を移行させている。消費者のフォーマット選択には、書籍の大きさや装丁の差よりも、発売開始のタイミングが重要であることが推察できる。

5　映画化と文学賞受賞の効果

　Ashworth et al.（2010）は、オランダで 2003 年 1 月から 2005 年 6 月の間で販売された 644 タイトルの書籍を対象に、文学賞の受賞や候補作品の販売への影響を分析した。その結果、受賞は販売に正の効果を与えるのに対し、ノミネートでは明確な影響がないことが報告されている。ノミネートではメディアでの露出が少ないことが、関係しているのだろう。第 5 章では、映画やテレビ・ドラマによる映像化は、文庫本の需要を喚起することが示されており、本節では、タイトル別の週間販売部数データを使って、受賞や映像化の販売部数への影響を把握する。

（1）　調査方法とその結果

　映画や受賞が書籍販売に与える影響をみるため、冲方丁の『天地明察』、三浦しをんの『舟を編む』、小山田浩子の『工場』の 3 作品について、オリコン・リサーチの週間販売部数のデータを図示した。この 3 作品を取り上げた理由は、これまでの分析から、作品の購入パターンは、作家の過去の販売実績から影響を受けると予想されるが、当該作品が出版される以前の 3 人の作家は、現在ほど高い認知度を有していなかったことによる。冲方丁は、2000 年前後から作家として活動をしていたが、『天地明察』の発売により、2010 年にオリコン・リサーチが集計する単行本の作家別年間販売部数で 44 位に入ったものの、それ以前では上位 50 に入ったことはなかった。『天地明察』は、単行本が 2009 年 11 月に発行され、2010 年 4 月に本屋大賞 1 位を受賞し、2012 年 9 月には映画が公開された。映画の興行収入は、キネマ旬報社の集計で 9.1 億円である。2 番目の『舟を編む』の著者である三浦しをんは、2006 年に直木賞を受賞しているが、オリコン・リサーチが集計を

始めた 2008 年から『舟を編む』が発行された 2011 年の前年までの間、作家別販売部数上位 50 に入ったことはなかった。『舟を編む』は、単行本が 2011 年 9 月に発行され、2012 年 4 月に本屋大賞 1 位を受賞し、2013 年 4 月には映画が公開となっている。この映画の興行収入は、キネマ旬報社の推定で 8.3 億円である。『工場』は、小山田浩子が初めて出版した書籍であり、2013 年に『工場』で三島由紀夫賞の候補作品となり、同年に織田作之助賞を受賞した。2014 年には『穴』で芥川賞を受賞しているが、『工場』の発行当時では、一般に広く知られた作家ではなかった。

　図 8-3 は、『天地明察』の単行本の 1 年間の週間販売部数合計に対する週間販売部数の比率、図 8-4 は、その文庫本上・下合計の 1 年間の週間販売部数に対する週間販売部数の比率である。『天地明察』の単行本は 1 冊であるが、文庫本は上・下の 2 分冊であるため、図 8-4 の文庫本の週間販売部数比率は、上・下の合計販売部数で計算した。『天地明察』の単行本は、当初は 1 週間当たりの販売部数 1,000 冊前後、年間販売部数に対する比率では 0.005 程度で推移していたが、2010 年 4 月中旬から下旬に大きく跳ね上がった。これは本屋大賞で 1 位を獲得した直後である。4 月中旬の 1 週間の販売比率は 0.21、翌週は 0.14 であり、本屋大賞の受賞発表後の 2 週間で、年間販売部数の 35％が販売されたことになる。しかし、5 月に入ると週間販売部数は減少し、6 月下旬には 1 週間当たりの販売比率は 0.01 台まで低下した。『天地明察』は、オリコン・リサーチの集計で、単行本の 1 年間の販売部数が 23 万冊を超えているが、本屋大賞の受賞がなかったならば、2010 年 4 月に販売部数が大きく増加することはなく、1 週間当たり 1,000 冊前後で推移した後、減少に転じたかもしれない。『天地明察』の文庫本の発売は、本屋大賞の受賞後であり、作品名が広く既知の情報となっており、文庫本発売当初に需要が集中している。2012 年 9 月に再度、文庫本の販売部数が増加しているが、これは映画の公開開始時期と一致する。

　図 8-5 は、『舟を編む』の単行本の発売から映画が上映されるまでの 3 年間の週間販売部数の推移を示す。発売開始の 2011 年 9 月から 2012 年 3 月までは、3 年間の販売部数合計に占める 1 週間の販売部数比率は、0.002 から 0.008 で推移していたが、2012 年の本屋大賞 1 位を受賞した 4 月に 0.1

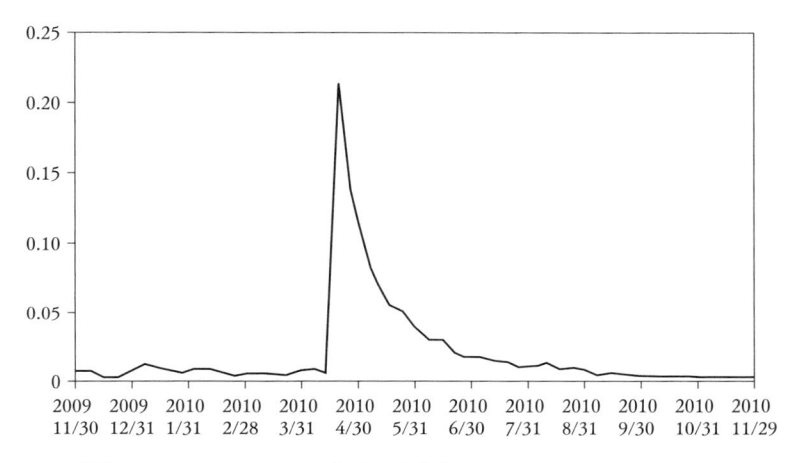

図 8-3　『天地明察』（単行本）の週間販売部数比率の推移

出所　オリコン・リサーチのデータより作成

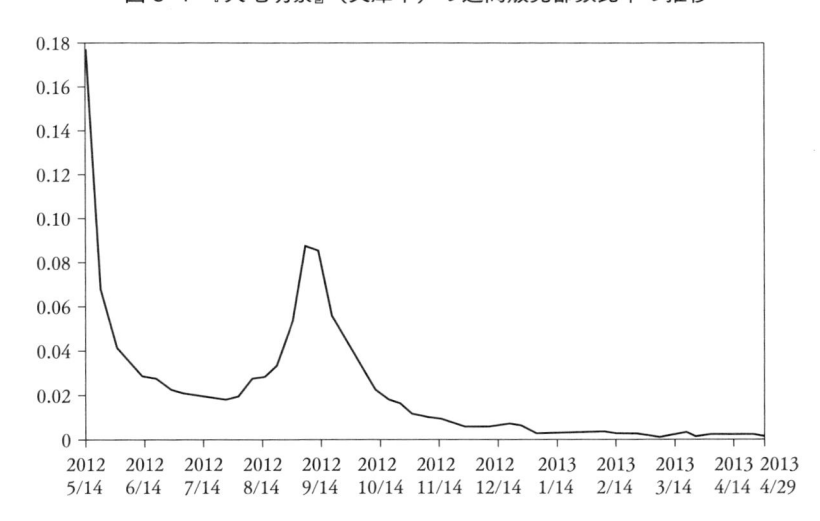

図 8-4　『天地明察』（文庫本）の週間販売部数比率の推移

出所　オリコン・リサーチのデータより作成

図8-5 『舟を編む』の週間販売部数比率の推移

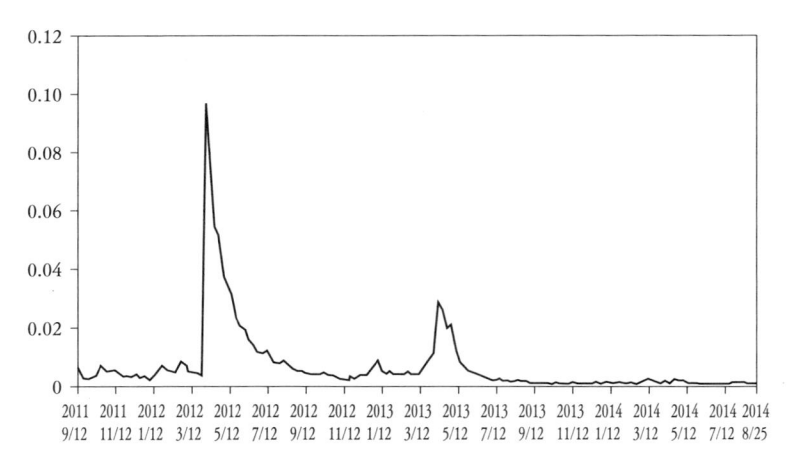

出所　オリコン・リサーチのデータより作成

図8-6 『工場』の販売部数比率の推移

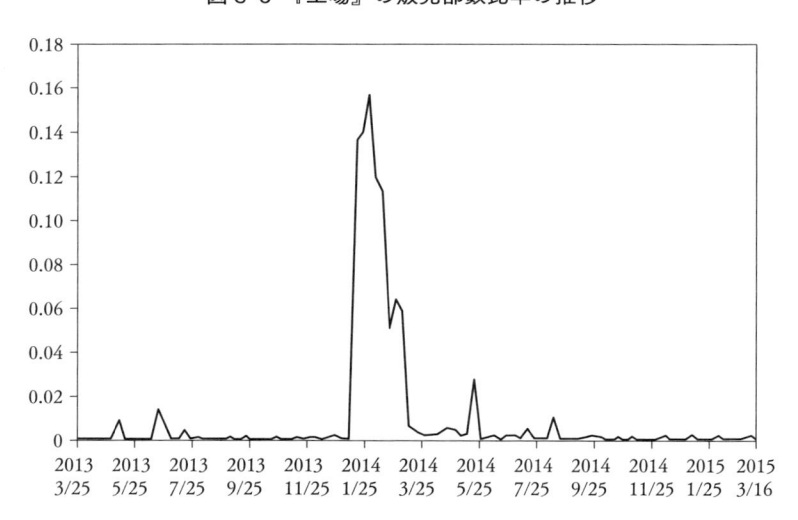

出所　オリコン・リサーチのデータより作成

近くまで跳ね上がった。本屋大賞の効果は、『天地明察』と同じである。その後、減少に転じたが、2013 年 4 月には 4 週連続で週間部数比率が 0.02 を超えた。これは 2013 年 4 月に映画の上映が開始された効果とみることができる。

　図 8-6 は、小山田浩子の『工場』の 2 年間の販売部数合計に占める週間販売部数の比率の推移を示す。ベストセラーのリストに登場した『天地明察』や『舟を編む』に比べると、全体的に販売部数は少ないが、毎日新聞が 2014 年 1 月 10 日の新聞紙面での織田作之助賞の受賞発表、ならびに 2014 年 1 月 16 日に次作品である『穴』の芥川賞受賞の発表後に販売部数が大きく跳ね上がった。新聞発表から 5 週間の販売部数は、2 年間の販売部数合計のほぼ 2/3 を占める。『工場』の場合、織田作之助賞の受賞や次作の芥川賞受賞以前の販売部数が少なく、2014 年 1 月から 2 月にかけての販売は、受賞を知った書店や消費者の注文である可能性が高い。もっとも、2 つの受賞発表時期が隣接しているため、販売部数の増加が、『工場』の受賞の効果か、次作の受賞の効果によるものかの判別はできない。

(2)　考察

　第 3 節のフィクションの購入パターンの分析では、映像化されていない作品を選別し、購入パターンの実証分析を行ったが、本節では、知名度が比較的低い段階で、受賞や映画化された作品の販売部数の推移をみることで、映像化や受賞の効果をデータで示した。2000 年頃から日本で製作され、ヒットした映画の多くは、製作委員会方式で資金調達が行われている。『舟を編む』は、単行本と文庫本が光文社から発行され、映画は光文社が構成員として加わった製作委員会方式で製作された。『天地明察』は、角川書店（現、KADOKAWA）が発行し、映画は角川書店や角川映画をメンバーに含む製作委員会で製作され、完成した映画は、角川映画と松竹の共同で配給された。今回の 2 ケースが示すように、書籍をもとに映画を製作することは、興行収入を得るだけではなく、映像化することで書籍の販売部数の増加も期待でき、書籍と映画の相乗効果を製作委員会メンバーが享受している。映画の上映でその原本である書籍が注目されることは、以前から指摘されるところで

あり、目新しいものではない。しかし、2000 年代以降の映画の製作委員会は、書籍と映像の相乗効果を委員会で内部化していることが注目される。

　また、今回の事例以外にも、製作委員会で、映画の興行開始に合わせて、文庫本の販売時期を調整しているだろうケースが見られる[4]。書籍と映画の関係だけではなく、1990 年代後半以降、音楽 CD のヒット作品には、ドラマの主題歌や CM ソングが多く、音楽の場合も、ドラマの放映開始にあわせ、CD の販売が開始されるケースがある。書籍や音楽では、他のメディアとのタイアップが、マーケティングに組み込まれている。

　本屋大賞は、2004 年に出版産業の活性化のために、書店員の有志が立ち上げたプロジェクトである。本屋大賞 1 位の受賞作の販売部数が受賞直後に急増していること、4 月の受賞時にはマス・メディアで本屋大賞だけではなく、書籍市場の現状も併せて報道されており、受賞作品以外の書籍にもプラスの販売効果が期待される。最近の本屋大賞の受賞 10 作品には、芥川賞の受賞作品も含まれ、既に知名度のある作品が受賞作品として登場することが多くなった。隠れた需要の掘り起こしという本屋大賞の意味合いは薄れているようにみえるが、書籍市場を盛り上げようとして始められた書店員の取り組みは、一定の成果をあげていると評価できるだろう。

6　フィクション以外の単行本

　オリコン・リサーチは、ビジネス書というカテゴリーで、ベストセラー・リストを作成している。本節では、オリコン・リサーチが集計した 2012 年のビジネス書の販売部数上位 100 から推定対象の書籍を抽出する。もっとも、ビジネス書の定義が曖昧であること[5]、これには啓蒙書や自己啓発書なども含まれていることから、ここではフィクション以外の単行本と表記した。本節では、1 年間の販売部数が 3 万冊を超え、かつ電子書籍が配信されている書籍から、前節のフィクションと同様に販売開始直後に正月休みや盆休みを迎える書籍を除く 20 タイトルを抽出した。フィクション以外でも、最初に単行本が販売され、その後、新書版や文庫本が発行されるケースがあるが、大部分は単行本のみの発行である。

　今回の分析対象である 20 タイトルは、すべて単行本であり、この 20 タ

イトルに関して、（3）式を推定した結果が表8-5である。表8-5のrの欄が空欄である4タイトルでは、紙媒体の発行と電子書籍の配信開始がほぼ同時期であるため、変数 $EBook$ を含まない（2）式で推定している。表8-5の上から17番目までの書籍では、1年間52週分のデータで推定しているが、下から3つの書籍については、電子書籍の配信開始が紙媒体の発行から1年以上経過した後であったため、電子書籍の配信開始後を含む2年分104週の週間販売部数のデータを使用した。なお、電子書籍の配信の有無と配信開始時期は、Amazonの電子書籍に関するものである。表8-5の p と q の推定値については、表8-1と同様、有意水準を表示していないが、20タイトルすべてにおいて、1%水準で推定値がゼロに等しいという帰無仮説は棄却される。電子書籍の配信時期を示す $Ebook$ の r の推定値の右横の数値は有意水準を示し、この欄の空欄は、10%水準で帰無仮説が棄却されなかったことを示す。

　表8-5の20タイトルのうち、18タイトルで q が正の値であったため、Bassモデルの適用となった。単行本の『終わらざる夏　上・下』を除いては、Fourt and Woodlockモデルが適用されていたフィクションとは対照的な結果である。p の値の20タイトルの平均値は、0.0513で、フィクションの文庫本よりもさらに低い。右側の「ピーク週」は、発売開始から週間販売部数が最も多くなるまでに要した週数である。平均は9.65週であり、10週以上を要したものが、半数の10タイトルである。フィクションでは、販売の1、2週目がピークであったが、ビジネス書などのフィクション以外の単行本では、ピークに達するまで、平均でほぼ2か月かかっている。

　タイトル別の特記事項として、『スティーブ・ジョブズ』は、アップル創業者の伝記で、発売開始前からメディアで大きく取り上げられていた。『スティーブ・ジョブズ』のような注目度の高い書籍は、発売当初に購入が集中するが、全般的にみると、フィクション以外の単行本の購入の集中度合いは低い。『心を上手に透視する方法』は、2012年の販売部数が32万冊に達した書籍であるが、最初の3週間の販売部数は、オリコン・リサーチの集計で200冊から300冊台であり、ピークに達するまでに22週を要している。オリコン・リサーチの調査は、全数調査ではないが、オンライン企業を含め、

表 8-5　フィクション以外の単行本の購入パターンの推定結果

書名	著者名	p	q	r		修正済 R^2	ピーク週	5週比率
99%の人がしていない　たった1%の仕事のコツ	河野英太郎	0.013	0.067	1962.12	[1%]	0.170	16	0.030
スティーブ・ジョブズ　1	ウォルター・アイザックソン	0.230				0.851	1	0.680
サムスン式　仕事の流儀　5年で一流社員になる	ムン・ヒョンジン	0.028	0.139	-31.454		0.800	16	0.145
ディズニー　サービスの神様が教えてくれたこと	鎌田洋	0.037	0.011	947.98	[1%]	0.552	7	0.162
大富豪アニキの教え	兄貴（丸尾孝俊）	0.040	0.112	-175.65	[10%]	0.926	8	0.215
金持ちになる男、貧乏になる男	スティーブ・シーボルド	0.027	0.125	-223.15	[10%]	0.851	16	0.129
ディズニーと三越で学んできた　日本人にしか　できない「気づかい」の習慣	上田比呂志	0.024	0.062	219.44	[1%]	0.915	13	0.122
読書の技法	佐藤優	0.067	0.091	8.1557		0.851	6	0.339
特定の人としかうまく付き合えないのは、結局、　あなたの心が冷めているからだ	五百田達成、堀田秀吾	0.015	0.118			0.902	12	0.076
9割がバイトでも最高の感動が生まれる　ディズ　ニーのホスピタリティ	福島文二郎	0.073	0.016	127.65		0.949	2	0.316
企業参謀ノート　入門編	大前研一監修／プレジデント書籍編集部編	0.091	0.139			0.837	2	0.483
記憶する技術	伊藤真	0.035	0.183	-77.331		0.878	11	0.213
現実を視よ	柳井正	0.072	0.122	-86.76		0.928	2	0.373
スタンフォードの自分を変える教室	ケリー・マクゴニガル	0.019	0.136	-1428.02	[10%]	0.851	18	0.064
できる大人のモノの言い方大全	話題の達人倶楽部編	0.011	0.116	1420.76		0.732	18	0.016
ワーク・シフト　孤独と貧困から自由になる働き　方の未来図〈2025〉	リンダ・グラットン	0.034	0.053	-88.99		0.398	7	0.105
一生かかっても知り得ない　年収1億円人生計画	江上治	0.113				0.963	2	0.476
心を上手に透視する方法	トルステン・ハーフェナー	0.010	0.096	-228.66		0.763	22	0.008
一流の人に学ぶ自分の磨き方	スティーブ・シーボルド	0.019	0.044	31.923		0.831	12	0.063
自分のアタマで考えよう　「知識」にだまされない「思考」の技術	ちきりん	0.069	0.011	-61.211		0.922	2	0.318

主要な小売店をカバーしている。全国で1週間の販売部数が300冊前後であれば、返品を行った、あるいは返品を考えた書店もあるだろう。表8-5の「5週比率」は、表8-1と同様、1年間の販売部数に占める最初の5週間の販売部数の比率を示す。20タイトルの平均は、0.217で、最初の5週間で年間販売部数の半分以上を販売していたフィクションとは状況が大きく異なる。

電子書籍の配信の影響については、*EBook*を変数に加えた16タイトルのうち10タイトルで、帰無仮説を棄却できなかった。ゼロであることが棄却される6ケースでは、3ケースで正の影響、残り3ケースでは負の影響で結論は分かれ、今回の20タイトルの分析では、電子書籍の配信の紙媒体への影響が、正か負かの特定はできない[6]。また、*Ebook*の推定値が有意であった6ケースすべてで、紙媒体の発行から電子書籍の配信開始まで10週間以上のタイムラグがあり、かつ紙媒体書籍の発売のピーク後に電子書籍の配信が開始されている。

今回の分析対象であるフィクションとフィクション以外の書籍は、ベストセラー・リストの上位に位置するが、カテゴリーによって、購入パターンに相違がみられた。また、知名度が高い著者の作品ほど、初期段階の販売の集中が高いことも示された。知名度が高い作家の作品は、多数の販売部数が予想されることから、返品の対象となるのは、著者の知名度が低く、あまり知られていない書籍である。『心を上手に透視する方法』のように初期段階では売れ筋はよくないが、最終的には大きな販売実績を達成する書籍もある。購入の初期段階の集中が相対的に低いフィクション以外の単行本では、発売当初の売れ行きのみで返却を判断することは、販売の機会を逸する可能性が高くなる。

また、米国のフィクションと専門書以外の20タイトルの発行状況と価格を一覧にまとめた第6章の表6-3では、電子書籍は最初の紙媒体とほぼ同時期に配信が開始されていたが、ペーパーバックは、ハードカバーの発行から2年程度経過後に発行されるケースが多かった。米国において、今回の結果と同様に、フィクション以外の書籍の方がフィクションよりも長期にわたって売れ続けるならば、米国のフィクション、ならびにフィクションと専

門書以外の書籍のフォーマット別タイムラグの差は、購入パターンを反映した結果といえよう。

7　新書

　販売部数上位の新書には、主に中高年層を読者に想定した人生訓や自己啓発の書籍が多いが、ここでは経済学や経営学を専攻とする大学教員や元教員、ならびに弁護士などが執筆した教養書としての性格が強い新書を取り上げた。教養系の新書を対象とする第 1 の理由は、前章で扱った経済学の専門書は、販売部数が少なく、小売店の販売データを集計対象とするオリコン・リサーチのデータベースでは、その販売状況を把握することができない。これに対し、新書では、内容は単行本の専門書に匹敵するものがある一方、税抜き価格で 700 円台の手頃さから、1 タイトルで数千冊の販売実績があり、小売店の販売部数データで購入パターンを把握することができる。第 2 の理由は、新書は、新聞や経済雑誌の書評に取り上げられることが多く、書評の販売に対する効果を考察することができることである。

　今回は、教養系の新書を発行する主な出版社である岩波書店、中央公論新社、新潮社、集英社から、この数年以内に出版された経済系の新書 23 タイトルを抽出した[7]。表 8-6 の上から 11 の書籍が岩波新書、その次の 8 タイトルが中央公論新社から発行された中公新書、その下の 1 タイトルが新潮社の新書、下から 3 タイトルが集英社新書である。同じ出版社から発行された書籍は、発行が古いものから順番に並べており、岩波書店の『WTO』は2013 年 3 月発行、中央公論新社の『経済学に何ができるか　―文明社会の制度的枠組み』は 2012 年 10 月発行であり、最も新しいものは、2016 年 8 月発行の『人口と日本経済　長寿、イノベーション、経済成長』である。23タイトルのうち 19 タイトルで、電子書籍が配信されており、残り 4 タイトルに関しては、2017 年 8 月時点で Amazon からの電子書籍の配信は確認されなかった。電子書籍が配信された新書において、『反・自由貿易論』の配信開始が紙媒体の発行と同年月であったが、これ以外では紙媒体の発行から3 か月経過以降に配信が開始されていた。また、電子書籍の価格は、岩波書店自らが紙媒体書籍とほぼ同一の価格水準を設定しているのに対し、これ以

表 8-6　新書の購入パターンの推定結果

書名	著者名	p	q	修正済 R^2	5 週比率
WTO	中川淳司	0.285		0.913	0.827
金融政策入門	湯本雅士	0.174		0.804	0.660
日本経済図説	宮崎勇他	0.180	0.112[5%]	0.763	0.762
新・世界経済入門	西川潤	0.112		0.638	0.477
アベノミクスの終焉	服部茂幸	0.128		0.955	0.502
日本の年金	駒村康平	0.156		0.805	0.590
コーポレート・ガバナンス	花崎正晴	0.116	0.107[5%]	0.712	0.428
日本の納税者	三木義一	0.126	0.140[1%]	0.858	0.510
タックス・ヘイブン　―逃げていく税金	志賀櫻	0.065	0.063[1%]	0.832	0.303
ユーロ危機とギリシャ反乱	田中素香	0.230		0.837	0.742
ガルブレイス　アメリカ資本主義との格闘	伊東光晴	0.120		0.685	0.508
経済学に何ができるか　文明社会の制度的枠組み	猪木武徳	0.045	0.100[1%]	0.788	0.205
経済大陸アフリカ	平野克己	0.076		0.825	0.309
日本の財政	田中秀明	0.099	0.077[5%]	0.761	0.374
経済覇権のゆくえ	飯田敬輔	0.179		0.745	0.575
イノベーション戦略の論理	原田勉	0.176		0.671	0.595
先進国・韓国の憂鬱	大西裕	0.075		0.426	0.400
シルバー民主主義	八代尚宏	0.220		0.900	0.573
人口と日本経済　長寿、イノベーション、経済成長	吉川洋	0.022	0.085[1%]	0.738	0.109
反・自由貿易論	中野剛志	0.176		0.951	0.607
資本主義の終焉と歴史の危機	水野和夫	0.008	0.058[1%]	0.490	0.072
資本主義の克服　「共有論」で社会を変える	金子勝	0.243		0.908	0.762
誰が「知」を独占するのか	福井健策	0.204		0.955	0.686

外の出版社による電子書籍の価格は、紙媒体書籍より 15％程度低い水準で Amazon が設定していた。

　表 8-6 は、長期にわたって販売が続いた『資本主義の終焉と歴史の危機』については 2 年間、これ以外の 22 タイトルに関しては、1 年間の週間販売部数を対象に、Bass モデルで購入パターンを推定した結果を示す。p の推定

値の有意水準の記載は省略しているが、すべて 1%水準で有意な値をとる。表 8-5 が示すフィクション以外の単行本 20 タイトルのうち、18 タイトルが Bass モデルの適用であったのに対し、新書では 23 タイトル中、Bass モデルが適用されたのは 8 タイトルであり、残り 15 タイトルでは、フィクションでみられたような最初の週に販売が集中するパターンであった。販売部数全体に占める発売開始から 5 週間の販売部数の比率は 0.503 で、長期にわたって販売が続くものもあるが、14 タイトルは発売開始から 5 週間で年間販売部数の半分以上が販売されていた。この比率は、表 8-5 のフィクション以外の単行本の 0.217 より高く、表 8-1 のフィクションの単行本の 0.658 に近い。岩波書店は他の出版社とは異なり、返品を認めていない。書店の立場からすると、15 週以内の返品が認められる出版社の書籍は、早期に販売し、売れ行きが思わしくない書籍は返却するインセンティブが働くが、23 タイトルをみる限り、購入パターンは書籍によって異なり、出版社間で明確な相違はないようである。

　23 タイトルすべてを図示することは煩雑であることから、新書の代表的な購入パターンである発売当初に販売部数が集中している『WTO』と、決定係数が 0.4 台と低く、外的要因の影響が大きいと考えられる『先進国・韓国の憂鬱』と『資本主義の終焉と歴史の危機』に限定して、推定期間の販売部数合計に対する 1 週間の販売部数比率を図示することにしよう。図 8-7 が示すように『WTO』の販売部数は発売直後に集中しているが、『週刊エコノミスト』が、『WTO』の書評を掲載した 4 週目の減少率は低い。これ以降の書評の掲載はなく、発売から 5 週目以降の週間販売部数は 50 冊を下回り、1 桁あるいはゼロの週も存在する。

　図 8-8 の『先進国・韓国の憂鬱』では、発売当初に販売部数が集中していることは、『WTO』と共通である。しかし、発売から 4 週目までは減少していたのに対し、5 週目に販売部数の増加が見られる。5 週目は、日本経済新聞の夕刊に書評が掲載された週にあたるが、6 週目では、4 週目とほぼ同等の販売部数に戻っている。5 週目の増加が書評以外の要因によるものである可能性は否定できないが、実際には書評以外に増加の要因は見当たらない。その後、数か月間は販売部数が少ない状態が続いたが、11 月から 12 月

図 8-7 『WTO』の週間販売部数比率の推移

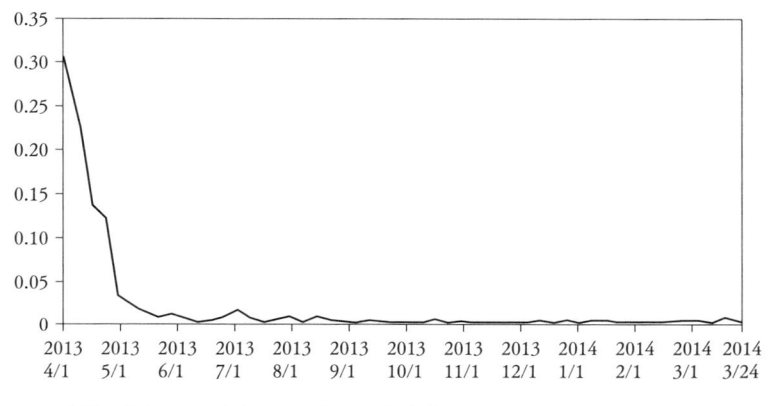

出所　オリコン・リサーチのデータより作成

図 8-8 『先進国・韓国の憂鬱』の週間販売部数比率の推移

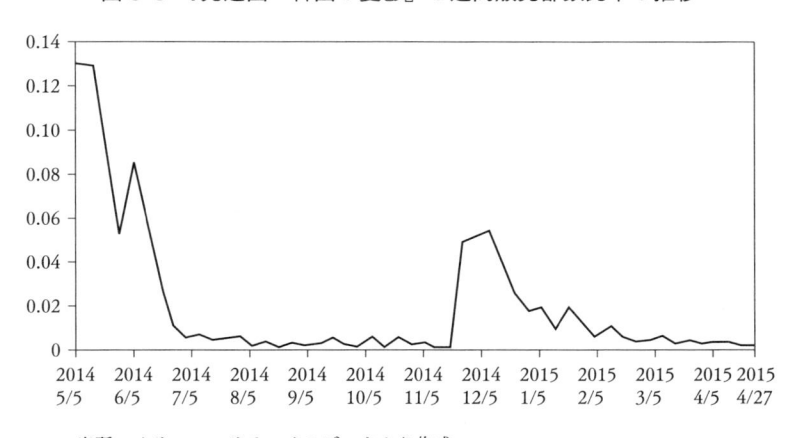

出所　オリコン・リサーチのデータより作成

図 8-9　『資本主義の終焉と歴史の危機』の週間販売部数比率の推移

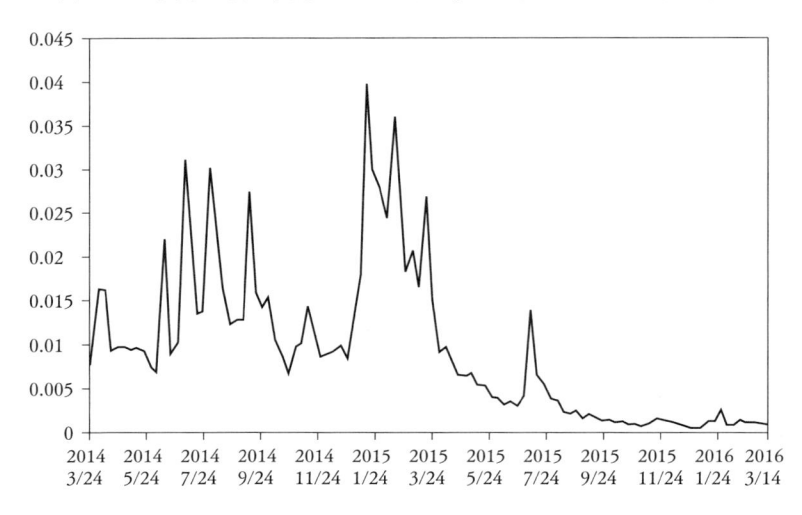

出所　オリコン・リサーチのデータより作成

にかけて、販売部数の増加が見られる。この時期は、『先進国・韓国の憂鬱』が、サントリー学芸賞を受賞した時期にあたる。受賞以前の販売部数が非常に少なくなった状態での急増は、受賞の効果とみることができる。

　図示は省略するが、『金融政策入門』、『新・世界経済入門』、『日本の年金』、『コーポレート・ガバナンス』、『日本の納税者』、『経済覇権のゆくえ』、『シルバー民主主義』、『人口と日本経済　長寿、イノベーション、経済成長』に関しても、読売新聞、朝日新聞、毎日新聞や日本経済新聞に書評が掲載されている。『先進国・韓国の憂鬱』と同様、書評が掲載された週あるいは、その翌週に若干の販売部数の増加がみられたが、増加の翌週あるいは、その翌翌週には、ほぼ元の水準に戻っている。書評の効果は認められるが、その効果は長続きしないようである。

　表 8-6 で示す 23 タイトルの新書には、複数の全国紙が書評を掲載したケースが珍しくないが、とりわけ『資本主義の終焉と歴史の危機』は反響が大きく、集英社が web サイト上に特設サイトを設けている。特設サイトでは、

2017 年 8 月現在で、著者の 8 つの放送局の番組出演、26 の新聞社の書評、雑誌の掲載や講演会の開催状況が掲載されている。メディアへの頻繁な露出から、個々のテレビ出演や書評の販売部数への影響を識別することはできないが、図 8-9 に示される販売部数の変動は、メディアの影響とみることができよう。また、2015 年 1 月初旬から 2 月頃にかけて、この新書の販売部数は大きく増加している。この要因として、出版科学研究所（2015）は、2014 年 12 月に発売が開始されたピケティの『21 世紀の資本』と同時に購入した消費者が多かったことを挙げている。『21 世紀の資本』は、ページ数が多く、話題性もあったことから、複数の解説本が刊行されている。現在では解説本が『21 世紀の資本』の関連本として Amazon などから紹介されているが、ピケティの『21 世紀の資本』の発売開始直後で、解説本が発売される以前では、一緒に購入する書籍として、この新書が挙げられていた。5,500 円の『21 世紀の資本』に対し、『資本主義の終焉と歴史の危機』の価格は 740 円であり、この価格水準から、Amazon の推奨にしたがった消費者は多かったであろう。また、同じ時期の 2014 年 12 月 27 日付けの日本経済新聞社が、「年末年始に読みたい経済がわかる新書・文庫」として、この新書を取り上げている。どの程度の販売部数が、『21 世紀の資本』によってもたらされたかの判別はできないが、『資本主義の終焉と歴史の危機』からみれば、他の書籍からの便益を享受したことは否定できないであろう。

　今回は、主として経済学関係の教養書としての新書を取り上げたが、新書で販売上位に位置する書籍には、人生訓や啓蒙書、あるいは新書ノベルスと称したコミック作品を小説にしたものが多い。経済学関係の新書は、新書市場全体からみると小さな存在ではあるが、それでも 1 タイトル当たり数千冊、なかには 1 万冊を超える書籍も存在する。欧米では教養書が 10 ドル以下で販売されることは一般的ではなく、安価な教養書が社会に浸透していることは、日本の出版文化の特徴ともいえるであろう。

　最後に、フィクション、フィクション以外の単行本と新書に関して、5 週間の販売部数比率と年間の販売部数との関係について簡単に触れておきたい。これまでの書籍の購入パターンの分析より、書店は予め大きな需要が見込まれない限り、その書籍の販売後に再注文を行わず、書籍が置かれていたスペ

ースに別の新刊書を陳列することが合理的であるが、出版社からみると、長期にわたって、その書籍から収入を得ることは期待できない。5週間の販売比率が高い状態は、大別すると、年間の販売部数も多いが、発売前からの高い話題性と出版社の大規模な広告宣伝から、大量の予約を獲得し、発売当初の販売部数が多くなったケースと、重版されず、あるいは返品され、一定期間経過後の販売部数が非常に少なく、結果的に販売部数全体に対する5週間の販売比率が高くなったケースの2つが考えられる。5週間の販売比率が高い点は共通であるが、前者の場合は年間の販売部数が多く、後者の場合の販売部数は少ない。5週間の販売比率と年間の販売部数の相関係数を計算することで、フィクションの単行本と文庫本、フィクション以外の単行本と新書に関して、どちらのケースが当てはまるか、大まかではあるが、推測することができる。

　5週間の販売比率と年間販売部数との相関係数は、フィクションの単行本で0.061、フィクションの文庫本で0.167、フィクション以外の単行本で−0.321、新書で−0.641であった。フィクションの単行本の相関係数は、ゼロに近い。これは、年間の販売部数が多く、5週間の販売比率が高い単行本がある一方、5週間の販売比率が高いが、販売が短期で終了し、年間の販売部数が伸びなかった2つのパターンが併存しており、2つのケースの効果が相殺した結果といえるだろう。フィクションの文庫本では、正の関係を示す。文庫本の場合、単行本の発行で消費者にはタイトル名が知れ渡っていることから、文庫本のベストセラーに入るような年間の販売部数が多い作品では、発売当初の販売部数も多いことが全般的な傾向である。一方、新書では、5週間の販売比率が平均0.503で、文庫本の5週間の販売比率0.523とほぼ同じであるにもかかわらず、相関係数は負の−0.641であり、その絶対値は大きい。新書の23タイトルで販売部数が1万冊を超えたのは6タイトルであり、その6タイトルの5週比率は0.07から0.502で差は大きいが、発売当初の集中度は平均より低く、4タイトルでBassモデルが適用されている。今回のサンプルでみる限り、新書で多くの販売部数を獲得した書籍は、長期にわたって売れ続いた書籍のようである。

　フィクションの単行本では、村上春樹のような人気の高い作家の作品には、

発売前から広告宣伝が行われ、Amazon や大手書店は予約受付を行うが、新書に対して大規模な広告が行われることはほとんどない。さらに、フィクションでは、その作家の熱狂的なファンが存在するが、今回取り上げた新書は、経済の教養書であり、著者の多くは大学に所属する研究者である。新書の執筆者には、知名度という表現は当てはまるが、読者にはフィクションに見られるような熱狂的ファンという言葉はそぐわない。今回のサンプルは非常に限られたものであり、ここから全体的な趨勢を推し量ることはできないが、カテゴリーによって、購入パターンだけでなく、購入パターンと販売部数との関係も異なるようである。

8 小括

　本章では、最初に単行本と文庫本の双方で発行された販売部数が多いフィクションの購入パターンについて、Bass モデルを用いた実証分析を行った。その結果、単行本では、発売開始から 5 週間以内に 1 年間の販売部数の 2/3、文庫本では過半数が販売され、消費者による購入が発売当初に集中していること、単行本の方が文庫本よりも購入の集中度合いが高いことが示された。単行本の初期段階における販売の集中度が高いことは、出版社や書店の広告活動の効果もあろうが、早く書籍を入手したい消費者は単行本を購入し、支払意思額の低い消費者は文庫本が発売されるまで待っており、消費者が単行本と文庫本を使い分けていることを示す。また、単行本と文庫本が同時発売されるケースは極めて稀であるが、同時発売のケースでは、単行本の販売部数が著しく少なかった。このことから、消費者は書籍の大きさや装丁よりも、発売のタイミングを重視して行動していることがうかがえる。

　単一のフォーマットで販売されることが多いビジネス書などのフィクション以外の単行本の販売パターンについては、販売のピークに達するまでに平均で 2 か月ほど要し、カテゴリーによって購入パターンに相違があることが示された。さらに、主に経済学に基づき執筆された新書では、長期にわたって売れ続くことが、販売部数の増加に重要といえそうである。

　書店は売れ行きが良くない書籍を 105 日以内に返却することで、在庫リスクをゼロにすることができる。書店に長期間書籍を陳列することは、消費

者がその書籍に接する確率を高めるが、書店に物理的スペースの制約がある以上、同じ書籍を長期間陳列することによって、陳列可能な書籍タイトル数は減らさざるを得ない。このことは、消費者が享受可能なバラエティを縮小させる。つまり、消費者が書籍を手に取ることのできる機会と享受可能なバラエティとの間には、トレード・オフの関係があり、書店の店頭に陳列されていないことが、消費者の購入を抑制することも考えられる。書籍の購入パターンには、カテゴリーによって差異があり、書店はカテゴリーや書籍の特徴を考慮して、返却か否かを判断する必要がある。

発売当初の大規模な広告やマーケティングによって、需要を発売の初期段階に集中させた状態で新刊書を発行することは、短期間での返品を許容する現行システムと整合的であり、また、返却期間が短期間であることが、出版社や書店に販売を早期に集中させるマーケティングを採用させたと考えることができる。第3章のインパルス反応分析では、最近の新刊書の販売が短期間で収束するようになったことを示していたが、短期間での返却を前提とするマーケティングは、初期段階での需要は少ないが、長期にわたって売れ続ける書籍の出現を妨げる可能性がある。

また、タイトルによって購入パターンは異なるが、今回の分析では、フィクションとそれ以外のカテゴリーの購入パターンには、相違がみられた。米国でも今回の傾向が当てはまるならば、米国のフィクション以外のハードカバーとペーパーバックの発行までのタイムラグが、フィクションよりも長いことには合理性がある。日本では書籍のマーケティングとして、映像メディアとのタイアップに力が注がれているが、単行本に続いて文庫本を発行する場合の文庫本の発売時期については、単行本と文庫本の販売部数の合計を最大にするタイミングも検討する余地があるだろう。

---

1 Gatignon, Eliashberg and Robertson（1989）も、最終的な需要量を外生変数とし、14か国の複数の耐久消費財の普及過程を Bass モデルで推定し、その国際比較を行っている。この場合の Bass モデルの用途は、最終的な需要予測ではなく、本章と同様、普及過程の分析にある。

2 本章ではフィクションに関して、単行本の1作品（上・下で2タイトル）を除く作品で、q = 0 のモデルが採用されたが、van den Bulte and Joshi（2007）は、p と q の双方が正のさまざまな消費者の形態を表すモデルを構築した。この場合、Bass モデルは一般的モデルの1タイプと位置付けられる。

3 図の日付は、オリコン・リサーチが週間販売部数を発表した日付である。集計と公表に1週間を要しており、実際の集計期間は日付の2週間前を起点とする1週間である。本章で週間販売部数の推移を示した図に記載される日付は、すべて販売部数が発表された日付である。

4 一例をあげると、湊かなえの『白ゆき姫殺人事件』は、2012年7月に集英社から単行本で発売が開始され、2014年3月に集英社も加わった製作委員会で製作された映画が公開され、映画の上映開始1か月前に文庫本が販売開始されている。単行本の販売開始からほぼ1年半後に文庫本が発売開始となっており、タイムラグが平均よりも短く、映画の上映開始に合わせた動きと考えることができる。

5 出版科学研究所（2016）は、2015年の書籍の出版傾向として、最近のビジネス書には実用書や自己啓発書ともとれる書籍が増加し、ジャンルの境界線が曖昧になっていることを指摘している（p.87）。

6 この分析方法では週間販売部数のみを用いているため、電子書籍の配信開始時にこれ以外の要因によって販売部数が影響を受け、電子書籍の影響を相殺している可能性は否定できない。

7 出版社は書籍の販売対象、発行形態、内容を示すCコードを設定している。書籍内容を示すCコードの3桁目と4桁目では、『日本の年金』と『誰が「知」を独占するのか』は「社会」、『イノベーション戦略の論理』は「経営」に分類されているが、それ以外の20タイトルは、「経済・財政・統計」に分類されている。

結 章

　この章では繰り返しとなるが、序章の図 0-1 で示した検討の視点を念頭に、これまでの分析から得られたインプリケーションを書籍の流通システム、価格設定方式、書籍の発行とフォーマット間のタイムラグ、外部プレイヤーとの関係の項目別に記しておきたい。

1　流通システム

　戦前から確立されていた返品制度と価格拘束を軸とする日本の書籍の流通システムは、これまで大きな変更なく、運用されてきた。グローバルにみると、取次制度がない国もあるが、日本では検定教科書や官公庁の出版物を除く多くの書籍が、取次を介して流通されている。さらに、日本の取次は、このシステムを持つ諸外国と異なり、雑誌の配送に書籍を加え、一体的に配送することで費用を節減しているといわれる。確かに雑誌の流通網に書籍を流通させたときに生じる追加費用は、書籍と雑誌を別々の流通網で配送するときの書籍単独の流通費用よりも低いだろう。しかし、近年の雑誌の販売部数は、書籍を上回る水準で減少している。出版科学研究所が年報で発表しているデータから計算すると、2000 年時点では書籍の年間流通冊数に対する雑誌の発行部数は 3.5 倍程度であったが、雑誌市場の縮小に伴い、2017 年では 2.1 倍を下回った。今後も雑誌の発行部数の大幅な減少が続くならば、雑誌の流通に書籍が追加されているという発想は、実態とはそぐわないものとなるだろう。

　一般の財では、売れ残りに当たる超過供給が発生した場合、価格の低下を通じて需給ギャップが是正される。しかし、書籍では、出版社が設定した価格が書店で維持されるため、価格メカニズムが機能せず、超過供給は返品で

解消される。しかし、取次から書店に新刊書が自動的に送られ、書店が定価で販売し、売れ残りを返却するシステムでは、書店独自の方針で書籍を選定し、販売する余地が少なく、書店が独自のマーケティングを行う誘因は働かない。さらに、返品可能期間が設定されていること、書店には早期に取次と精算を行うインセンティブがあることから、需要が見込めない書籍は、短期間で返却される。第8章の書籍の購入パターンが示すとおり、書籍販売は発売開始から数か月間に集中している。これは返品制度の存在を前提に、出版社と書店が発売開始時あるいはその前に、集中的に広告活動を行い、消費者も、そのようなマーケティングに対応した行動をとっていること、結果的に書店に陳列される書籍が、短期間で入れ替わっていることを示唆している。しかし、高い書籍の回転率は、消費者が書店でニーズにあった書籍に出合う機会の低下につながるかもしれない。

　一方、第2章で言及したように書籍に再販売価格維持制度を適用している国でも、認められている価格拘束期間は制度上、2年程度であり、それ以降は価格が需給ギャップを是正する手段となり得る。諸外国における拘束期間終了後の価格変化の実態を調査する必要はあるが、時限再販でない限り、価格拘束の期限が設けられていない日本の再販売価格維持制度は硬直的といえる。

　高度成長期では問題の認識なく運用されていた日本の書籍の流通システムも、市場の縮小を背景に、見直しが必要であることは、出版関係者の合意が得られるところであろう。現行システムへの問題意識から、近年では、一部の書籍に関して責任販売制と称して、書店の利潤率を高める一方、返品時の精算額を引き下げることで、書店に販売努力の誘因を与える方法がとられるようになった。これを一歩進め、返品なしで書店がリスクを負う代わりに、書店に価格設定権を認めるものが部分再販であり、責任販売制は現行制度と部分再販の間に位置する手法である。責任販売制を適用した書籍の販売実績は公表されていないが、この制度の評価は関心事の一つである。

　第5章では、タイトル別販売部数データを用いて、書籍の需要関数の推定を行い、教養系の新書の需要の価格弾力性は非弾力である一方、フィクションでは、単行本と文庫本の双方で、需要は価格に対し感応的という結論を

得た。フィクションに関して、需要の価格弾力性が非弾力という研究事例もあることから、研究事例の蓄積が必要であるが、需要の価格弾力性が弾力的な書籍に対する柔軟な価格引き下げは、返品の減少と販売収入の増加をもたらす。現行の書籍の流通システムの下で時限再販を実施するにあたっては、出版社から取次、取次から書店に卸す価格水準などの実務上の問題を議論する必要がある。しかし、筆者の勤務先周辺には、出版社、取次、書店が集積しているが、その一つである八木書店は時限再販の書籍を書店に供給し、その供給先の一つである三省堂本店には、アウトレットと称して割引された価格の書籍コーナーが常設され、一般の書棚周辺が閑散としているときでも、そのコーナーのところには、本を手にする人が立っている。その書棚に置かれている書籍は、数年前までは健康、料理、旅行などの実用書に限定されていたが、最近では、一般書にも範囲が拡大されている。このような価格を変更した書籍の販売データを蓄積することで、より的確なマーケティングと流通システムの改変に向けた検討に入ることができるだろう。出版社から書店間の決済手続きは煩雑化するが、責任販売制を含めた時限再販や部分再販を実施し、その成果を検証し、関係者間で情報を共有することから始める必要があるだろう。

　もっとも、価格拘束がない欧米の経験から、価格の自由度を拡大することによる懸念事項も指摘しておかなければならない。同じタイトルの書籍であれば、どこで購入しようとも書籍は同質であり、書店間で大きな価格差が維持されることは考えにくい。しかし、米国や英国では大幅な値引きを行う書店もあれば、品揃えや書店の雰囲気で個性を発揮し、割引を提供しない書店も併存する。値引きを行わないことを主義とする書店は別にして、小幅な値引率の差は、書店の仕入数の差から生じる1冊当たりの費用差とも解釈できる。一方、ある程度の価格差が継続的に存在するならば、そこには3つの要因が候補として考えられよう。

　1点目は、米国のスーパー・マーケットなどでの人気の高い書籍に対する大幅な割引による提供である。これはスーパー・マーケットなどに消費者を立ち寄らせ、書籍以外の食料品や日用品の販売増加をねらった戦略である。2点目は、1冊当たりの利潤率は低くとも、多数の書籍を販売することで、

利潤を確保するいわゆる薄利多売の戦略である。3点目は、交渉力を持つ書店が出版社からの仕入価格を他の書店よりも大幅に引き下げた結果、あるいは出版社から販売促進費を受け取り、それを原資に割引を実施したケースである。3番目の場合、第6章で言及した出版社から大手書店への提供条件と、これらには属さない小規模な書店への提供条件の公平性をめぐる議論が示すように、情報が公開されない中で、関係者が競争条件に関して合意できる結論に達することは容易ではない。このような書店による価格設定にも懸念すべき事項は存在するが、一般の産業では、メーカー間や小売店間に大きな規模の格差が存在する状態でも、小売店が小売価格を決定しており、書籍市場において、垂直的取引関係にある企業間に格差が存在することが、出版社が価格を拘束する合理的理由にはならない。価格拘束の合理性と価格拘束を廃止した場合の影響を考慮すると、責任販売制、部分再販、時限再販の事例を積み重ね、その結果を検証していくことが現実的な方策であろう。

2　価格設定方式

　日本では価格設定において書籍の需要特性に十分な配慮がなされず、制作費用を積み上げる形で価格が決定される傾向が示された。これに対し、日米の書籍価格を比較した第6章では、米国で販売される書籍のうち、多数かつ幅広い読者を持つフィクションと、研究者や大学図書館が購入する比率が高い専門書の間では、ページ当たりの価格差が大きく、需要の価格弾力性に反比例するように価格が設定されている状況がうかがえた。日本で発行された専門書より、Elsevier から発行された書籍では、価格水準とページ数の対応関係が弱いことは、需要特性を考慮した価格設定と整合的である。

　書籍はタイトルごとに差別化された財である。加えて、フィクションや専門書のようにカテゴリーによって、需要の価格弾力性は異なる。出版社は書籍の特性を考慮し、利潤が最大となるよう価格を設定することが可能であるにもかかわらず、日本では、それが十分に生かされていないといえる。換言すれば、書籍市場が縮小している中で、日本の出版社は価格設定の考え方を変えることで、利潤を増加させる余地がある。

　また、第1章では、学術情報の分野において、オープン・アクセス・ジ

ャーナルやオープン・アクセス・ブックとして、読者が対価を支払うのではなく、執筆者が費用を負担し、読者は無料で閲覧やダウンロードが可能なサービスが浸透しつつあることを紹介した。著作物の販売で生計を立てる小説家には、書籍制作の費用を執筆者が負担し、コンテンツを無料で提供するシステムはなじまないが、電子書籍や電子雑誌では、無料での提供から有料へと消費者を誘導する方式や、紙媒体と電子媒体をバンドルした価格設定など、紙媒体のみよりも柔軟な価格設定が行われている。電子媒体での提供が、今後も増えるならば、柔軟な価格設定が実行可能な領域は拡大する。日本の出版社は、基本的に流通は取次、販売は書店に委ね、消費者に相対することは少なかった。また、長年、再販売価格維持制度が運用されてきたことから、価格によるマーケティング意識は、欧米の出版社より低いのかもしれない。書店の独占力行使による価格設定は好ましくないが、欧米の出版社や書店の価格設定方式から学ぶものもあるだろう。

3　書籍発行とタイムラグ

　2017 年の書籍の販売部数は、出版科学研究所の集計によると、1974 年当時の水準を下回るまで減少した一方、書籍の新刊点数は、1974 年の 2.58 倍に増加した。1990 年代後半以降、出版社が減少する中で、大量の書籍が制作され、これが書籍特有の流通システムの下で配送されたことになる。多数の新刊書を発行することは、消費者の選択肢を拡大し、それぞれの目的や嗜好に合致した書籍の入手を可能にする。しかし、1990 年代以降の情報技術の進展によって、書籍の制作過程の効率化が進んだとはいえ、日本書籍出版協会が定期的に行っている『書籍の出版企画・製作等に関する実態調査』では、技術進歩の恩恵を受けにくいであろう出版企画に投下した時間が短縮されていることや、出版社における編集作業の外注が進んでいることが報告されている。書籍の魅力度合いは、編集者が書籍 1 冊を企画・制作するために費やした時間と比例する保証はなく、適切な箇所に適切な条件で外注することによって、消費者が購買意欲を持つ書籍が生まれることもあろうが、少ない時間で大量の書籍を発行することによって弊害が生じる可能性もあるだろう。

第3章のインパルス反応関数による分析では、新刊書の発行が増加していた時期では、市場の縮小が新刊書の発行を促し、新刊書の発行点数の増加が、1点当たりの販売部数を減少させ、これが新たな新刊書の発行を促すという負の循環に陥っていたことを見出した。品質に対する評価基準、あるいは消費者が書籍に対して支払ってもよいと思う金額は、消費者の主観に基づき千差万別であり、多数の新刊書が発行されることは、消費者の効用を増加させる。しかし、発行するタイトル数が増加するほどには、販売部数は伸びていないのも現実である。第3章で言及したように、2016年に新潮社は文庫本の新刊点数を減らしたが、1点当たりの制作や販売に時間をかけたことにより、総発行部数や重版点数は減少しなかったという。新潮社の事例は、これまで出版社が持つ人的資源に比して、過剰といえる新刊書を発行していたことの証左とみることができよう。

　日本出版インフラセンターの集計によると、書店数は減少しているものの、300坪以上の売場面積を有する大型書店は増加し、売場面積は全体では増加傾向にある。市場から退出した書店には小規模書店が多く、これら小規模書店では、販売額に占める雑誌の比率が高い[1]。つまり、小規模書店では雑誌への依存度が相対的に高く、書店数が減少しているからといって、必ずしも書籍を陳列するスペースが、全国レベルでみる限り、縮小しているわけではない[2]。一方、最近では書籍の販売不振によって、出版社は多数の新刊書を発行するものの、1タイトル当たりの発行部数を抑制している。その結果、平均的な発行部数は全国の書店数を下回る状態となっている。出版社は流通網と販売網を保有しないが、予め流通網としての取次と、販売網としての書店の利潤を含めて書籍価格を設定し、書籍という自社製品を取次と書店に取り扱わせることで、両者の利潤を保証してきた。この仕組みは、書店が希望する書籍が配送されることを前提とするが、現実には発行部数の減少によって、書籍が希望する書店に届けられるとはいいがたいものとなっている。

　さらに、本書の実証分析から、同じ内容の書籍を単行本と文庫本で発行する場合のタイムラグについても検討の余地があることが示された。本書で行った実証分析のサンプル数は少ないが、日本で同一内容のフィクションを異なるフォーマットで発行する際のタイムラグの平均は、欧米で出版されたフ

ィクションよりも長いことが示された。2番目以降に発行されるフォーマットの書籍価格は、最初のフォーマットの書籍価格よりも低く設定されるため、短いタイムラグは、単行本のような最初のフォーマットの書籍需要が、文庫本のような安価で2番目のフォーマットに移行することを助長するだろう。これに対し、長いタイムラグは、膨大な新刊書が発行される現状では、書籍を原作とする映画の上映や文学賞の受賞などの特別な出来事がない限り、消費者の記憶から忘れ去られてしまうだろう。今回の文庫本の需要関数においても、単行本の発行から時間が経過するほど、文庫本の販売部数には負の影響が確認されていた。その点、最適なタイムラグとは、複数のフォーマットから得られる販売額の合計を最大にするタイミングと考えることができる。

第8章の書籍の購入パターンの分析から、フィクションでは文庫本よりも単行本、カテゴリー別では、ビジネス書などよりもフィクションにおいて、販売開始当初に購入が集中する傾向が示された。一方、第6章では、米国のフィクションにおけるフォーマット間のタイムラグは、ビジネス書などのフィクション以外の書籍のタイムラグよりも短い傾向が観察された。米国のフィクションとそれ以外の書籍の購入パターンが、第8章で提示された日本の購入パターンと同じ傾向を持つならば、米国のタイムラグは、消費者の購入パターンを考慮して設定されていると考えることができる。換言すれば、日本の場合、書籍の購入パターンを重要視していないところで設定されたフォーマット間のタイムラグを見直すことで、販売収入の増加を図る余地が残されている。

Amazon は、日本への参入以降、レコメンデーションや web サイト上における書籍内容の一部公開、電子書籍の提供、取次を介さない出版社との直接取引など、日本の書籍市場に大きなインパクトを与えてきた。もっとも、Amazon の日本法人の際立った行動の多くは、米国の方法を日本で適用しようとするものであり、Amazon の行動に話題性があることは、日本のシステムが米国とは異なることを示唆している。書籍流通に限らず社会システムは、その国の政治や経済状況を反映したものであり、異なるシステムが併存することにも理由はある。しかし、海外における書籍の価格設定方式やフォーマット間のタイムラグなど、日本で参考となる事例も存在する。これまで日本

の書店は、再販売価格維持制度の下で取次から配送された書籍を販売し、出版社は流通と販売を取次と書店に委託するという構造から、出版関係者の全体を見通したマーケティングの意識は薄かったが、エビデンスに基づくマーケティングの改善の余地は大きいといえよう。

4　外部プレイヤーとの関係

書籍価格の設定やフォーマット間のタイムラグは、出版関係者の決定で見直しが図られるが、書籍市場に影響を与える外部プレイヤーとして、公共図書館と大学図書館が挙げられる。この2つは同じ図書館の範疇にありながら、書籍市場への影響度の大きさと方向性は異なる。

出版関係者からは公共図書館の貸出が書籍販売を妨げるという主張があるが、第4章の書籍市場全体の分析では、公共図書館からの影響は負であるものの、その程度は小さいものであった。長期的には図書館による子供世代における読書習慣の醸成が、将来の書籍購入に結び付く効果もあるだろう。公共図書館の貸出猶予を求めるよりも、両者が協力し、著作物の生成に寄与することを望みたい。

一方、大学図書館の書籍購入が専門書市場に与える影響は、直接的であり、大きなものがある。学術書に関して、大学図書館は大口需要者であるが、大学図書館の予算削減に加え、海外の学術雑誌価格の高騰により、近年では書籍購入の予算が削減されている。予算削減による大学図書館の書籍購入の減少は、学術書の需要減少に直結する。また、Elsevier や Wiley などの海外の出版社は、学術雑誌も提供し、高い利潤率をあげる大手出版社であるが、日本の学術出版社は、概ね、書籍に特化した中小規模の出版社である。書籍市場が縮小している中で、大学図書館が書籍購入を抑制している影響は大きいものであろう。

どのような分野であっても、これまでの世代が築き上げてきた知識をもとに活動している私たちや企業は、次の世代にこれを引き継ぐ役割を担っている。世代を超えた体系的な知識の伝達手段として、書籍に勝る媒体はないだろう。一般の書籍では、出版社や書店のマーケティングで増収を図る余地があるが、専門書に関しては、読者が限定されており、このような分野では、

出版助成の必要性は高い。しかし、財団法人や研究所などから研究助成の仕組みは用意されているが、研究成果としての書籍に対する出版助成は限定的である。研究者全体に占める自然科学系の研究者の比率が高いこと、自然科学系の研究には、人文系や社会科学系よりも多額の資金を必要とするケースが多く、また、研究成果は書籍ではなく、英文の学術雑誌に発表することが一般的であることから、予算は出版助成金よりも研究費に手厚く配分されるが、研究分野の特性に応じた予算配分の見直しも必要であろう。

5 さいごに

　本書のタイトル別販売部数データを用いた需要関数の推定や、消費者の購入パターンの実証研究では、タイトル別の販売部数が得られるオリコン・リサーチのデータベースを利用した。オリコン・リサーチからは、学術目的という理由で割引価格による提供をしていただいたが、それでも大学の研究費や科学研究費補助金の相当額は、データ購入費に充てることとなり、個人が行う推定対象の拡大には自ずと制限がある。さらに、オリコン・リサーチが書籍の販売データの収集を開始したのは 2008 年であり、過去の販売状況を遡ることができないことに加え、専門書の分析には、このデータベースは適さない。一方、出版社側は、以前からタイトル別に自社の販売部数の詳細なデータを保有しており、問題点の抽出を行うことができる立場にある。

　しかし、1980 年代後半から 1990 年代に公正取引委員会が書籍を含む著作物の価格拘束の問題を議論した際、出版関係者からはデータに基づく分析というよりも、以前からの主張の繰り返しであったという感は否めない。価格拘束の問題は、取次から書店に自動的に書籍が配送されること、書店から出版社に返品が可能であることなどの流通システムの中に組み込まれ、価格拘束と流通システムが相互に補完しあう関係にある。価格拘束の問題は、書籍に特有の流通システム全体の視点から、データに基づき検討する必要がある。

　日本の人口減少、特に読書に費やす時間が多い世代の人口減少は、出版市場の規模を縮小させる要因の一つであり、これについては、出版関係者の努力で抜本的に解決できる問題ではない。しかし、出版不況といわれて久しいが、本書の限られたデータによる分析からでも、カテゴリー間の価格水準や

フォーマット間のタイムラグなど、関係者の意思決定で収入増加が可能な領域があることが示された。2015 年に発行された村上春樹のエッセイ『職業としての小説家』では、初版の 9 割を紀伊國屋書店が買い取った。これは従来の返品条件付売買に一石を投じた試みである。また、正月休みの読書需要を喚起するため、2016 年 12 月 31 日に書籍や雑誌の発行が行われた。これらの成果を私は知る由もないが、市場を構成する関係者から、現行システムの改革が提起されたことは評価される。どのような流通形態や出版形態が望ましいかは、その書籍の性格によっても異なるだろう。さまざまな実験を通じて得られた結果を関係者間で共有し、適切な流通システムを探っていくしかないだろう。

これまで私が接してきた編集者を中心とする出版関係者から、真摯に仕事に取り組む姿を何度となく目にしてきた。しかし、現行システムのもとで、短期的な利潤追求のために膨大な新刊書を発行し、日々の仕事に追われる結果、長期的に事態を悪化させているということはないだろうか。書籍のマーケティングでは、手つかずの領域が多分に残っており、一度立ち止まって、現行システムを評価することが必要であろう。

システムを評価するには、データを分析する必要があるが、本書では数回にわたって言及してきたように、書籍に関するデータの整備は十分ではない。確かに膨大な新刊書が発行され、日々、書籍が取引されている状態でデータを収集することには多大な労力がかかる。しかし、書籍データに限らず、統計データは社会のインフラである。自らがインフラを構築しているという意識があれば、データの連続性の確保なしでの収集方法の変更は起きなかっただろう。また、データを公表する際の定義や調査対象も改善の余地があると思われる。

子供の頃、私の家庭では現金でのお年玉に代えて、正月休みに当時住んでいた熊本市内の大手書店に行って、本を 3 冊買ってもらうというのが慣習であった。通常であれば、買ってもらえる本は 1 冊であったので、少しずつジャンルが異なる 3 冊を選ぶことは、子供ながらに正月の楽しみの一つであった。これはインターネットの時代でも同じだろう。文化の継承とエビデンスに基づくマーケティングは、相反する概念ではない。当初の目的に合

致したシステムも、時間の経過や環境の変化とともに、当初の意図とはそぐわないものとなっていく、あるいは、目的を達成していないことを認識しないまま、漠然とシステムを運用するという状況は、書籍市場に限らず起こり得る。これまでの書籍の流通システムの当初の目的と問題点を見直し、出版社も書店も成長し、記憶に残る本、知識の伝搬に有益な書籍を作り続けてほしいと切に願う。

1 　トーハン（2016）によると、売場面積 30 坪以下の販売額に占める雑誌の比率は 34.9 ％であるのに対し、400 坪を超える書店の雑誌比率は 17.7％である。
2 　本書の分析の対象外であるが、地域によっては、近隣に書店が存在せず、書籍へのアクセスに支障が生じているという問題の指摘がある。

参考文献

浅井澄子（2013）『コンテンツの多様性　―多様な情報に接しているか』白桃書房

浅井澄子（2017）「電子ジャーナルの引用回数からみた評価」『Nextcom』第 32 号　31-37

浅井澄子（2018）「学術情報データベースの収録：比較分析」『経営問題』第 10 号　39-45

相田義雄（1993）『出版販売を読む』日本エディタースクール出版部

天野絵里子（2017）「欧州における単行書のオープンアクセス」『カレントアウェアネス』No.333, 12-16. http://current.ndl.go.jp/ca1907（2018 年 2 月 21 日閲覧）

池上淳（1997）「著作物の経済学」『経済セミナー』1997 年 11 月号　第 514 号　60-64

池内淳（2017）「公共図書館における電子書籍サービス」『情報の科学と技術』67（1），25-29

石岡克俊（2001）『著作物流通と独占禁止法』慶應義塾大学出版会

泉克幸（2013）「米国及び EU の事例研究と我が国への示唆」『電子書籍市場の動向について』第 3 章　22-37　公正取引委員会競争政策研究センター

岩波書店（1959）『風雪に耐えて　―岩波文庫の話』岩波書店

岩波書店（1972）『急流の如く　―岩波新書の三十年』岩波書店

インプレス総合研究所『電子書籍ビジネス調査報告書』各年版　インプレス

植村八潮（2010）「電子書籍交換フォーマットの現状と標準化」『情報知識学会誌』20（4），356-355

大場博幸・安形輝・池内淳・大谷康晴（2012）「図書館はどのような本を所蔵しているか：2016 年上半期総刊行書籍を対象とした包括的所蔵調査」『日本図書館情報学会誌』58（3），139-154

小田切宏之（2016）『イノベーション時代の競争政策　研究・特許・プラットフォームの法と経済』有斐閣

小畑徳彦（2009）「再販売価格維持行為に関する米国の判例変更と流通業への影響（上）・（下）『流通科学大学論集―流通・経営編』第 21 巻第 2 号　1-25、第 22 巻第 1 号　17-39

小畑徳彦（2013）「電子書籍の流通と独占禁止法　―アップル及び大手出版社による価格引き上げ事件―」『流通科学大学論集　―流通・経営編』第 26 巻第 1 号　1-25

オリコン・リサーチ『ORICON　エンタメ・マーケット白書』各年版　オリコン・リサーチ

梶善登（2009）「諸外国の書籍再販制度　―理論と実際―」『レファレンス』2009 年 4 月　49-72

金子晃・村上信明・高橋岩和・佐藤潤（1998）『英国書籍再版　崩壊の記録　―NBA 違法判決とヨーロッパの再販状況』文化通信社

川井良介（2012）「書籍」『出版メディア入門　第 2 版』第 3 章　日本評論社

貫名貴洋（2017a）「図書館貸出冊数が書籍販売金額に与える影響の計量分析の一考察」『マス・コミュニケーション研究』90 号　105-122

貫名貴洋（2017b）「都道府県別データを用いた図書館貸出冊数と書籍販売金額の相関分析」『広島経済大学経済研究論集』40（1），1-22

菊池明郎（2004）「出版物の最終地点」日本出版学会『白書出版産業』26-27　文化通信社

木下修（1997a）『書籍再版と流通寡占』アルメディア

木下修（1997b）「日本の出版流通と再販制度」『経済セミナー』1997 年 12 月号　第 512 号　59-64

キネマ旬報社『キネマ旬報　2 月下旬決算特集号』各年版　キネマ旬報社

清田義昭（2005）「4　出版産業の構造と出版の技術」藤竹暁編『図説　日本のマスメディア』176-182　日本放送出版協会

グッド長橋広行・グッド長橋和代（2017）「米国大学図書館における電子書籍サービス」『情報の科学と技術』67（1），19-24

小泉公乃（2010）「蔵書評価法からみた図書館員と教員の選書：慶應義塾大学三田メディアセンターの事例分析」『Library and Information Science』63，41-59

公正取引委員会再販問題検討小委員会（1995）「再販適用除外が認められる著作物の取り扱いについて」

公正取引委員会再販問題検討のための政府規制等と競争政策に関する研究会（1998）「著作物再販適用除外制度の取り扱いについて」

国立国会図書館（2015）「平成 26 年度図書館及び図書館情報学に関する調査研究　図書館利用者の情報行動の傾向及び図書館に関する意識調査　―集計レポート」http://dl.ndl.go.jp/view/download/digidepo_9111358_po_03_report.pdf?contentNo=27&alternativeNo=（2016 年 7 月 28 日閲覧）

五味俊和（2001）「出版物再販制度存廃の攻防」『情報の科学と技術』第 51 巻 11 号　565-572

小山猛（2016）「海外出版レポート・アメリカ」『出版ニュース』2016 年 1 月下　28-29

佐々木俊尚（2010）『電子書籍の衝撃』ディスカヴァー・トゥエンティワン

佐藤郁哉・芳賀学・山田真茂留（2011）『本を生み出す力』新曜社

佐野眞一（2001）『だれが「本」を殺すのか』プレジデント社

嶋田学（2010）「図書館像をめぐる論争　理論と実践の建設的な融合を目指して」『図書館界』61（5），307-321

出版科学研究所『出版指標年報』各年版　出版科学研究所

出版ニュース社『出版年鑑』2010 年版、2014 年版、2015 年版　出版ニュース社

出版マーケティング研究会編（1991）『書籍出版のマーケティング』出版ニュース社

出版流通改善協議会（2015）『出版再販・流通白書　2015 年』No.18　出版流通改善協議会

鈴木藤男（2015）「電子書籍という著作物の「再販」議論を三たび問う」『出版ニュース』2015 年 3 月号　10-15

蔡星慧（2012）『出版産業の変遷と書籍出版流通（増補版）』出版メディアパル

田井郁久雄（2002）「複本購入の事例分析と複本購入批判の検証」『図書館界』53（6），508-524

田井郁久雄（2010）「資料提供サービス」『図書館界』61（5），458-468

高崎仁良（2013）「再販制度の再考察」『ミクロ経済学と時事問題』第 12 章　155-173　春風社

高橋岩和（1998）「ヨーロッパの書籍再販制度　―再販制を廃止したスウェーデンを中心に―」金子・村上・高橋・佐藤『英国書籍再販　崩壊の記録　―NBA 違法判決とヨーロッパの再販状況』117-126

竹島昭雄（2011）「図書館の「貸出猶予」を憂う」『図書館界』63（2），69

橘宗吾（2009）「科研費出版助成と学術図書」『大学出版』第 79 号　2-7

津野海太郎（1998）「市民図書館という理想のゆくえ」『図書館雑誌』1998 年 5 月号　336-338

中条潮（1997）「再販制度を維持する「特段の理由」はあるのか」『経済セミナー』1997 年 11 月号　第 514 号　65-69

寺倉憲一（2000）「英国における書籍再版協定（Net Book Agreement: NBA）の消滅とその影響」国立国会図書館調査及び立法考査局『レファレンス』597 号、45-100

寺西直子（2015）「米国：電子書籍の出版社と小売業者の共謀による価格引き上げ」『NBL』No.1050　55-61

トーハン（2016）『書店経営の実態　平成 27 年度版』トーハン

常世田良（2002）「公共図書館は出版界の敵にあらず」『季刊本とコンピュータ第 2 期』2002 年春号　54-58

豊田裕昭・高橋菜奈子（2007）「一橋大学附属図書館の蔵書管理とその利用：大学図書館ランキングにみるコア・コンピタンス」『大学図書館研究』80，1-10

永江朗（2009）『本の現場』ポット出版

成生達彦・湯本祐司（1999）「返品制、再販制と経済厚生」日本商業学会『流通研究』2（2），15-28

新田隆夫（1997）「英国における書籍の再販売価格維持制度の廃止に関する判決」『NBL』618 号　1997 年 6 月 1 日号　12-20

日本エディタースクール（1995）『日本の書籍出版社　―仕事とその仕組み』日本エディタースクール出版部

日本学術会議科学者委員会学術誌問題検討分科会（2010）「提言　学術誌問題の解決に向けて」http://www.scj.go.jp/ja/info/kohyo/pdf/kohyo-21-t101-1.pdf（2016 年 10 月 8 日閲覧）

日本出版学会編（2004）『白書出版産業』文化通信社

日本出版学会編（2010）『白書出版産業 2010 データとチャートで読む出版の現在』文化通信社

日本書籍出版協会（2010）『書籍の出版企画・製作等に関する実態調査 2009 年（第 4 回）』日本書籍出版協会

日本書籍出版協会（2013）『イギリス出版市場調査報告書 2013』日本書籍出版協会

日本電子書籍出版社協会（2011）「電子書籍交換フォーマット標準化プロジェクト 調査報告書」http://ebformat.jp/dl/koukan_format_houkoku_2011_05.pdf（2013 年 1 月閲覧）

日本図書館協会・日本書籍出版協会（2004）『公立図書館貸出実態調査 2003 報告書』https://www.jla.or.jp/portals/0/html/kasidasi.pdf（2016 年 5 月 20 日閲覧）

日本図書館協会『日本の図書館 統計と名簿』1963-2016 年 日本図書館協会

日本ペンクラブ（2001）「著作者の権利への理解を求める声明」http://www.japanpen.or.jp/statement/2000-2001/post_65.html（2016 年 5 月 21 日閲覧）

日本ペンクラブ（2005）「図書館の今後についての共同声明」http://www.japanpen.or.jp/statement/2004-2005/post_46.html（2016 年 5 月 21 日閲覧）

日本放送協会放送文化研究所（2011）『データブック国民生活時間調査 2010』NHK 出版

日本放送協会放送文化研究所（2016）『データブック国民生活時間調査 2015』NHK 出版

根本彰（2004）『続・情報基盤としての図書館 図書館の現場③』勁草書房

花崎佳代子（2017）「研究助成機関によるオープンアクセス義務化への大学の対応―英国の事例―」『カレントアウェアネス』No.332，26-32．http://current.ndl.go.jp/ca1903（2018 年 1 月 20 日閲覧）

林直嗣（2000）「金融時系列の構造変化と単位根検定」『経営志林』37（3），13-32．法政大学経営学会

林望（2000）「図書館は『無料貸本屋』か ベストセラーの"ただ読み機関"では本末転倒だ」『文藝春秋』78（15），294-302

昼間守仁（1986）「公共図書館の今日的再生」松下圭一編『自治体の先端行政』第 2 章 39-68 学陽書房

文化審議会著作権分科会（2003）「審議経過報告」http://www.mext.go.jp/b_menu/shingi/bunka/toushin/030102.htm（2016 年 7 月 19 日閲覧）

星野渉（2012）「電子書籍と出版産業」『情報の科学と技術』62（6），236-241

毎日新聞社『読書世論調査』各年版 毎日新聞社

松岡要（2010）「図書館は出版営業を妨げているのか」『出版ニュース』8 月中旬号 11-15

三浦功（2001）「需要不確実性下の再販売価格制について」『九州大学経濟学研究』68（1），59-69

南亮一（2002）「「公貸権」に関する考察 ―各国における制度の比較を中心に」『現代の図書館』40（4），215-231

三輪芳朗（1997a）「なぜ著作物再販制度を問題にするのか」『経済セミナー』1997 年 9 月

号　第 512 号　54-59

三輪芳朗（1997b）「著作物再販制度が提起したもの」『経済セミナー』1997 年 11 月号
　　第 514 号　69-74

文部科学省「学術情報基盤実態調査」各年版　http://www.mext.go.jp/b_menu/toukei/
　　chousa01/jouhoukiban/kekka/1279736.htm（2017 年 7 月 19 日閲覧）

臨時行政改革推進審議会（1988）「公的規制の緩和に関する答申」

安井一徳（2008）「「無料貸本屋」論」田村俊作・小川俊彦編『公共図書館の論点整理』
　　第 1 章　1-34　勁草書房

横井慶子（2016）「オープンアクセスジャーナル」『専門図書館』No.279，70-74

脇坂さおり（2001）「90 年代の貸出し論」『図書館界』53（3），293-301

Albanese, A.（2011）"Survey says library users are your best customers," *Publishers Weekly*, 258
　　（44），4-5.

Anderson, R.（2014）"How important are library sales to the university press? One case study,"
　　The Scholarly Kitchen. https://scholarlykitchen.sspnet.org/2014/06/23/how-important-are-
　　library-sales-to-the-university-press-one-case-study/（2017 年 7 月 1 日閲覧）

Andrews, D. W. K.（1993）"Tests for parameter instability and structural change with unknown
　　change point," *Econometrica*, 61（4），821-856.

Appelman, M. and Canoy, M.（2002）"Notes and communications, Horses for courses: Why
　　Europe should not harmonise its book policies," *De Economist*, 150（5），583-600.

Appelman, M. and van den Broek, A.（2002）Boek en markt: Effectiviteit en efficiëntie van de
　　vaste boekenprijs, Sociaal en Cultureel Planbureau. http://www.cpb.nl/publicatie/boek-en-
　　markt-effectiviteit-en-effici%C3%ABntie-van-de-vaste-boekenprijs（2016 年 5 月 18 日閲
　　覧）

Appelman, M.（2003）"Fixed book price," Towse, R. ed. *A Handbook of Cultural Economics*,
　　237-242（Chapter 29），Edward Elgar.

Asai, S.（2016）"Determinants of demand and price for best-selling novels in paperback in
　　Japan," *Journal of Cultural Economics,* 40（4），375-392.

Asai, S.（2017a）"Demand analysis of novels released as books and pocket-sized paperbacks in
　　Japan," *Publishing Research Quarterly*, 33（2），147-159.

Asai, S.（2017b）"Open access determinants and the effect on article performance,"
　　International Journal of Business and Economics Research, 6（6），145-152.

Asai, S.（2018）"Determinants of library subscription prices of economic journals," *International
　　Journal of Economics, Finance and Management Science*, 6（1），1-5.

Ashworth, J., Heyndels, B., and Werck, K.（2010）"Expert judgements and the demand for
　　novels in Flanders," *Journal of Cultural Economics*, 34（3），197-218.

Bailey, H. S.（1970）*The Art and Science of Book Publishing*. Princeton University Press. 箕輪成
　　男編訳（1976）『出版経営入門』出版同人

Barrot, C., Becker, J. U., Clement, M., and Papies, D. (2015) "Price elasticities for hardcover and paperback fiction books," *Schmalenbach Business Review*, 67 (1), 73-91.

Bass, F. M. (1969) "A new product growth model for consumer durables," *Management Science*, 15 (5), 215-227.

Beck, J. (2007) "The sales effect of word of mouth: A model for creative goods and estimates for novels," *Journal of Cultural Economics*, 31, 5-23.

Ben-David, D. and Papell, D. H. (1995) "The great wars, the great crash and steady state growth: Some new evidence about an old stylized fact," *Journal of Monetary Economics*, 36 (3), 453-475.

Ben-David, D. and Papell, D. H. (1998) "Slowdowns and meltdowns: Postwar growth evidence from 74 countries," *Review of Economics and Statistics*, 80 (4), 561-571.

Bergstrom, T. C. (2001) "Free labor for costly journals?," *Journal of Economic Perspectives*, 15 (3), 183-198.

Berry, S. T. (1994) "Estimating discrete-choice models of product differentiation," *RAND Journal of Economics*, 25 (2), 242-262.

Bhattacharjee, S., Gopal, R. D., Lertwachara, K., Marsden, J. R., and Telang, R. (2007) "The effect of digital sharing technologies on music markets: A survival analysis of albums on ranking charts," *Management Science*, 53 (9), 1359-1374.

Bittlingmayer, G. (1992) "The elasticity of demand for books, resale price maintenance and the Lerner index," *Journal of Institutional and Theoretical Economics*, 148 (4), 588-606.

Burmester, A. B., Eggers, F., Clement, M., and Prostka, T. (2016) "Accepting of fighting unlicensed usage: Can firms reduce unlicensed usage by optimizing their timing and price strategies?" *International Journal of Research in Marketing*, 33 (2), 343-356.

Canoy, M., van Ours, J. C., and van der Ploeg, F. (2006) "The Economics of Books," Ginsburgh, V. A., and Throsby, D. eds. *Handbook of the Economics of Art and Culture*, Chapter 21, 721-764, North-Holland

Chevalier, J. and Goolsbee, A. (2003) "Measuring prices and price competition online: Amazon.com and BarnesandNobel.com," *Quantitative Marketing and Economics*, 1 (2), 203-222.

Chressanthis, G. A. and Chressanthis, J. D. (1994) "The determinants of library subscription prices of the top-ranked economics journals: An econometric analysis," *Journal of Economic Education*, 25 (4), 367-382.

Clement, M., Proppe, D., and Rott, A. (2007) "Do critics make bestsellers? Opinion leaders and the success of books," *Journal of Media Economics*, 20 (2), 77-105.

Clerides, S. K. (2002) "Book value: Intertemporal pricing and quality discrimination in the US market for books," *International Journal of Industrial Organization*, 20 (10), 1385-1408.

Crossick, G. (2015) Monographs and Open Access: A report to HEFCE. http://www.hefce. ac.uk/pubs/rereports/year/2015/monographs/ (2017 年 11 月 30 日閲覧)

Davis, P. M.（2011）"Open access, readership, citations: A randomized controlled trial of scientific journal publishing," *Journal of Federation of American Societies for Experimental Biology*, 25（7）, 2129-2134.

Dearnley, J., and Feather, J.（2002）"The UK bookselling trade without resale price maintenance: An overview of change 1995-2001," *Publishing Research Quarterly,* 17（4）, 16-31.

Deleersnyder, B., Geyskens, I., Gielens. K. & Dekimpe, M. G.（2002）"How cannibalistic is the Internet channel? A study of the newspaper industry in the United Kingdom and the Netherlands," *International Journal of Research in Marketing*, 19（4）, 337-348.

De Vany, A. and Walls, W. D.（1997）"The market for motion picture: rank, revenue and survival," *Economic Inquiry*, 4（35）, 783-797.

Dewatripont, M., Legros, P., Ginsburgh, V., and Walckiers, A.（2007）"Pricing of scientific journals and market power," *Journal of European Economic Association*, 5（2-3）, 400-410.

Edlin, A. S. and Rubinfeld, D. L.（2004）"Exclusion or efficient pricing? The "Big Deal" bundling of academic journals," *Antitrust Law Journal,* 72（1）, 119-158.

Fishwick, F. and Fitzsimons, S.（1998）*Report into the Effects of the Abandonment of the Net Book Agreement*. Book Trust.

Fishwick, F.（2008a）"Book prices in the UK since the end of resale price maintenance," *International Journal of the Economics of Business*, 15（3）, 359-377.

Fishwick, F.（2008b）Book retailing in the UK since the abandonment of fixed prices. http://ilsr.org/wp-content/uploads/2011/06/Buchvielfalt_Rede_Fishwick.pdf（2016 年 1 月 10 日閲覧）

Foros, Ø., F., Kind, H. J., and Shaffer, G.（2014）"Turning the page on business formats for digital platforms: Does Apple's agency model soften competition?," SNF Working Paper, No.06/14, 2014.（2016 年 1 月 14 日閲覧）

Fourt, L. A. and Woodlock, J. W.（1960）"Early prediction of market success for grocery products," *Journal of Marketing*, 25（2）, 31-38.

Gandin, G. and White, A.（2014）"On the antitrust economics of the electronic books industry," Discussion paper, No. 147, Düsseldorf Institute for Competition Economics, Düsseldorf University Press. http://www.dice.hhu.de/fileadmin/redaktion/Fakultaeten/Wirtschaftswissenschaftliche_Fakultaet/DICE/Discussion_Paper/147_Gaudin_White.pdf（2016 年 1 月 15 日閲覧）

Gatignon, H., Eliashberg, J & Robertson, T. S.（1989）"Modeling multinational diffusion patterns: An efficient methodology," *Marketing Science,* 8（3）, 231-247.

Ghose, A., Smith, M. D., and Telang, R.（2006）"Internet exchanges for used books: An empirical analysis of product cannibalization and welfare impact," *Information Systems Research,* 17（1）, 3-19.

Hjorth-Andersen, C.（2000）"A model of the Danish book market," *Journal of Cultural*

Economics, 24（1）, 27-43.

International Publishers Association（2014）Global Fixed Book Price Report, 23rd May 2014. http://www.internationalpublishers.org/images/reports/2014/fixed-book-price-report-2014. pdf（2016 年 1 月 16 日閲覧）

Johnson, J. P.（2013）"The agency and wholesale models in electronic content markets," SSRN working paper. http://papers.ssrn.com/sol3/papers.cfm?abstract_id=2126808.（2016 年 1 月 14 日閲覧）

Joyce, P. and Merz, T. E.（1985）"Price discrimination in academic journals," *Library Quarterly*, 55（3）, 273-283.

Jubb, M.（2017）*Academic books and their future: A report to the AHRC & the British Library.* https://academicbookfuture.files.wordpress.com/2017/06/academic-books-and-their-futures_jubb1.pdf（2017 年 7 月 30 日閲覧）。

Knowledge Exchange（2017）*A landscape Study on Open Access and Monographs: Policies, Funding and Publishing in Eight European Countries.* http://repository.jisc.ac.uk/6693/1/Landscape_study_on_OA_and_Monographs_Oct_2017_KE.pdf（2017 年 12 月 1 日閲覧）

Laband, D. and Hudson, J.（2003）"The pricing of economics books," *Journal of Economic Education*, 34（4）, 360-368.

Lehmann, D. R. and Weinberg, C. B.（2000）"Sales through sequential distribution channels: An application to movies and videos," *Journal of Marketing*, 64（3）, 18-33.

Liebowitz, S. J.（1985）"Copying and indirect appropriability: Photocopying of journals," *Journal of Political Economy*, 93（5）, 945-957.

Løyland, K. and Ringstad, V.（2012）"Fixed or free book prices: is a hybrid system superior ?", *International Journal of Cultural Policy*, 18（2）, 238-254.

Maron, N., Schmelzinger, K., Mulhern, C., and Rossman, D.（2016）"The costs of publishing monographs: Toward a transparent methodology," *Journal of Electronic Publishing*, 19（1）, https://quod.lib.umich.edu/j/jep/3336451.0019.103?view=text;rgn=main.

McCabe, M. J.（2002）"Journal pricing and mergers: A portfolio approach," *American Economic Review*, 92（1）, 259-269.

Müller-Langer, F. and Watt, R.（2015）"The hybrid open access citation advantage: How many more cites is a \$3,000 fee buying you?," *Munich Personal RePEc Archive, Paper* No. 61801. https://mpra.ub.uni-muenchen.de/61801/（2017 年 3 月 18 日閲覧）

Perron, P.（1989）"The great crash, the oil price shock and the unit root hypothesis," *Econometrica,* 57（6）, 1361-1401.

Pesaran, M. H. and Shin, Y.（1998）"Generalized impulse response analysis in linear multivariate models," *Economics Letters,* 58（1）, 17-29.

Petersen, H. C.（1990）"University libraries and pricing practices by publishers of scholarly journals," *Research in Higher Education*, 31（4）, 307-314.

Petersen, H. C.（1992）"The economics of economics journals: A statistical analysis of pricing practices by publishers," *College & Research Libraries*, 53（2）, 176-181.

Reimers, I. and Waldfogel, J.（2014）"Throwing the books at them: Amazon's puzzling long run pricing strategy," Social Science Research Network（SSRN）. http://papers.ssrn.com/sol3/papers.cfm?abstract_id=2442747（2016 年 1 月 14 日閲覧）

Ringstad, V.（2004）"On the cultural blessings of fixed book price," *International Journal of Cultural Policy*, 10（3）, 351-365.

Rosen, S.（1981）"The economics of superstars," *American Economic Review*, 71（5）, 845-858.

Santos, B. D., and Wildenbeest, M. R.（2014）"E-book pricing and vertical restraints," https://ideas.repec.or/p/net/wpaper/1418.html（2016 年 1 月 14 日閲覧）

Schmidt-Stölting, C., Blömeke, E., and Clement, M.（2011）"Success drivers of fiction books: An empirical analysis of hardcover and paperback editions in Germany," *Journal of Media Economics*, 24（1）, 24-47.

Shehu, E., Prostka, T., Schmidt-Stölting, C., Clement, M., and Blömeke, E.（2013）"The influence of book advertising on sales in the German fiction book market," *Journal of Cultural Economics*, 38（2）, 109-130.

Sherman, S.（2014）"University presses under fire," *The Nation*. https://www.thenation.com/article/university-presses-under-fire/（2017 年 7 月 30 日閲覧）

Snijder, R.（2016）"Revisiting an open access monograph experiment: measuring citations and tweets 5 years later," *Scientometrics*, 109（3）, 1855-1875.

Sorensen, A. T.（2007）"Bestseller lists and product variety," *Journal of Industrial Economics*, 55（4）, 715-738.

Spengler, J. J.（1950）"Vertical integration and antitrust policy," *Journal of Political Economy*, 58（4）, 347-352.

Springer Nature（2017）*The OA effect: How does open access affect the usage of scholarly books? White paper*. http://group.springernature.com/gp/group/media/press-releases/07-11-17/15195750（2017 年 11 月 29 日閲覧）

Telser, L. G.（1960）"Why should manufactures want fair trade?," *Journal of Law & Economics*, 3, 86-105.

Thompson, J. B.（2005）*Books in the Digital Age*. Policy Press.

van den Bulte, C. & Joshi, Y. V.（2007）"New product diffusion with influentials and imitators," *Marketing Science,* 26（3）, 400-421.

van der Ploeg, F.（2004）"Beyond the dogma of the fixed book price agreement," *Journal of Cultural Economics*, 28（1）, 1-20.

Vogelsang, T. J.（1997）"Wald-type tests for detecting breaks in the trend function of a dynamic time series," *Econometric Theory*, 13（6）, 818-849.

Vogelsang, T., and Perron, P.（1998）"Additional tests for a unit root allowing for a break in the trend function at an unknown time," *International Economic Review*, 39（4）, 1073-1100.

初出一覧

第 2 章第 2 節から第 5 節　「日本と英国の書籍の流通システム」『経営問題』第 8 号
60-77　日本学術振興会経営問題 108 委員会　2016 年

第 3 章第 2 節　"Impact of networks on the market size of Japanese book publishing," *Publishing Research Quarterly*, 31（4）　275-281　2015

第 3 章第 3 節　「縮小する書籍市場における新刊書発行」『InfoCom REVIEW』第 69 号
27-41　2017 年

第 4 章　「公共図書館の貸出と販売との関係」『InfoCom REVIEW』第 68 号　43-55
2017 年

第 5 章第 1 節から第 3 節　「単行本の文芸書と価格の決定要因」『InfoCom REVIEW』
第 67 号　2-16　2016 年

第 5 章第 4 節　「文庫本の文芸書の需要と価格の決定要因」『経営問題』第 9 号　27-40
2017 年

第 6 章第 3 節　「書籍価格の日米比較」『経営問題』第 10 号　46-62　2018 年

第 7 章　「専門書の発行と大学図書館の購入」『政経論叢』第 86 巻第 1・2 号　47-73
2017 年

第 8 章第 1 節から第 3 節　"Purchase patterns of popular Japanese novels in hardcover and paperback," *Publishing Research Quarterly*, 31（3）　149-159　2015

索 引

●著者紹介………………

浅井澄子（あさい すみこ）

明治大学政治経済学部教授　博士（国際公共政策）
［主要著書］
『電気通信事業の経済分析　―増補改訂版　日米の比較分析』1999 年　日本評論社
『情報産業の統合とモジュール化』2004 年　日本評論社
『コンテンツの多様性』2013 年　白桃書房

しょせき し じょう　　けいざいぶんせき
書籍市場の経済分析

●…………2019 年 8 月 10 日　第 1 版第 1 刷発行

著者………浅井澄子
発行所……株式会社 日本評論社

　　　　　〒170-8474　東京都豊島区南大塚 3-12-4
　　　　　電話 03-3987-8621（販売）　振替 00100-3-16
　　　　　https://www.nippyo.co.jp/

装幀………レフ・デザイン工房
印刷所……平文社
製本所……松岳社

© ASAI, Sumiko　2019
ISBN978-4-535-55954-7